2019年度黑龙江省社会科学学术著作出版资助项目（编号：2019021-B）
2019年度黑龙江省教育厅科研业务经费项目（编号：KYYWF10236190118）

张俊娥　魏宇　王纳威　著

# 城镇化进程中
# 县域商业网点布局优化研究

CHENGZHENHUA JINCHENGZHONG
XIANYU SHANGYE WANGDIAN BUJU YOUHUA YANJIU

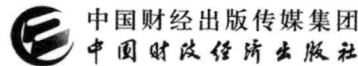

中国财经出版传媒集团
中国财政经济出版社

图书在版编目（CIP）数据

城镇化进程中县域商业网点布局优化研究 / 张俊娥，魏宇，王纳威著.
—北京：中国财政经济出版社，2020.5
ISBN 978-7-5095-9605-0

Ⅰ.①城… Ⅱ.①张… ②魏… ③王… Ⅲ.①县—商业网点—最优布局—研究—中国 Ⅳ.①F727

中国版本图书馆 CIP 数据核字（2020）第 029211 号

组稿编辑：周桂元　　　　责任校对：胡永立
责任编辑：周桂元　　　　责任印制：张　健
封面设计：卜建辰

中国财政经济出版社 出版

URL：http://www.cfeph.cn
E-mail：cfeph@cfeph.cn

（版权所有　翻印必究）

社址：北京市海淀区阜成路甲 28 号　邮政编码：100142
营销中心电话：010-88191537
北京财经印刷厂印刷　各地新华书店经销
787×1092 毫米　16 开　11.75 印张　212 000 字
2020 年 7 月第 1 版　2020 年 7 月北京第 1 次印刷
定价：58.00 元
ISBN 978-7-5095-9605-0
（图书出现印装问题，本社负责调换）
本社质量投诉电话：010-88190744
打击盗版举报热线：010-88191661　QQ：2242791300

# 前 言

诺贝尔经济学奖获得者斯蒂格利茨曾经预言"二十一世纪初期,新技术革命以及中国城市化这两件大事给世界带来的影响将会居于首位"。现如今在中国城镇化进程中人们也越发频繁的提及这个判断。从 2003 年召开的党的十六大到 2017 年召开的党的十九大,从走特色城镇化道路到现在的新型城镇化道路,党中央对于城镇化的建设思路也越发清晰。改革开放以来,中国的城镇化率已由 1978 年的 17.92% 增长到 2016 年的 57.35%,虽然已取得了长足的进步,但仍落后于西方发达国家,过低的城镇化水平带来的不单单是区域经济得不到协调发展、产业结构升级受到严重影响,就连现代化和工业化进程都会受到制约。但是对我国城镇化而言,县域经济的发展无疑也是重要的制约因素之一,尤其是县域商业的发展,因此优化县域商业结构及农村商业网点的布局将成为提升我国城镇化水平的主要工作和关键环节。基于此,本书作为国家社会科学基金项目的子课题,对我国城镇化进程中县域商业网点布局优化研究具有重要的现实意义。

国家商务部于 2001 年向各个城市提出了编制《城市商业网点规划》的要求,2008 年开始对县级市的商业网点规划开始编制。2007~2016 年,就社会消费品零售总额(以下简称"社消额")来讲,城市占比由 68% 攀升到了 88%,而县及县以下占比则由 32% 下滑到了 12%。由上可知,在建设商业网点的过程中,城市高速发展时县及县以下恰好表现出了滞后现象;对于大部分县域来讲,商业网点大多集中在商业中心区,城乡接合部、县城新区以及新建社区往往表现出严重地商业网点匮乏;对于村镇商业网点来说,大多布局散乱且不合理,出现了严重地重复建设现象,商业设施并未按照合理的结构搭建,大型商业设施盲目建设,商业设施整体档次偏低,加剧城市交通、环境噪声污染等严重问题。本论文在梳理了城镇化与县域商业网点的相关概念的基础上,分析了县域商业网点现状及问题,提出了本书的出发点。

在对县域商业网点布局的特征和影响因素分析中,采用模糊数学综合评判分析法分析了县域商业网点的等级划分特征,根据模糊综合评判方法,可以将县域商业网点分为三个等级:(1)县级主商业中心;(2)乡镇级商业中心;(3)重点村商业中心,并且根据模型评判等级说明不同级别的商业网点相应的具有不同的特征。同时根据商业网点布局的这些特征归纳分析了县域商业网点布局的影响因素。分别为:GDP、人口因素、交通因素、土地价值因素、县域空间结构、县域经济水平、县域人均GDP及消费能力与结构。

在对城镇化发展与县域商业网点布局的关联关系分析中,运用因子分析法的主成分分析法分析了中国28个省份县域地区的城镇化发展水平与商业网点布局的关联关系,并得出结论:县域商业网点布局质量的提高对于地区城镇化质量的提高有着重要的影响作用,"LSit,县域社销额与地区社销额之比"和"LQit,县域社销额与地区GDP之比"均与"Fit,地区城镇化质量水平"呈现显著的正相关关系。每当县域社消额与地区社消额之比提高1个百分点则地区城镇化质量则相应提高0.8731个百分点,若县域社消额与地区生产总值之比提高1个百分点则地区城镇化质量则相应提高0.5604个百分点。分析结果显示:城镇化发展水平与县域商业网点布局质量之间的关联程度具有较大的地区差异;城镇化、县域商业网点布局质量及其关联程度在研究时期内均有一定程度的提升,其中两者关联程度上升幅度较大;城镇化发展水平与县域商业网点布局质量的关联互动具有时空变迁的特点,且少数省份已逐渐呈现协同互动的发展局面。

用模糊综合评价法科学合理地对我国28个地区县域商业网点总量进行了评价,并验证了中国县域商业网点布局总量存在的问题和不足,为优化我国县域商业网点布局提供了依据。选取指标并得出指标熵权系数 $\omega = (x_1, x_2, x_3, \cdots\cdots, x_9) = (0.1158, 0.0623, 0.1672, 0.0574, 0.0831, 0.0547, 0.2563, 0.1054, 0.0978)$,其中人口密度、人均均消费支出和人均GDP的权重系数较大,在评价过程中起重要作用;运用模糊综合评价方法得出全国各地区对县域商业网点布局的五个等级的隶属度;再根据隶属度最大的原则,得出全国各地区中,东部地区和西部地区均存在商业网点数量不合理现象。同时根据实际县域发展情况,对县域商业中心、批发市场和物流基地的微观结构布局做出简要研究。

本书以黑龙江省县域为例,分析了黑龙江省县域商业网点布局的现状、特征及影响因素,介绍了ArcGIS空间计量方法的使用及其数据构成。统计了黑龙江省县域商业网点数量的相关数据。用空间计量方法测度了黑龙江省县域商业布局的两大方面特征,一方面是商业网点布局的空间集聚特征,另一方面是商业网点布局的业态结构特征。发现黑龙江省各县域商业网点布局存在特征差异,并分析了影响这些差异的因素。

随着中国城镇化进程的推进,城市和乡村交通条件及网络覆盖日趋完善,居民生活水平也进一步提高,而其县域商业网点在空间布局和业态结构方面都制约着城镇化水平的提升,针对县域商业网点布局特征及存在的问题,积极探索适合于中国城镇化进程中的县域商业网点布局的方针政策,提出了优化黑龙江省县域商业网点布局的四方面建议:第一,加强政府商业网点规划的指导作用;第二,按照商业网点业态种类合理布局;第三,优化县域商业网点空间布局,提高县域商业网点经营的现代化水平;第四,调整业态结构促进县域商业网点互补性发展。

# 目 录

第一章 绪论 …………………………………………………………… (1)
 第一节 研究背景 …………………………………………………… (1)
 第二节 研究目的及意义 …………………………………………… (3)
  一、研究目的 ……………………………………………………… (3)
  二、研究意义 ……………………………………………………… (4)
 第二节 国内外文献综述 …………………………………………… (7)
  一、国外文献综述 ………………………………………………… (7)
  二、国内文献综述 ………………………………………………… (20)
  三、简要评述 ……………………………………………………… (33)
 第三节 研究内容、研究方法、数据来源及技术路线 …………… (34)
  一、研究内容 ……………………………………………………… (34)
  二、研究方法 ……………………………………………………… (35)
  三、数据来源 ……………………………………………………… (36)
  四、技术路线 ……………………………………………………… (36)
 第四节 可能的创新点、难点与不足 ……………………………… (37)
  一、创新点 ………………………………………………………… (37)
  二、难点 …………………………………………………………… (38)
  三、不足 …………………………………………………………… (39)

第二章 相关概念与研究的理论基础 ………………………………… (40)
 第一节 城镇化相关概念界定 ……………………………………… (40)
  一、城镇化内涵 …………………………………………………… (40)
  二、城镇化质量 …………………………………………………… (41)
  三、新型城镇化 …………………………………………………… (43)
  四、城镇化测评方法 ……………………………………………… (43)
  五、城镇化综合水平 ……………………………………………… (45)
 第三节 县域商业网点布局相关概念界定 ………………………… (46)

一、县域概念 …………………………………………………… (46)
　　二、县域商业网点构成 ………………………………………… (47)
　　三、商业网点布局 ……………………………………………… (47)
第四节　相关理论基础研究 …………………………………………… (50)
　　一、商业集聚效应理论 ………………………………………… (50)
　　二、商圈理论 …………………………………………………… (51)
　　三、商业区位理论 ……………………………………………… (53)
　　四、商业网点饱和指数理论 …………………………………… (54)
　　五、中心地理论 ………………………………………………… (54)
　　六、单店面积极限理论 ………………………………………… (55)
　　七、商业网点布局理论 ………………………………………… (56)
第五节　本章小结 ……………………………………………………… (59)

第三章　县域商业网点布局的现状与问题分析 ……………………… (60)
第一节　县域商业网点布局规划的目标和原则 ……………………… (60)
　　一、县域商业网点布局的目标 ………………………………… (60)
　　二、县域商业网点布局的原则 ………………………………… (60)
　　三、县域商业网点布局的基本内容 …………………………… (61)
第二节　全国县域样本选取 …………………………………………… (62)
　　一、县域经济样本简介 ………………………………………… (62)
　　二、数据来源及处理过程 ……………………………………… (64)
第三节　县域商业网点布局现状分析 ………………………………… (65)
　　一、县域商业网点空间布局现状 ……………………………… (65)
　　二、县域商业网点业态结构现状 ……………………………… (66)
第四节　县域商业网点布局存在的问题 ……………………………… (67)
　　一、商业网点业态结构配置不合理 …………………………… (67)
　　二、商业网点布局不合理 ……………………………………… (68)
　　三、商业市场发育与网点布局功能不相适应 ………………… (70)
　　四、商业建设基础配套设施不完善 …………………………… (72)
第五节　本章小结 ……………………………………………………… (73)

第四章　县域商业网点布局特征及影响因素 ………………………… (74)
第一节　县域商业网点布局特征 ……………………………………… (74)
　　一、县域商业网点的等级分类特征 …………………………… (74)
　　二、县域商业网点布局特征 …………………………………… (79)

第二节　县域商业网点布局差异的影响因素 …………………………（81）
　　　　一、GDP 对商业网点布局的影响 ………………………………（81）
　　　　二、人口因素对商业网点布局的影响 …………………………（83）
　　　　三、交通因素对商业网点布局的影响 …………………………（84）
　　　　四、其他影响因素 ………………………………………………（85）
　　第三节　本章小结 ………………………………………………………（86）
第五章　城镇化发展水平与县域商业网点布局的关联分析 ……………（87）
　　第一节　城镇化发展水平与县域商业网点布局互动与价值 …………（87）
　　　　一、城镇化发展水平与县域商业网点布局的关联基础 ………（87）
　　　　二、城镇化发展水平与县域商业网点布局的关联价值 ………（88）
　　第二节　县域商业网点布局与地区城镇化质量耦合关联实证研究 …（88）
　　　　一、系统评价指标构建 …………………………………………（88）
　　　　二、数据样本选择 ………………………………………………（89）
　　　　三、城镇化发展水平指标评价因子分析 ………………………（90）
　　　　四、县域商业网点布局与城镇化发展水平关联关系分析 ……（90）
　　　　五、实证分析结果 ………………………………………………（93）
　　第三节　本章小结 ………………………………………………………（94）
第六章　县域商业网点的总量控制和微观布局优化研究 ………………（95）
　　第一节　县域商业网点的总量控制研究 ………………………………（95）
　　　　一、总量指标体系的构建 ………………………………………（95）
　　　　二、指标的相关性分析 …………………………………………（96）
　　　　三、指标体系及样本描述 ………………………………………（98）
　　　　四、指标权重的测度 ……………………………………………（99）
　　　　五、模糊综合评价 ………………………………………………（103）
　　第二节　县域商业网点的微观结构布局 ………………………………（107）
　　　　一、县域商业中心的布局 ………………………………………（108）
　　　　二、批发市场的布局 ……………………………………………（110）
　　　　三、物流基地的布局 ……………………………………………（110）
　　第三节　本章小结 ………………………………………………………（111）
第七章　黑龙江省县域商业网点空间布局分析 …………………………（113）
　　第一节　黑龙江省县域商业网点空间布局现状 ………………………（113）
　　　　一、ArcGIS 空间计量方法介绍 …………………………………（113）
　　　　二、样本来源及数据整理 ………………………………………（115）

三、黑龙江省县域商业网点现状 …………………………………… (120)
　第二节　黑龙江省县域商业网点空间布局特征 ……………………… (122)
　　一、黑龙江省县域商业网点布局空间集聚特征 ……………………… (122)
　　二、黑龙江省县域商业网点布局业态结构特征 ……………………… (124)
　第三节　黑龙江省县域商业网点布局差异的影响因素分析 ………… (125)
　　一、影响因素构成 ……………………………………………………… (125)
　　二、各影响因素在不同业态间的比较 ………………………………… (126)
　第四节　本章小结 ………………………………………………………… (127)

# 第八章　城镇化进程中县域商业网点布局优化对策 ………………… (128)
　第一节　城镇化进程中县域商业网点布局优化的指导思想和原则 … (128)
　　一、指导思想 …………………………………………………………… (128)
　　二、优化原则 …………………………………………………………… (128)
　第二节　城镇化进程中县域商业网点布局优化对策 ………………… (130)
　　一、加强政府在商业网点布局规划中的指导作用 …………………… (130)
　　二、建立县域商业网点多元化渠道和总量控制体系 ………………… (131)
　　三、按照商业网点业态种类合理布局 ………………………………… (132)
　　四、优化县域商业网点空间布局，提高县域商业网点经营的现
　　　　代化水平 …………………………………………………………… (133)
　　五、调整业态结构促进县域商业网点互补性发展 …………………… (134)
　第三节　本章小结 ………………………………………………………… (136)

# 本书总结 …………………………………………………………………… (138)
# 附录 ………………………………………………………………………… (141)
# 参考文献 …………………………………………………………………… (166)
# 后记 ………………………………………………………………………… (177)

# 第一章 绪论

## 第一节 研究背景

（1）诺贝尔经济学家获得者斯蒂格利茨曾经预言过"二十一世纪初期,新技术革命以及中国城市化这两件大事给世界带来的影响将会居于首位"。现如今在中国城镇化进程中人们也越发频繁地提及这个预言。城镇化水平标志着国家现代化以及工业化程度。从改革开放以来,我国城镇化进程十分迅猛,1978年我国城镇化率仅为17.92%,到2016年已经达到了57.35%。从世界一般性的城市发展规律来看,以城镇化水平为标准,30%以下为初级阶段,30%至70%为中级阶段,70%以上为高级阶段,可见我国正处于中级阶段。以人口城市化水平为标准,RayM. Narthum把城市化进程进行了阶段区分（10%~25%为起始阶段,25%~70%为加速阶段,超过70%则为完成阶段）,由此可知我国正步入了加速阶段。但相较于其他国家和地区而言,我国城镇化水平目前还是较为落后的。统计数据表明,菲律宾、马来西亚等周边国家人均收入和我国差不多,但其城市化水平已经超过了60%,发达国家更甚,其城市化水平已经达到80%左右。也就是说,在城镇化水平上,我国不仅落后于发达国家,与邻近的周边国家相比也是差距明显。过低的城镇化发展水平带来的不单单是区域经济得不到协调发展、产业结构升级受到严重影响,就连现代化和工业化进程都受到制约。

党的十九大提出建立现代化经济体系,城镇化是实现现代化经济体系的必由之路。从此前的走特色城镇化道路到现在的新型城镇化道路,党中央对于城镇化的建设思路也越发清晰。在党中央和国务院的统筹之下,提出"实施城镇化建设战略、加快农村城镇化进程"这一重大战略及重要决策,这不单单是我国政府在调整经济结构时的关注重点,是走向现代化经济的必经道路,同时还是全面建成小康社会的一项不可或缺的举措。以加快城镇化进程建设这一战略为指导方针,我国城镇化建设硕果累累。城镇化水平有了质的飞跃。从国家统计局网站数据可知,到2016年年底,我国已经有657个城市,与2012年相比,我国城镇化率上升了4.8个百分点,达到了57.35%,年平均增长约1.2个百分点;同期,建制镇数量增加了1002个,达到20883个,在所有的地级以上城市中,规模超过500万人口的城市增加了1个,总数为13个,规模300万~500万人口的城市增加了4个,总数为13个,规模100万~300万人口的城市增加了15个,增速非常明显,总数已经达到了121个。东部地区近些年城市飞速发展,超千万人口的城市和城市群正逐步涌现出来。

(2)有中国特色的新型城镇化道路含义如下:以发展功能能够互补、布局相对合理、城市之间分工协作的城市群为普遍形态,加速大中小城市以及小城镇的发展,不仅重视城镇规模上的扩张以及数量上的增加,还应当推动城镇功能以及体系的日趋完善;依托于农业现代化以及新型工业化的发展,不仅应推进城镇经济综合实力的提升,还应当注重强化非农产业的带动能力以及城镇的反哺能力;把农村人口合理而有序地向城镇转移作为核心,不仅注重城镇人口数量的加大,还应着重健全各项保障机制如养老、住房、就业、医疗和教育等,不仅让农民进得来、在城市留得住,还应让农民"住得下、住得好";在推动城镇化进程加快的同时,城镇应当强化自身的承载能力,实现城镇人口及其社会经济活动与之和谐发展,推动以保护生态环境、节约能源资源为核心的消费模式、产业结构以及增长方式的形成,对基础设施以及公共设施应不断完善,切实推动其管理水平的提升,政府应当发挥好自身的引导作用,最终实现城乡一体化发展,创建生态文明、经济高效、互动良性以及社会和谐的崭新格局。

(3)从联合国的推算可知,到2030年我国人口将突破15亿大关,城镇化水平将会逼近80%,也就是说城镇人口到2030年将会突破12亿。从政府出台的与城镇化进程相关的战略举措和中国城镇化建设进程存在的突出问题可以看出,加快农村地区城镇化建设的步伐、优化县域及农村商业网点的布局将会是城镇化建设未来的重中之重。纵观我国东部沿海地区城镇化建设实情以及国外的城市化进程可知,城镇化战略应当以合理的商业空间布局为立足点,尤其是县域商业网点的合理布局。依托于合理的商业网点布局而来的发展不单单有助于区域人口的集中和劳动力的转移,同时还会促进经济社会活动与城镇综合承载能力的协调,合理的商业网点布局使县域农村的增长方式和消费模式有了极大程度的改善,公共基础设施和公共资源也实现了更好地整合、共建以及共享。相应地,区域加快城镇化进程的同时,县域商业网点以此为基础和契机也得到了更好地调整和优化。所以,研究县域商业网点布局和城镇化协同发展是很有必要也极为迫切的。

(4)我国城市商业网点布局以及商业区的划分大都以"千人指标"为主,由于分量并不重,所以关注度极低。就拿城市社会消费品零售总额和县及县以下社会消费品零售总额(以下简称"社销额")这两个指标来说,1978年,前者占比为32%，后者为68%；到了2007年，比例结构实现了掉转，前者占比攀升至68%，后者占比缩减至32%。到了2016年，前者占比继续攀升至88%，后者占比持续缩减至12%。由上可知，在建设商业网点的过程中，城市高速发展时县及县以下恰好表现出了滞后现象。对于大部分县域来讲，商业网点大多集中在商业中心区，城乡接合部、县城新区以及新建社区往往表现出商业网点匮乏。对于村镇商业网点来说，大多布局散乱且不合理，重复建设现象严重。有关方面并未站在宏观层面加以调控，结构不合理，建设杂乱无章，整体档次处于较低水平。不单单中小商业承担了很大压力，就连竞争也不公平，致使交通不畅、环境污染等问题越发严重。总而言之，我国县域商业网点布局仍处于自发性、无序性、滞后性和无政府状态。基于此，在推进城镇化的建设过程中，县域商业网点的空间结构特征、业态结构和规模的确定是提高城镇化质量的基础条件，而在我国，商业网点布局是一种全新的视角，与之相关的研究仍处于探索阶段。基于此背景，本书以"城镇化进程中县域商业网点布局优化研究"为题进行深入探讨。

## 第二节　研究目的及意义

### 一、研究目的

本书旨在尝试解决我国城镇化进程中县域商业网点布局优化问题，构建城镇化质量与县域商业网点布局的耦合关联模型，进一步测度县域商业网点布局的空间特征和业态结构特征，并验证存在差异的影响因素，提出县域商业网点布局优化对策。

其具体研究目的为：

（1）找出县域商业网点的空间布局特征和业态结构特征，并验证造成这些特征差异的影响因素。本书应用ArcGIS10的空间计量分析软件，分析得到批发零售业、餐饮业和住宿业等多种类型商业网点在空间分布上呈现中心集聚外围分散并存的特征，不同业态类型的商业网点空间布局差异性较大。在业态结构上有两个显著特征，一是商业网点结构方面，以批发零售业和餐饮业为主体；二是商业网点经济效益方面，各业态中批发零售业经济效益最大，并受居民人均可支配收入、地区生产总值、人口规模、第三产业产值比重以及城市交通可达性五个主要因素的影响。

（2）构建县域商业网点布局与城镇化质量的关联关系，验证城镇化发展水平与县域商业网点空间布局的影响关系。通过验证得出，县域商业网点布局质量的提高对于地区城镇化质量的提高有着重要的影响作用，"$LS_{it}$，县域社销额与地区社销额之比"和"$LQ_{it}$，县域社销额与地区 GDP 之比"均与"$F_{it}$，地区城镇化质量水平"呈现显著的正相关关系。每当县域社会消费品零售总额与地区社会消费品零售总额之比提高 1 个百分点则地区城镇化质量则相应提高 0.8731 个百分点，若县域社会消费品零售总额与地区生产总值之比提高 1 个百分点则地区城镇化质量则相应提高 0.5604 个百分点。

（3）用模糊综合评价法科学合理地对我国 28 个地区县域商业网点总量进行了评价，并验证了中国县域商业网点布局总量存在的问题和不足，为优化我国县域商业网点布局提供了依据。选取指标并得出指标熵权系数 $\omega = (x_1, x_2, x_3, \cdots\cdots, x_9)$ = （0.1158，0.0623，0.1672，0.0574，0.0831，0.0547，0.2563，0.1054，0.0978），其中人口密度、人均消费支出和人均 GDP 的权重系数较大，在评价过程中起重要作用；运用模糊综合评价方法得出全国各地区对县域商业网点布局的五个等级的隶属度；再根据隶属度最大的原则，得出全国各地区中，东部地区和西部地区均存在商业网点数量不合理现象。同时根据实际县域发展情况，对县域商业中心、批发市场和物流基地的微观结构布局做出简要研究。

（4）以黑龙江省县域为例，分析了黑龙江省县域商业网点布局的现状、特征及影响因素，介绍了 ArcGIS 空间计量方法的使用及其数据构成。对黑龙江省县域商业网点数量、各类型商业网点就业人数、各类型商业网点营业面积、各类型商业网点资产总额、各类型商业网点营业收入、各类型商业网点营业利润及各类型商业网点纳税额等相关数据进行了统计分析。用空间计量方法测度了黑龙江省县域商业布局的两大特征，一是商业网点布局的空间集聚特征，二是商业网点布局的业态结构特征。发现黑龙江省各县域商业网点布局存在特征差异，并分析了造成这些差异的影响因素。

（5）构建提升城镇化质量水平的县域商业网点布局优化对策。加强县域县城商业网点规划的指导作用，实现规划的科学化，推动空间布局的优化；遵循商业网点布局规律，对商业网点进行规划建设，优化县域商业网点空间布局，提高县域商业网点经营的现代化水平。县域商业网点布局与商业网点业态结构密不可分，在优化县域商业网点空间结构的同时优化业态结构。推动县域商业市场标准化服务建设，完善商业配套基础设施，优化县域商业网点供给结构。

## 二、研究意义

本书研究内容对城镇化发展与县域商业网点空间布局的关系和影响都有着重要的意义：

(一) 理论意义

本书研究内容将为我国的城镇化建设理论、县域经济理论、县域商业网点空间布局理论提供新的依据和内容。发达国家对于商业网点规划的研究不管是从理论层面还是从建设规制层面都比国内先进。国内研究本身就非常有限，而且还以大中城市的研究和实证研究居多，研究涉及的范围比较狭窄，很少有商业网点规划方面的理论成果，研究大多局限在商业网点布局的模式、方针、原则、缺陷、影响因素以及如何处理商业网点规划中错综复杂的关系等，涉及县域商业网点布局规划的内容少之又少。如此一来本书也就有了更加广阔的探索空间。2001年，商务部对各个城市提出了编制《城市商业网点规划》的要求，这对于本书的研究内容也具有很大的意义。地级市在规划商业网点的过程中也会有很多经验值得总结。对于县级市的商业网点规划而言，规划编制是从2008年开始的，特点还亟待探索。和大中城市不同，县域城市人口较少、规模较小，对于城乡人口并未限定，流动人口相对来说也少。也正是因为这些特点，在规划县域商业网点时，照搬大中城市的经验显然是不可取的，应当明确两者的区别并认真对待，辩证式地采用。根据我国大力发展农村经济、不断加强农村基础设施建设、推进新型城镇化建设的要求，本书以商业网点布局规划作为切入点，剖析商业网点布局所处的现状、内涵以及特点，展开全面而深入地研究。针对现阶段我国县域商业网点布局中存在的这些突出问题，本书从布局优化标准入手对其进行深入研究，同时结合具体的调研实例，提出县域商业网点布局优化对策。

总之，本书深入讨论了县域商业网点布局特征如比例结构、层次布局以及业态构成等，希望通过本书的研究能够从理论层面为县域商业网点布局提供参考。

(二) 实践意义

对于现实中商业网点布局面临的问题与矛盾进行研究得出来的结论，具有极强的针对性，一定能很好地指导县域商业网点布局的实践工作。本书关于县域商业网点布局的思考、规律总结以及对策研究，处处针对我国县域商业网点布局现存的问题以及实践中存在的困惑，对于中国县域商业网点布局规划的指导也必将是卓有成效的，必将有助于加快推进新型城镇化进程，也有助于黑龙江省商业经济发展，改善县及县以下消费资源配置效率，缓解资源对县域经济发展的制约，提高经济运行的质量，保持经济持续健康发展。总体讲，本书对于我国新型城镇化建设进程中县域商业网点布局具有重要的应用价值和现实意义。

(三) 现实意义

发达国家现有的零售业态格局，欧美传统市场经济国家用了100多年才形成，日本作为后发展的发达国家，从二战以后开始也用了差不多60年的时间。而我国，随着改革开放后的经济腾飞，这些发达国家在漫长岁月中逐步发展起来的主要零售业态，仅十多年就在我国尚不成熟的市场经济中全部出现。因而，在推动经济变革的同时也出现一些问题，表现在我国零售店铺的业态特征不明显、传统百货店的大众化、超市业态功能混合等方面。引起这些问题的一个重要原因是由于我国新业态的登场，并非技术革新带来费用结构的竞争优势，而仅仅是追求销售方式的花样翻新，以吸引顾客。很多企业只是模仿新业态的表面形式，并不具有销售技术革新的内在实质。如连锁超市加盟店数量少，发挥不出规模优势，配送中心缺位和集中配货比重低，富余人员过多，使得连锁超市在降低成本、提高效率方面的核心技术优势未能体现。在这种情况下，超市"自选"的销售方式并不作为节约劳动、降低成本的技术创新，而更多的意义似乎是给予消费者接近商品的自由。同样，便民连锁店也没有体现共同配送的技术优势，而在于贴近居民、方便快捷。也正因如此，我国才会出现百货店中开设自选商场以及企业在短时期内几易业态的独特现象。另一方面，在我国经济发展过程中，体现着极强的行政干预，过多的政府行为使我国零售业态的兴起更多是基于行政力量而非企业内部的革新动机，导致零售业态的发展追求外在形式多于内在实质，偏离了业态发展的一般规律。也是由于政府给予企业的这种错误信号，使企业忽略了规律的一般性和客观性，盲目追求外在形式的"奇异""创新"，形成了我国新型业态的超前导入。尽管如此，从零售业态的长远发展来看，形式的模仿是实质变革的必经阶段，在市场需求的引导下这些业态会逐步完善，顺应发展规律。如食品超市、大型综合超市在经历了前几年大张旗鼓地建设之后，才刚刚踏入主力业态行列；便利店引进国内好几年，无论是政府还是大型企业集团推动，都未成气候；郊外购物中心虽然被商家热炒了一阵，但也还未到发展时机。

由商业网点构成的城市商业体系合理与否，直接关系到城市商品流通能力和城市的消费环境，影响城市的形象和竞争力，政府必须采取切实措施，对商业网点的布局进行规划和管理，对新建和改造等投资行为加以引导和规范。在相当一个时期里，不少人认为随着市场化进程和对外开放的不断扩大，政府管理商业网点的职能已经结束，更无须制定发展规划，而是让市场自己形成。实际上这是个认识误区，越是自由化越要规范，越是市场化越要加强监管。在新形势下，城市商业网点管理不仅不能削弱，而且还要加强，需要改变的只是管理职能、管理内容和管理方法。这是因为：

首先，现代商业实质上是一种生活方式，无论是流通规模和结构、网点布局、业态选择、经营方式，还是服务内容和服务方式，都直接、间接地关系到广大消费者的生活质量、消费方式和消费模式。城市商业网点规划实质上是在为消费者塑造一个宽松、舒适、和谐的生活环境，提供越来越多的发展需要和生存需要的商品和服务，提供丰富多彩的生活方式，它已成为全面小康社会的重要组成部分。

其次，市以城在、城以市兴，商业是城市的基础，是城市综合竞争力的最重要的组成部分。城市竞争力=生产力+流通力+文化力。城市竞争力不仅表现为生产能力，还表现为流通能力，即表现为组织、销售商品和提供服务的能力。取决于零售市场的规模、结构和业态的完善程度，取决于城市的综合营销能力。这些能力不是自发形成的，必须进行策划、协调、培育、集成，通过商业网点的规划加以逐步实现。

再次，城市商业网点管理是城市建设的客观需要。商业是城市的窗口，是城市的形象和标志，直接关系到城市的发展和对外影响，商业建设必须与市政建设相配套、相适应，纳入城市发展规划，对其规模、结构、布局和形式进行统一的布置，错落有致、主从分明，形成有机的整体。这样才既有利于城市的协调发展，又能最大限度地提高商业的整体效益。对内产生凝聚力，对外产生辐射力，扩大商业半径，吸引周围地区的人流、物流和货币流，有力地促进城市发挥区域中心或全国经济中心的作用。

最后，城市商业网点管理是规范市场秩序的客观要求。应该说改革与开放已为我国造就了一个充满生机和活力的零售市场，多业态、多业种、多层次的消费品市场已初步形成。但我们必须看到这个市场是初步的、不完整和不规范的，不少城市都存在着盲目引进、过度开发、重复建设、无序竞争的现象。这些都必须通过城市商业网点规划加以指导。规范总体规模、规范审批程度，指导引资方向，促进合理布局，不仅是对广大消费者负责，也是对投资者负责；既可以制约外资过度进入，也是在规范自己。城市商业网点规划需要区分不同情况，采取符合国际通行规则的方式方法加以引导、调整。在继续加强控制大型百货商店盲目发展的同时，着力研究综合及专业仓储超市、连锁便民店和专卖店、综合及专业商品交易市场的规划布局问题。

## 第二节　国内外文献综述

### 一、国外文献综述

#### （一）城镇化相关研究

关于城镇化的研究，最早始于国外，其涉及的研究领域较广，程度较深，是一项具有较强应用性价值的课题，国外研究主要集中在城乡关系和城镇形成机理方面。涉及的主要研究内容如下：

1. 城镇化内涵及质量研究

城镇化,源于英文单词 Urbanization,也有许多学者称之为城市化,是城镇现象变化的过程。塞尔达在1867年出版的《城镇化基本理论》中首次提出这个概念,塞尔达从自身专业领域出发,提出了城镇化与地域变化的关系,并用城镇化和工业化水平提升来解释人口规模有向工商业发达地区集聚的现象。美国著名城市地理学家简·弗里德曼(J. Friedmann)将城镇化概念分为两种类型:城镇化Ⅰ型为非农业生产活动和非农业人口在各种不同规模区域集聚以及进化的过程,是其实体进行物化之后形成的,方便研究和度量。而城镇化Ⅱ型则表征乡村和城市两者间相互影响的过程,包括生活方式、文化积淀以及生活价值理念,是其非物质进行抽象化之后形成的,不易于度量。西蒙·库兹涅茨(1986)以发达国家为对象对其经济增长展开了研究,认为城镇化即为乡村人口转移至城镇,指出乡村和城镇之间进行分布演化时将以城镇化发展为规律[1]。托达罗认为,就欠发达国家而言,城镇化发展最为主要的表现在于城镇发展过程中人口数量在逐步增加,同时他还进一步研究了劳动力如何转移以及失业缘何发生[2]。埃尔德里奇指出在多种因素影响之下农村人口逐渐集聚到城市的过程即为城镇化发展。克拉克则主要从产业结构出发定义城市化,将就业人数作为衡量标准,城市化即第二、第三产业人口增加,第一产业编制减少的过程。森川洋认为,城镇化应当体现在如下几个主要方面:①环境逐步改善;②人口数稳步增长;③建成区面积在加大。帕乔内则认为,城镇化应当包含以下三方面:①总人口中城镇人口占比越来越大;②城镇人口总数是增长的;③城镇行为特征、生活方式以及城镇社会正逐步扩展开来[3]。

随着城镇现象的逐渐演变,城镇化将不再受限于人口的空间转移这个特定的内涵,而是慢慢发展成为集文化重构、经济转型以及社会变迁等在内的综合过程。渐渐地城镇化发展质量这个名词被越来越多的学者重视,其研究范围和领域越来越广泛,国外学者的研究也大多以居民生活质量、城市可持续发展以及生态城市等方面为主。戴利认为,随着城市的发展,环境所带来的影响比其承载能力要小,可再生资源的再生速度比其利用率要高,环境恢复能力要大于废物的产生能力,使用的非再生资源应当远远少于可再生资源,这才是城市可持续发展应当具备的理论框架[4]。在研究城市可持续发展时,马克劳伦[5]指出,应当在分布性、

---

[1] 吴良镛,吴唯佳,武廷海. 论世界与中国城市化的大趋势和江苏省城市化道路 [J]. 科技导报. 2003, 24 (9): 3~6.

[2] 杨重光,刘维新. 社会主义城市经济学 [M]. 北京:中国财政经济出版社,1986: 65.

[3] 刘慧宇. 对福建城市化几个问题的思考 [J]. 城市问题,2001, 20 (7): 38~39.

[4] 保罗·诺克斯,琳达·麦克卡西. 城市化 [M]. 顾朝林等译. 北京:科学出版社,2009: 9.

[5] Daly Heetal. Valuingtheearth: economic, ecology, ethics [M]. Massachusetts: The MIT Press, 1993.

全面性、普遍性以及前瞻性等原则的指导下进行综合评价指标的优化。盖迪斯①引用了生态学相关理论对城镇化展开研究。雷吉斯②以美国城市发展为例，鉴于其环境发展背景所具有的低密度特征，指出生态城市建设应遵循四大原则并提出了针对性的改善措施。雅尼科斯特③认为，生态城市的建设应当注重自然、社会和经济三者之间的协调发展，对于物质以及信息应当实现高效利用。加尔布雷思④则首次提出生活质量这一概念，他指出生活质量具体表现在人感受到的日常生活的便利、精致和安逸，同时以此能够实现精神上的更高层次的满足。作为发展学学者，古雷特认为，城市发展应当划分为三大层面：①无拘无束；②人格受到尊重；③生存被满足。在强调经济增长的同时，提出社会的良性变迁⑤。坎贝尔对生活质量展开研究时，着重从主观层面对生活作出评价。迪安纳认为生活发展质量可从如下三个指标表征：①主观指标；②经济发展指标；③社会发展指标。尽管这三个指标相互补充且相互关联。舒尔曼认为社会发展在各个方面的投入如外交、经济、卫生、教育、福利等都会给居民生活质量带来很大的影响⑥。

2. 城乡一体化研究

马克思主义经典作家早已经对城乡一体化有过论述。马克思指出："现代化的历史就是乡村城市化的历史"⑦。恩格斯也指出，土地、空气和水的污毒只有借助城乡融合的手段才能得以排除，城市中身体羸弱的群众排出的粪便才不会导致疾病的发生。他的意思是城乡一体的实现即为人口分布越发均衡以及农民和工人两者间没有了阶级差别。"乡村城镇化"这一概念首次被马克思在《政治经济学》中提及。在明确城乡融合需要何种条件之后，他们对其实现方法以及实现路径都进行了阐述。就马克思主义而言，城乡融合本意上是指两者缺点的摒弃和优点的融合，具体过程如下：大城市优先发展，推动工业均衡化分布，以城市带动农村、以工业促进农业⑧。我国是社会主义国家，所以对于我国城镇化发展而言，上述城乡融合理论显然是可以借鉴的。我国现有的多种理论如城乡一体化等都是由此发展而来。但是对于马克思主义的理论我们也应当辩证地来看，该理论是为了解决工业革命之后出现的城乡矛盾，最主要的目的是对因城市盲目扩张所

---

① MaclarenVW. Urbansustainability reporting [J]. Journal of the American Planning Association, 1996, 62 (2).
② 刘传江, 郑凌云. 城镇化与城乡可持续发展 [M]. 北京: 科学出版社, 2004: 23.
③ Richard Register. Ecocity Berkeleyf—BuildingCities for a Healthy Future [M]. CA: North Atlantic Books, 1984. 13~43.
④ 曾赛丰. 中国城市化理论专题研究 [M]. 长沙: 湖南社会出版社, 2004: 181~197.
⑤ 王正新. 城市居民生活质量差异研究 [J]. 沿海企业与科技, 2005, 10 (4): 177~178.
⑥ Hsing. The Great Urban Transformation: Politics and Property in China [M]. 2009. forty-one.
⑦ 柴文佳, 王立会. 城市化质量文献综述 [J]. 现代交际, 2011, 25 (3): 48.
⑧ 马克思和恩格斯全集 (第23卷) [M]. 北京: 人民出版社, 1972: 243.

带来的城市病态发展、乡村衰退以及两者间出现的冲突和对立提出批判[1]。该理论显然是有局限性的，但是对于我国城镇化道路无疑还是具有指导意义的。之后，赖特的区域统一体（Regional Entities）、斯泰因的区域城市（Regional Cities）、麦基的城乡混合体（Desakota）、岸根卓郎的城乡融合系统及芒福德的城乡整体规划思想等，都对城乡一体化的概念及实践进行了有益的探索。

3. 田园城市研究

霍华德最早提出了田园城市这一概念，当时正处于由自由资本主义过渡至垄断资本主义的特殊时期，"城市病"肆虐，非常多的工人面临失业，非常多的中小企业濒临破产。霍华德站在城市规划的立场上，提出"田园城市"这一概念，也就是说农村用地及永久绿地占5/6，城市用地则占1/6[2]。这里所说的田园城市其实是理想化城市，融合了乡村和城市的双重优点，城市和乡村由之前的对立冲突转变成了相互融合的全新格局。他指出，乡村和城市不应当是对立的，而是应当借助"田园"的这种形式衍生新的文明，建立田园城市之后，城乡之间可以实现要素的自由流动以及合理配置，发展也会更为协调[3]。美国、奥地利、法国等多个国家受到这种思想的熏陶。如美国的芒福德，在田园城市的影响之下，主张"城乡应有机结合发展"。在他之后，这方面理论又得到了进一步发展。麦吉提出了城乡一体化理论，他对城乡联系结构空间重新进行了构造，这个空间普遍是在城市与城市之间的走廊地带出现，通常这种区域会有较大的人口密度。依托于要求可以实现自由流动，服务业等行业发展迅速，居民的生活方式以及工作习惯都有了很大的转变[4]。岸根卓朗提出了"城乡融合设计"理论，他尝试在乡村和城市的界限之上建立一个"人类经营空间"，借此希望人与自然能够得到交融发展。总体来说，对我国城镇化发展而言，以田园城市思想为基础萌生出来的城乡一体化思想是有很深远的意义的。

4. 人口迁移研究

人口迁移可以反映城市和乡村之间人口的转移情况。研究人口迁移的学者有库兹涅茨、克拉克、李等。其中李是一个美国研究人员，并且于20世纪60年代在巴格内、雷文斯坦两人研究成果的基础上，提出了推—拉理论，该理论在其《移民人口学之理论》一书中有详尽论述。推—拉理论论述了聚居的人们为什么要迁移，并且选择迁移到什么区域等。在这个理论中提出三个因素共同影响迁移现象，这三个因素分别是：①迁出地推力的作用；②迁入地吸引力的拉动作用，

---

[1] 马克思和恩格斯全集（第3卷）[M]. 北京：人民出版社，1972：646~647.
[2] 叶昌友，张量. 论马克思、恩格斯的城乡融合思想 [J]. 求索，2009，29（12）.
[3] 王景新. 明日中国：走向城乡一体化 [M]. 北京：中国经济出版社，2005：3.
[4] 李建建. 统筹城乡发展：历史考察与现实选择——以福建省为例 [M]. 北京：经济科学出版社，2008：102.

③前两点中立的影响因素。"拉力"来自于吸引力,体现出自然、经济、社会对居民的吸引力;"推力"来自于压力,体现出自然、社会、经济对居民生活的影响;而中间障碍体现出距离的障碍、语言的障碍、物质的障碍以及居民的价值取向[①]。泽林斯基在"人口迁移转变"理论中充分结合了以下三方面的内容,分别是:城市化、工业化发展、人口转变理论。泽林斯基将人口迁移分割为五个阶段,并且基于这五个阶段阐述人口出生率、死亡率与人口迁移紧密相连[②]。科林·克拉克是英国经济学家,在1940年提出了配第—克拉克定理,在这个理论中充分利用收入和劳动力流动两者之间的关系,分析从业人员在收入水平不一样的前提下产业分布结构和变化趋势。配第—克拉克定理指出随着经济的不断发展,劳动力会从第一产业转向第二产业,接着从第二产业转向第三产业[③]。库兹涅茨是美国经济学家,他补充了配第—克拉克定理,并且指出人均收入水平[④]提高会导致第三产业的劳动力的增长变得富有规律。富拉斯蒂埃是法国经济学家,他指出随着科学技术的提高,社会的发展会导致第一产业的劳动力减少。

5. 二元结构研究

通常情况下,二元结构理论可以反映出乡镇经济发展结构和城市经济发展结构。刘易斯、钱纳里、费景汉、乔根森、托达罗、拉尼斯等六人都从事这方面的研究。

荷兰社会学家J. 伯克在1953年出版了《二元社会的经济学与经济政策》一书,在本书中通过对印度尼西亚进行社会分析,首次提出"二元社会理论"以及"二元社会"概念,利用二元结构分析当时社会经济现象。刘易斯是一位美国经济学家,在1954年第一次提出完整的二元经济发展模型和二元经济发展理论。该理论指出发展中国家的经济发展一般呈现出二元结构,分别为:①只能维持较低生活水平的农业生产部门,并且有很多的剩余劳动力,②采用现代先进技术进行生产的城市工业部门[⑤]。他指出,想要二元结构消失就要将农村农业部门剩余的劳动力皆转入到城市工业部门。他的理论提倡经济发展主题为城市工业,也被人们称为"工业主导论"。在他的二元结构理论进入我国之后,慢慢地演化为城乡二元发展理论。这个理论的缺陷在于过分轻视农业部门生产。拉尼斯、费景汉二人认为城乡发展应该平衡,并且在1964年基于刘易斯分析框架加入人口流动,指出二元结构以及农村剩余劳动力的解决之道在于农业和城市工业的均衡

---

① 张国富. 城乡一体化新趋势及协调机制构建 [M]. 北京:中国农业出版社,2011:13.
② 黄振芳等. 新型城镇化背景下乡村旅游发展——理论反思与困境突破 [J]. 地理研究,2015,34 (8):1409~1421.
③ 克拉克. 经济进步的条件 [M]. 麦克米兰出版公司,1940:23.
④ 库兹涅茨,国民收入及其构成 [M]. 北京:经济科学出版社,19921:142.
⑤ 童长江,城乡经济协调发展评价及其模式选择 [M]. 北京:科学出版社,2013:22.

发展。乔根森提出了不同的观点，他认为要想农业发展首先就需要农业剩余，而且出现农业剩余的原因是工业的发展代价是牺牲农业。农业剩余可以直接反映出农村剩余劳动力向城市转移的情况，具体表现在农村剩余越大，那么农村剩余劳动力向城市转移越多，进而工业发展越快。乔根森提出的模型和刘易斯—费景汉模型有很多的相似之处，他也是考虑了农村剩余劳动力，但是在分析模型中却没有纳入城市失业以及农业物质投资。托达罗是一位美国经济学家，在他的分析中考虑到了城镇失业以及农业部门不一定存在剩余劳动力，进而分析探讨如减缓劳动力从农业部门转向城镇工业部门的速率，他认为人们应该摒弃只重视城市发展的观念，农村经济发展也尤为重要[①]。塞尔昆、钱纳里二人提出"就业结构转换论"，在这个理论中指出在发达国家的工业化发展中，农业剩余劳动力转向农村速度和农业生产总值变化发展的趋势应该相同；而发展中国家就业结构的变化速度要小于产业结构变化速度。从这里可以得知，发展中国家剩余劳动力不是直接转移到发展快的工业部门，而是转移到那些生产技术不高的领域。然后发展至"刘易斯转折点"，工业化发展快，而二元结构特征减弱，这种现象和发展中国家经济发展相似。在大多数发展中国家都会出现二元经济现象，受此现象的影响，很多发展中国家重视工业发展，从而轻视农业发展，重视城市发展，从而轻视农村发展。随着经济的发展，城市和乡镇矛盾越来越大，"城市病"问题越来越明显，虽然后续学者努力想办法改进，但成效不明显。

6. 非均衡增长研究

非均衡增长理论是指各地区间在社会经济等方面发展过程中存在的不均衡性，是各区域与区域之间发展的差异性。赫希曼、弗里德曼、缪尔达尔、弗郎索瓦·佩鲁等人对其有深入的研究。佩鲁是一位法国经济学家，他在1950年第一次提出增长极理论。详加讲述。他指出经济增长往往都是不平衡的，偏向于城市中心，然而要素聚集的磁场效益可以使城市聚集优势产业[②]。这个理论重点关注区域经济发展不均衡问题，认为在发展优势较强的地区和行业要投入更多的资源和要素，凭借强化增长极带动周边地区的发展[③]。弗里德曼是一位美国学者，他于20世纪60年代提出核心—边缘理论，这个理论扩展了佩鲁提出的增长极理论。该理论从增长极和扩散效应这两个角度分析，例如，核心区指的是城市聚集区或者发达的地区，边缘区指的是经济较为落后的地区，区域由不发达区域和发达区域共同组成，并且先进区域带动后进区域，最终达到共同发展的目的。弗里德曼将其划分为四个区域，分别是：①核心增长区；②资源边际区；③向下转移

---

① 光霁．闭锁与破解——中国城镇化进程中的城乡协调研究［M］．北京：科学出版社，2010：16.
② 弗朗索瓦·佩鲁．二十世纪文库——新发展观［M］．张宁，丰子义译．北京：华夏出版社，1987：9.
③ 姜太碧．经济增长极理论与农村城镇化研究［J］．农业技术经济，2002（4）：51-55.

地带；④向上转移地带①。瑞典经济学家缪尔达尔（Gunnar Myrdal）提出"回波效应"和"扩散效应"概念。"回波效应"导致要素和资源逐渐向经济发达地区聚拢，从而使得区域发展差距变大。而"扩散效应"是指随着区域要素不断聚集，市场的竞争压力也会越来越大，从而导致要素的投资回报率降低，进而使得要素从发达地区向周边欠发达地区转移。总之，区域非均衡增长理论实际上就是增长极理论。在我国城镇化理论研究中，增长极理论有着非常重要的意义。

7. 城镇化发展空间演化研究

1975年诺瑟姆分析和研究了世界各国城镇化发展情况，得出发展趋势为拉平的S形曲线的结论。他在这个结论的基础上把城镇化发展划为初期阶段、中期阶段、后期阶段，这三个阶段分别与工业化发展水平对应，比较客观地反映了人口流动、空间布局、城镇化发展水平、产业结构情况。目前，这是世界上最流行的理论观点。见图1-1。

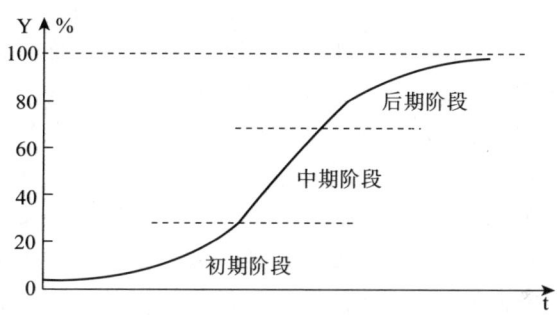

**图1-1 城镇化发展的S形曲线**

诺瑟姆的观点还存在一些局限，所以在诺瑟姆观点的基础上要引入经济发展阶段因素以及经济增长因素，把S形曲线分割为城镇化的初期阶段、中期阶段、后期阶段、终期阶段。从时间维度上看，城镇化发展被分为四个阶段，那么与时间维度这四个阶段相对应的空间维度则表现出不同的特征。具体表现在下面几点：①集中型城镇化。在工业化发展过程中，不论是城市规模经济效益的提升，还是交通建设的发展，亦或是城市基础设施的完善，都促进了工业企业布局向城区聚集。随着劳动力的流动以及工业布局的演变，人口也会向城市聚集，以生产力为主的工业型城市就此诞生。随着级差地租以及市场经济的快速发展，部分粗放型的工业也转向于郊区，导致从前的工业区布局发生改变，变为以商贸业为主的服务业。此时，商贸的发展和人口的聚集使得城市发展迅速，使得城市产业

---

① Friedman J R. Regional development policy: a case study of Venezuela [M]. Cambridge: MIT Press. 1966.

由制造业转向服务业，生产型城市慢慢地变为生活型城市。此时，城市的人口得到了增加，而且城市人口的增长速率大于郊区。②城镇郊区化。人口不断地向城市迁移，使得城市土地的需求越来越大；随着经济的发展、居民生活水平的提高，使得城市的环境被污染，城市的交通也变得非常拥堵。而人们在满足了物质生活之后就会追求精神生活，不只是追求经济的发展，现在交通非常发达，所以人们开始考虑在郊区生活，因此郊区成为很多居民的选择之地①。例如，在美国开始就出现了居民居住地郊区化，然后才是商贸业进驻，公共服务职能部门最后进驻。在郊区化这个阶段，工业企业因为环境破坏、土地价格上涨，所以才会选择迁移。在生产技术得到发展以后，工业企业就会实行"福特制"，将自身的生产环节转至郊区。所以，郊区得到快速发展，形成一个外围组团，从"卧城"转为"半独立的卫星城"，最后成为"独立的卫星城"。在这个阶段，人口还是向城市中聚居，但是随着规模的扩张，不得不向城市郊区进行转移。③逆城市化。英国最早出现逆城市化，原因是工业革命的推动使经济得到了快速发展，人们对聚居环境以及生活条件都有了较高的需求，另一方面，英国也对大城市的产业结构进行了调整，非常重视和关注落后城市的发展，这样就促进了城市化的进程。美国在20世纪70年代出现了逆城市化，因为城市产业结构在不断地升级和调整，老城市的就业机会大大减小，例如，底特律、洛杉矶等，所以人口逐渐向南部和西部迁移。在这个阶段，人口向小城镇、农村迁移的比较多，从而使城市的人口有所下降②。在部分欧美国家曾经出现过人口外迁城市的现象，针对这个现象，政府采取了一系列的措施来吸引外迁的人们重新返回城市。例如，扶持高科技产业、改善居住环境等，这才使城市人口得到增长。所以，城镇化第四个阶段也就呈现再城市化现象，这个阶段也是那些出现逆城市化现象的城市再次发展并且再次城市化的过程。这个过程美国最早出现在20世纪80年代早期，而英国出现在80年代中期③。

### （二）商业网点布局相关研究

国外针对商业网点及商业区位的研究已有近百年的历史。15世纪开始各国之间不断进行商品贸易往来，使世界上许多国家的生产力得到迅速提升，商业地理学也因此得到迅速发展。而且国外学者在商业网点以及区位方面主要是集中在商业地理学研究、商业区位研究、商业空间布局研究，等等。

---

① 姜煜华，甄峰，魏宗财. 国外宜居城市建设实践及其启示 [J]. 国际城市规划，2009，24（4）：3~13.
② 米歇尔·萨维. 法国区域规划50年 [J]. 罗震东，周扬，甄峰译. 国际城市规划，2009.
③ 韦斯曼. 新城市化现象：温哥华太平洋协和区的建设成就 [J]. 刘健译，国外城市规划，1999，24（2）：26~30.

1. 商业地理学研究

19世纪末,商业地理学发展初期主要解答何时何地可以廉价购进、高价销售商品,这就需要有更加合理的商业选址,即商品中的地理学。很多地理专家编写了以商业地理学为背景的区域地理书籍。20世纪60年代时期,商业地理学伴随计量地理学、行为地理学、运筹学、计算机学的出现而快速发展,很多专家可以把早年的陈述性的商业地理学改为商业活动的地理学或服务于零售业和第三产业的地理学[1]。20世纪以后城市商业地理学伴随着商业中心的选址、商圈的区位结构、商业布局的优化、商区之间的货物流通等而产生,成为国外专家学者研究的重点。美国芝加哥大学的研究,被人们称之芝加哥社会生态学派(Chicago social-ecologicalschool),是当今城市商业地理学最初始的专业理论。芝加哥社会生态学派提出了"城市土地利用三模式",这种模式在当时非常著名,这就是伯吉斯的同心圆理论、霍伊特的扇形理论以及乌尔曼与哈里斯的多核心理论。同心圆理论指出商业会聚集在城镇的核心地区并且逐步地发展成为中心商务区,而且城市核心区域以外的是居住区以及通勤区;霍伊特的扇形理论指出基于交通建设的发展,不同阶层的居住区和商业区会随着交通线的发展层显出放射状的空间结构;多核心理论则指出不仅有中心商业区,而且还有其他商业中心,共同形成多个中心、多个组团的城市格局。在20世纪40年代,G. K. Zipf与J. Q. Steward共同创立了社会物理学派,他们基于牛顿万有引力定律分析城市空间,接着从多个方面进行探讨,其中包括交通、网络空间、迁移等。赖利于1929年和1931年提出了零售业引力法则,在这个法则中指出商店的营业额应该和人口规模成正比关系,和两者距离的平方成反比关系[2]。20世纪30年代初,克里斯塔勒提出中心地理论,促使传统的商业地理学向现代地理学转变,奠定了现代地理学研究的基础。1933年,克利斯塔勒依据对市场区域形成过程的调研成果,撰写并出版了《德国南部的中心地》一书,得出了三角形聚落分布模式、六边形市场区的高效市场网模式[3]。初次提出了以城市为核心区域而开始的市场面分析模式,克氏六边形市场区有K=3、K=4、K=7三种基本形式,并创建了"中心地理论"的经典模式。

现代商业地理学研究起源于19世纪80年代,在克里斯塔勒中心地理论基础上,以人为本,充分考虑使用者的需求,从人的需求视角出发综合考虑人的行为、时间、结构。从时间地理角度出发在探究商品贸易中将专业知识理论和方法模型引到商品贸易布局的探究中。具有代表性的人物为哈格斯坦德,他的研究将

---

[1] 王伟中. 中国可持续发展态势分析 [M]. 北京:商务印书馆,1999:334~346.
[2] 郭震伟. 区域研究与区域规划 [M]. 上海:同济大学出版社,1998:18-25.
[3] Christaller W. Die Zentralen Orte in Suddcutshland 1993 Central Places in South Germany Translated by C. W. Baskin Englewood Cliffs. NJ 1996.

时间发展作为轴线,动态的、持续性的分析了针对商品贸易空间形成的个体差异行为,这样就可以给整理和匹配业态供应需求分析、怎么样更好地满足使用者需求等提供有效的理论支持以及技术方法[1]。贝利等人基于人的行为角度,在克里斯塔勒的中心地理论专业知识理论的基础上探索商品贸易。他们开始着重研究使用者习惯、出行行为、商业业态、消费者能力等。从而创建了全新的商品贸易空间结构理论框架[2]。在结构主义地理学中强调的是整体性和综合性,非常重视认识地理事物内部结构重要性,对近代城市商品贸易布局探究形成了极其重要的作用。戴威斯全面地分析了零售商业特征,基于商业用地、商业业态、商业区位、消费者购物行为,阐述了不同规模范围、不同等级商业核心的商业业态演变过程[3]。

2. 商业区位研究

针对商业区位的研究,国外从 19 世纪末和 20 世纪初开始进行,在西方国家,商业区位的研究可以归纳为四个阶段,分别是:①20 世纪 20~30 年代对市场区域以及商业空间竞争研究阶段,②20 世纪 30~60 年代基于中心理论研究新古典宏观区位阶段,③20 世纪 60~80 年代基于消费者行为理论研究商业空间结构阶段,④20 世纪 80 年代至 21 世纪初基于行为感知以及社会空间因素研究商业区位阶段。和商业网点布局有关的著名理论有以下六个,分别是:①中心地理论;②赖利零售引力模型;③赫夫模型;④康弗斯断裂点模型;⑤市场区位理论;⑥威尔逊购物模型等。

威廉·赖利是一位美国学者,他早在 1931 年就了提出零售引力模型。零售引力模型的核心在于牛顿的万有引力定律,指出中心人口数量和商业中心的吸引范围成正比关系,商业中心的吸引范围和中心间距离的平方成反比关系。例如,商业中心人口数量越多,中心间距离越短,那么该中心的吸引范围就越大。克里斯塔勒是一位德国地理学家,他早在 1933 年就发表了《德国南部的中心地》,在这本书中指出了空间分布、职能层次规律以及城市规模等级,并且深入分析和研究了城市构成的中心地等级体系[4]。他提出中心地是一个为周围地区提供中心商品之地,特别是农村地区。一个中心商品的级别越高,分布越小。服务范围越小,加之中心地数据越少,那么这个中心地的等级就越高。中心地会根据行政原则、市场原则以及交通原则表现出不一样的等级序列。奥古斯特·廖什是一位德

---

[1] Hagerst rand T. What about people in regional science. Papers and proceedings of the regional science association, 1970 (24): 7~21.

[2] Pottrt R. B. Correlates of the functional structure of urban retail areas: An approach employing multivariate ordination Professional Geography, 1981, 33 (2): 208~215.

[3] R. L. Davies: Marketing Geography: with special reference to retailing London Methuen, 1976.

[4] 沃尔特·克里斯塔勒. 德国南部的中心地原理 [M]. 常正文译. 北京:商务印书馆。1998.

国经济学家,他在 1939 年修改和补充了克氏中心地理论,撰写了《区位经济学》,开创了服从最大限度利润、以市场为中心的区位论和作为市场体系的经济景观模式。奥古斯特·廖什认为区位选择和产业配置取决于市场需求结构以及市场规模。为了得到最大的利润空间应该选择最大的市场区域,而且最佳区域点指的就是利润最高点。他认为市场是一个正六边形"面"的蜂窝状,市场区域均衡时的形状和面积可以通过销售量和均衡价格得到。布赖恩·贝里是一位地理学家,他利用数理统计的方法研究了中心地学说,充分结合了服务中心等级和人口分布,这是城市系统研究重要的一个转折点,从此之后,很多学者开始从实证和微观两方面来分析和研究城市商业的空间布局规律。康弗斯于 1949 年基于赖利零售引力模型推出了断裂点模型。但是因为这个模型只是指出了两个相邻城市之间相互吸引范围的一个平衡点,然而出现了很多的方法来划分城市的吸引范围,例如,过相邻断裂点作垂线方法、用平滑曲线连接相邻断裂点方法[1]。这个理论有一定的局限性,因为在实际运用中,必须考虑诸多因素,所以应用范围不是很广泛。威尔逊是一位英国地理学家,他在 1967 年提出了威尔逊购物模型。本模型最早应用在研究空间作用,并且将距离衰减特征纳入考虑范围,并且还进行了指数修正[2]。威尔逊首先认为两个区域之间有区间物资的流动,而且把流动的强度认为是两个区域的相互作用强度。威尔逊根据多种约束条件,把多种变量应用到零售领域。并且提出了威尔逊购物模型,模型变量分别是:①引入总人口;②人均购物支出;③总购物支出等。赫夫是一位美国零售学专家,他在 20 世纪 60 年代就提出了赫夫零售管理引力模型。赫夫认为商店的相关吸引力决定了商店的商圈。顾客到商业区集聚地时,顾客到商业区的概率取决于商业区的规模大小以及顾客到商业区的距离。这个模型与实际很接近,所以被人们广泛地应用。美国学者莱克在 1987 年延伸和改进了赫夫模型,从而提出了多因素的作用模型,这使得商圈测度的准确性大大增加。1966 年加纳提出了商业中心空间模式,基于竞租理论和土地价值论对不同职能的投标进行分析,对各个商业中心结构进行了探讨,提出了多种不同等级商业中心空间模式[3]。赖斯顿这位美国学者在 1976 年提出了消费者行为空间模型,该模型指出了消费者会把商业中心划分为偏好等级的行为偏好方法,从行为的角度上研究城市商业空间结构问题[4]。Potter 这位美国学者在 1982 年的 "The Urban Retailing System: Location, Cognition and Behavior" 一书中基于消费者知觉和消费者行为两者探讨零售区域分布,Potter 在零售

---

[1] 张伟,顾朝林. 城市经济区划分方法的初步研究 [J]. 人文地理. 1996. 11 (增刊): 38~40.
[2] 王宁,王录仓,李纯斌等. 西安与兰州空间相互作用初步研究 [J]. 国土与自然资源研究,2008,(3): 16~17.
[3] 曹连群. 商业零售业态分类规范与商业网点布局规划 [J]. 商业与规划,1999: (5): 58~59.
[4] 林耿,阎小培. 广州市商业功能区空间结构研究 [J]. 人文地理,2003: (18): 52.

环境信息方面有深入的研究,他指出应用领域和信息地域存在于商业中心和居民两者之间的"锲型"断面①。Vance 这位经济学家提出了 Vance 模型。Vance 指出一个左右对应的城市空间,城市中心布局会包含所有的服务职能和商品;而一个非对称的城市空间,高级中心不会集中在中央,而是呈点状或者带状分布②。

3. 商业网点布局研究

在理论研究方面,Bolton (1980) 指出可以在研究商业网点布局中应用集聚效应理论③。Paul Krugman (1997) 则作出了适当补充,站在经济学的视角上指出人流量、商业网点以及各类活动等的聚焦是可以激发出外在经济效益的④。Masahisa Fujita (2004) 则梳理了与其相关的各种理论,具体如下:冯·杜能在对城市经济功能进行分类的基础上提出土地价值论,Gertis 则基于冯·杜能的研究采用实证的方法表明商业活动是与土地租金变动息息相关的,B. J. Garner 则在这种关联性的基础上根据划出的一些线条轨迹设计出了空间模型,据此又提出了加纳模型。但是土地价值理论只是站在成本的角度上思考问题,难免会存在局限性,为了对城市空间布局展开更深入地研究,中心地理论应运而生,该理论得到很好地应用。之后便是市场区位理论,由 A. Losch 提出,在中心地理论基础之上加入了利润这个指标,影响指标得到了进一步拓宽⑤。D. L. Huff (2004) 进一步拓宽了商业网点理论的范畴,指出随着城市人口的增长商业规模也会加大,两者是正相关的关系,同时运用概率学的相关知识对商业网点能够辐射的范围进行了估算⑥。

在影响因素方面,Klosterman (1997) 等在 GIS 的基础上,研究商圈饱和度以及 Huff 零售引力来分析各个影响因素⑦。Plastria (2001) 在此之后把效用函数和影响因素进行了匹配,建立了选址模型⑧。在研究零售店如何选址的过程中,Rhim (2002) 同样引用了效用函数,也建立了选址模型,但是这里的模型区别

---

① 邓世文. 中国城市商业网点布局研究 [J]. 人文地理,1999 (14):36~39.

② Vance, James E, Jr. , The Merchant's World: The Geography of Wholesaling, Prentice Hall, Englewood Cliffs, N. S. , 1970, 186~189.

③ J. L. Bolton. The Medieval English Economy [M]. London,1980:15.

④ Paul Krugman, Increasing Returns and Economic Geography [J]. Journal or Political Economy,1997,99 (3):56.

⑤ Masahisa Fujita, Paul Krugman. The New Economic Geography: Past, Present and the Future [J]. Papers in Regional Science,2004,43 (2):209~251.

⑥ HUFF D L. Parameter Estimation in the Huff Mode [J]. Arc User,2004 (10-11):34~36.

⑦ Richard E. Klosterman, Yichun Xie. Retail Impact Analysis with Loosely Coupled GIS and a Spread Sheet [J]. International Planning Studies,1997,15 (6):22.

⑧ Frank Plastria. Static Sompetitive Facility Location: An Overview of Optimization Approaches [J]. European Journal of Operational Research,2001 49 (7):1293.

在于探讨是分阶段的[1]。此后层次分析法以及模糊综合评价法等得到了广泛应用，在模糊评价决策模型的基础上，Cengiz Kahraman（2003）研究了商业如何选址的问题[2]。而对 Eddie W. L. Cheng（2005）来讲，选址问题还可以通过网络分析法来解决[3]。Yu Chou（2008）在仔细调查之后，详细阐述了酒店选址两种方法的有效性问题[4]。Gabriel A. Picone（2008）则反其道而行之，研究了零售网点分布问题，在不同的城市选取了5类产品，运用回归分析的手段，发现零售网点之间差异越大，就越应当聚焦战略性市场[5]。在中心地理论的基础上，Reginald（2008）对小商店位置关系展开了研究，指出商业网点发展会因商业网点距离的远近而受到影响[6]。

在实际应用方面，以大城市为对象，不同地区居民有着不同的收入，所以 Marshall（1996）根据规模的不同将大城市商业中心分成了四大类[7]。Trevor J. Barnes（2013）在对商业网点展开研究时颇有不同，他认为城市商业网点应当分为三个级别，这与当代城市发展规律也是相符的[8]。Matthew Carmona（2014）则重新考量了多种因素对城市等级体系所带来的影响，如服务与偏好、消费需求等，此类研究随时间进程也越来越丰富[9]。

国外对于商业网点研究已经有百年历史，已经从早期的宏观层面慢慢向微观层面演进，已经形成了相对成熟的零售商业空间理论体系。另外，就商业网点规划而言，国外的实践经验也不容小觑，不单单法规和政策相当完备，就连政府也有非常严格和颇为先进的管理机制。就拿英国来说，零售行业规划是由议会审议通过的，属于指导性法令，地区政府在中央政府的指导下作出规划。该规划指出

---

[1] Hosun Rhim. Competitive Location, Production, and Market Selection [J]. European Journal of Operational Research, 2002, 35 (5): 1491.

[2] Cengiz Kahraman, Da Ruan, Ibrahim Doan. Fuzzy Group Decision - making for Facility Location Selection [J]. Information Sciences, 2003, 47 (7): 157.

[3] Eddie W. L. Cheng, Heng Li, Ling Yu. The Analytic Network Process (ANP) Approach to Location Selection: a Shopping Mall Illustration [J]. Construction Innovation: Information, Process, Management, 2005, 38 (21): 52.

[4] Yu Chou, Lun Hsu, Chyi Chen. A fuzzy multi - criteria Decision Model for International Tourist Hotels Location Selection [J]. International Journal of Hospitality Management, 2008, 41 (27): 293~301.

[5] Gabriel A. Picone, David B. Ridley, Paul A. Zandbergen. Distance Decrease Swith Differentiation: Strategic Agglomeration by Retailers [J]. International Journal of Industrial Organization, 2008 (3): 273.

[6] Reginald A. Does Small Store Location Matter? A Test of Three Classic Theories of Retail Location [J]. Journal of Small Business & Entrepreneurship, 2008 (8): 214.

[7] Tim Marshall. Regional Planning in Western Europe: The Contemporary Context [J]. International Planning Studies, 1996 (5): 13.

[8] Trevor J. Barnes, Claudio Minca. Nazi Spatial Theory: The Dark Geographies of Carl Schmitt and Walter Christaller [J]. Annals of the Association of American Geographers, 2013 (21): 1033.

[9] Matthew Carmona. The Place - shaping Continuum: A Theory of Urban Design Process [J]. Journal of Urban Design, 2014 (2): 191.

较高效的零售业投资应当集中于城镇中心,而且提供多种消费设施以及商店,消费者可自由选择。就投资建设项目而言,应当有一套严苛的标准来审核提出承建申请的开发商。以法国为例,针对大型商业设施建设,法国制定了以《拉法兰法》及《鲁瓦耶法》为核心的一套法律体系,并且出台了文件对其审批程序进行详细解释。审批管理工作由国家级和省级商业规划委员会负责。决策时会把如下因素作为考量重点:消费者满意度、商店稠密度、店面设计、就业状况、对交通的影响以及竞争状况等。就审查程序而言,营业许可及建筑许可都应申请,其中对于已有的商店仅须提出营业许可申请,申请人需提交的申请材料共有11份。从营业面积来说,1000平方米以下的商店审批程序相对比较简单,大于6000平方米时就要做民意调查,评估会给当地经济带来何种影响。一般来说审批须4个月,如果还提出了建设许可证的申请就放宽至6个月。考虑到购物中心聚焦的业态多样、商户众多,允许打包报批[1]。鉴于国外相关研究都是从本国实际情况出发,普适性有待商榷。所以,我们应当从我国国情出发,对我国商业网点布局情况展开研究。

## 二、国内文献综述

### (一) 城镇化相关研究

1. 城镇化内涵与质量研究

在国内现有研究中,城镇通常被视为城市和集镇的结合体,它泛指达到一定人口数量、商业密集发展的居民集聚地区。1979年,学者吴友仁率先明确了城镇化的内涵,他认为城市化指的是特定区域内非农人口比例持续提高的过程,着重体现了三个方面:一是工业和城乡发展间的关联性;二是城镇人口和非农人口的空间分布变化;三是城镇现代化发展等[2]。李德华(2001)在《城市规划原理》一书中将城镇化一词表述为"人口及土地由最初的农业性质逐步过渡为非农业性质的过程即视为城镇化"[3] 而许学强等学者(1997)则提出了不同观点,他们认为"人口数量达到特定标准或者条件是城镇的重要构件,同时要确保其大多数居民为非农业人口,尤其共同居住、汇聚而形成的部落即是城镇"[4]。王放(2000)认为城镇空间规划布局会因地理环境、民俗文化、交通条件等相关因素的不同而呈现出一定差异[5]。无论是哪一个城镇,不管规模大小,它们都承载了

---

[1] 商务部市场体系建设司编. 城市商业网点规划资料汇编,2004.
[2] 吴友仁. 关于我国社会主义城市化问题. [J]. 城市规划.1979, 3 (10):170~183.
[3] 李德华. 城市规划原理(第三版) [M]. 北京:中国建筑工业出版社,2001:142.
[4] 许学强,周一星,宁越敏. 城市地理学 [M]. 北京:高等教育出版社.1997:1.
[5] 王放. 中国城市化与可持续发展 [M]. 北京:科学出版社,2000:311.

当地经济、文化、制度等传统要素，城镇形成了有别于临近城镇、村落的设施体系、交通体系等。基于此可知，城镇是一个功能齐全完善的综合系统，其空间布局会因内部因素的影响而呈现出显著差异。城镇不单单是一个发展现象，同时也是一个立体化、多维度的空间形态。学者谢扬（2003）认为城镇化是社会进步、技术创新、产业结构升级的一大产物，其发展源于市场及各相关服务业的支持与推动，城镇化的基本特征是非农产业的发展和集聚，人口和经济活动向城镇地区集中，是经济发展水平低的农村社会慢慢过渡为经济水平日益提高、服务功能完善的城镇，这是一个循序渐进且自然形成的过程[1]。叶裕民（2001）在进行深入分析之后认为，城镇化的发展集中表现三个方面：一是经济发展水平进一步提高；二是社会结构发生改变；三是城镇人口数量日益增多，这样不仅有利于加速城镇发展，还能够为城镇发展提供可靠的人力支持和无尽的发展空间[2]。刘海湘等学者（2001）认为，城镇化发展主要体现三方面：一是人口数量，二是非农产业；三是本土产业。辜胜阻等（2003）将目光聚焦于"产业城镇化"发展。他认为城镇化增长其实是在工业化进程持续推进发展的背景下，社会组织和经济发展结构之间彼此影响的一个过程[3]。李树琼在进行深入分析之后认为，城镇化发展其实主要体现为农村居民逐步涌入经济发展水平较高的城镇之中[4]。钱振明（2008）指出，中国特色的城镇化道路应是坚持大中小城镇协调发展的道路[5]。项继权（2011）认为，我国城镇化发展过程中所面临的关键问题是如何促进农村经济转型，在今后发展中，农村将会成为城镇化发展的主体与重心[6]。陈子真等学者（2015）认为，从当前来看大型城市在促进城镇化发展方面发挥积极影响，不过从长远角度来讲，中小城镇发挥的积极影响更为突出[7]。林辉煌等学者（2016）认为，在现行农村土地集体所有制度下，农民迁移至城镇并完成落户之后，其先前在农村所拥有的承包土地需交付于集体组织，另外，在农村土地征用方面应实施彰显民主色彩的农民集体谈判机制，进一步提高农民的自组织水

---

[1] 谢扬. 中国城镇化战略发展研究总报告摘要 [J]. 城市规划，2003，27（2）.
[2] 叶裕民. 中国城市化之路——经济支持与制度创新 [M]. 北京：商务印书馆，2001：12～13.
[3] 辜胜阻，郑凌云. 农村城镇化的发展素质与制度创新. [J]. 武汉大学学报（社会科学版），2003，74（10）：541～547.
[4] 李树琼. 中国城市化与小城镇发展 [M]. 北京：中国财政经济出版社，2002.
[5] 钱振明. 中国特色城镇化道路研究：现状及发展方向 [J]. 苏州大学学报（哲学社会科学版）. 2008，103（3）：1～5.
[6] 项继权. 城镇化的"中国问题"及其解决之道 [J]. 华中师范大学学报（人文社会科学版），2011，57（1）：1～8.
[7] 陈子真，欧国立，雷振丹. 城市梯度发展对我国新型城镇化的影响 [J]. 云南财经大学学报. 2015，31（2）：12～19.

平①。傅晨等学者（2017）认为，农村土地制度的变革主要体现为农民享有土地退出权，要在构建并优化农村土地退出制度的基础上对农民土地产权进行充分明确，持续完善退出制度细则，对于退出农村土地的农民，政府部门要为其提供一定的经济赔偿和补助。除此之外，需要在持续优化现行制度（比如户籍制度、土地制度等）的基础上促进城镇化水平进一步提高②。魏后凯（2017）认为，应通过构建城乡统一的户籍登记制度、社会保障制度等，以此切实实现城乡一体化进程持续推进③。

国内对城镇化质量的研究主要集中于城镇化质量的含义、城镇化影响要素及与城镇化率的关系等方面。《中国城市发展报告》明确表示：城镇化质量的内涵主要体现为发展的内驱力、公平的运营活动以及质量的进一步完善。福建省城镇调查课题组从社会、文化以及经济等多角度入手对城镇化质量展开了全面细致地研究④。叶裕民（2001）对城镇化质量进行研究后认为，它集中体现于两方面：一是城市现代化建设；二是城乡协调发展，以定量分析为主要方法，主要以大型城市，即人口数量多于300万的城市作为研究对象，经研究表示，城镇化质量是一个循序渐进、持续改善的过程⑤。陈鸿彬（2001）基于经济结构优化、社会进步、技术创新、生活质量等多角度对城镇化质量展开了全方位、多层次分析⑥。牛文元（2003）认为，城镇化质量的内涵由三要素构成：一是权利；二是协调性；三是公平。在城市发展中主要体现于下述三点：一是城市文明程度；二是发展程度；三是协调程度⑦。刘传江、郑凌云（2004）认为，指出城市化发展水平包含"量"与"质"两重含义。量是指数量即城市人口占比变化，质则体现了数量变化程度⑧。曾塞丰（2004）认为，城市化发展质量的核心问题在于城市化发展水平能否和工业发展水平保持高度同步性⑨。赵雪雁（2004）创建了一个涵盖14个指标的评估指标体系，通过主观权重赋权法对东西部城市化质量发展所呈现出来的典型差异特征展开了全面系统地研究⑩。孔凡文等学者（2005）认

---

① 林辉煌，郑永年．新型城镇化与农村土地制度变革[J]．江西财经大学学报，2016，18（4）：74~84．

② 傅晨，陈漆日．农业转移人口市民化背景下农村土地制度创新思考：一个退出权操作方案[J]．广东社会科学，2017，34（2）：13~18．

③ 魏后凯．新常态下中国城乡一体化格局及推进战略[J]．中国农村经济，2017，33（1）：2~16．

④ 毛蒋兴，郑雄彬．新时期中国城市化质与量协调发展研究[J]规划师，2012（7）．

⑤ 叶裕民．中国城市化质量研究[J]．中国软科学，2001（7）．

⑥ 陈鸿彬．提高城市化质量的思路与对策[J]．经济经纬，2001（6）．

⑦ 牛文元．走中国特色的城市化道路[R]．中国科学院高技术局，政策局，科技政策研究所，2003．

⑧ 刘传江，郑凌云．城镇化与城乡可持续发展[M]．北京：科学出版社，2004：23．

⑨ 曾赛丰．中国城市化理论专题研究[M]．长沙：湖南社会出版社，2004：181~197．

⑩ 赵雪雁．西北地区城市人质量评价[J]．干旱区资源与环境，2004（5）．

为，城市化质量的内含主要体现在以下六点：一是社会进步；二是民众生活质量改善；三是生活环境改善；四是经济结构升级；五是基础设施健全；六是管理制度成熟[1]。白先春（2005）等将目光转移至江苏省，以 2000～2002 年为研究时段，通过综合评价法对城市发展质量及其各相关系统展开了深入而全面地探究[2]。郑亚平等（2007）通过主成分分析法对城市化质量差异进行了合理分析[3]。朱洪祥（2007）认为城镇化其实是一个由多要素共同构成的复杂系统，其质量集中表现为下述四个要素：一是"动力要素"——怎样能够促进城镇化系统发展；二是"平等要素"——怎样能够促进城镇化均衡发展；三是"质量要素"——怎样能够促进城镇化建设；四是"集约要素"——怎样促进生态环境质量进一步改善[4]。袁晓玲等学者（2008）认为可基于物质文明、生态文明以及精神文明这三点对城市化质量展开多维度、全方位测评[5]。王家庭（2009）等学者通过当前应用热度较高的主成分分析法面向 30 个大型城市创建了一套相对完善合理的评估指标体系，以此展开了系统化、全面化分析[6]。韩增林（2009）等将目光聚焦于国内 286 个地级及以上城市，分别从经济、文化、自然环境等角度入手对其发展质量展开了全面系统地分析，其研究内容主要侧重于两方面：一是城市化质量特征；二是空间差异性[7]。李明秋等（2010）在进行深入调研之后认为，在大力推进城镇化发展的过程中需要重视并强化基础设施的健全、自然环境的改善以及公共服务体系的优化，在切实提高城市综合发展水平的基础上大幅改善民众生活水平[8]。方创琳等（2011）在进行广泛研究之后认为，城市化质量包含三大要素：一是经济；二是空间；三是社会。评价指标体系的创建需要以这三要素为脉络，在立足于现实的基础上创建一个严谨合理的评价模型，以此对其城镇化发展质量、发展效率间的关联性予以实证分析，明确其发展是否处于协调有序状态之中[9]。陈明（2012）从城镇发展效率的提高、城乡协同发展等方面入手对城镇化

---

[1] 孔凡文，许世卫. 论城镇化速度与质量协调发展 [J]. 城市问题，2005，24（9）：58~61.
[2] 白先春，凌亢，郭存芝. 城市发展质量的综合评价——以江苏省 13 个省辖市为例 [J]. 中国人口资源与环境，2005，14（6）.
[3] 郑亚平，聂锐. 从城市化质量认识省域经济发展差距 [J]. 重庆大学学报（社会科学版），2007，13（5）.
[4] 朱洪祥. 山东省城镇化发展质量测度研究 [J]. 城市发展研究，2007（5）.
[5] 袁晓玲，王霄. 对城市化质量的综合评价分析——以陕西省为例 [J]. 城市发展问题，2008，15（3）：38~41、45.
[6] 王家庭，唐袁. 我国城市化质量测度的实证研究 [J]. 财经问题研究，2009（1）.
[7] 韩增林，刘天宝. 中国地级以上城市城市化质量特征及空间差异 [J]. 地理研究，2009，28（6）.
[8] 李明秋，郎学彬. 城市化质量的内涵及其评价指标体系的构建 [J]. 中国软科学，2010（12）.
[9] 方创琳，王德利. 中国城市化发展质量的综合测度与提升路径 [J]. 地理研究，2011，30（11）.

的内涵进行了明确①。李琪等（2012）认为，应从经济发展规模、生活舒适度等多方面入手对城市化质量进行测评与分析②。郭叶波（2013）在进行深入分析之后认为，城镇化发展质量不单单体现于城镇化数量的变化，亦体现于其内部各构成要素的影响机制，以此体现城化发展的好与坏③。魏后凯（2013）认为，城镇化质量在很大程度上体现了城镇化发展水平，从广义层面来讲，城镇化质量主要体现于三点：一是城镇素质的有效改善；二是城市化效率的日益提高；三是城乡协同发展。基于狭义层面而言，城镇化质量主要包括四项内容：一是经济发展质量；二是创新发展质量；三是社会发展质量；四是生态系统发展质量④。张士杰、李勇刚（2016）构建了城镇化质量的评价指标体系，采用熵值法、多元线性回归分析法、动态面板分析法对2000~2014年中部六省的城镇化质量展开了全方面、深层次研究，结果表明，其城镇化质量均进一步提高，将城镇化动力因子分为行政力、市场力、外向力和内源力，市场力是中部六省城镇化质量提升的最主要驱动力，也是推动中部地区城镇化质量持续改善的强大支撑力，需充分市场职能，合理配置资源，促进城镇化质量全面提高⑤。张雷（2016）认为，通过改善流通产业的就业水平和范围层次，能够更好地促进城乡商品流通和信息、文化交流，在提高城乡居民生活质量的同时，能够进一步发挥产业发展在城乡协调方面所起到的积极影响，有利于推动城镇化建设⑥。

2. 新型城镇化研究

《新型城镇化规划2014~2020》明确表示，在坚持城镇化发展道路的过程中，一定要紧随时代发展，积极转变发展理念，在以人为本的前提下全面加速农业人口向城镇地区的迁移；要在积极打造城市发展群的同时促进城市、城镇统筹一体化发展；重视并强化对体制机制的变革与优化，借助改革之力挖掘并发挥城镇化发展潜力，坚持以人为本、布局科学、协调发展的城镇化之路⑦。国内学者在新型城镇化理论研究方面取得的成果如下：李爱军等学者（2004）通过比较常用的层次分析法对无锡和泰州的城镇化发展作了进一步对比研究⑧。刘艳军等学

---

① 陈明. 中国城镇化发展质量研究评述机. 规划师，2012（7）.
② 李琪，安树伟. 中国地级及以上城市不同城市化质量类型划分及比较研究［J］. 经济问题探索，2012（12）.
③ 郭叶波. 城镇化质量的本质内涵与评价指标体系［J］. 学习与实践，2013（3）：13~20.
④ 魏后凯. 中国城镇化质量综合评价报告［J］. 经济研究参考，2013（31）.
⑤ 张士杰，李勇刚. 城镇化质量、动力因子与新型城镇化的路径选择——基于中部六省的实证研究［J］. 华东经济管理，2016，41（12）：86~91.
⑥ 张雷. 城镇化质量与流通产业发展水平关系研究［J］. 商业经济研究，2016，35（11）：7~9.
⑦ http://www.gov.cn/zhengce/2014-03/16/content_2640075.htm 国家新型城镇化规划（2014-2020）.
⑧ 李爱军，谈志浩，陆春锋等. 城市化水平综合指数测度方法探讨——以江苏无锡市、泰州市为例［J］. 经济地理，2004（1）：43~47.

者（2005）基于社会进步、空间布局、基础设施发展现状、环境维护以及经济发展这五个方面对城镇化发展水平进行了全面细致地分析[①]。陈明星等学者（2009）运用了相对较为复杂的熵值法，分别从土地、人口、社会以及经济这四个维度对我国城镇化综合发展水平展开了系统而深入地剖析，同时还对影响其发展的各项因素展开了逐一研究，结果表明，市场力是促进城镇化发展的最强引擎[②]。薛俊菲等学者（2010）面向国内655个城市，基于空间、人口以及经济这三个层面，依托于严谨的加权求和法对其综合城镇化水平展开了全方位、多层次分析，结果表明，我国城镇化水平存在明显的区域差异，东部发展水平最高，西部发展水平最低，另外，城镇化发展水平相对较高的地区在空间分布方面呈现出明显的集聚特征[③]。张晓瑞（2012）利用创建指标体系的方法对安徽省城镇化发展水平进行了系统全面的评估和剖析[④]。单卓然等学者（2013）对当前发展背景下的新型城镇化内涵进行了明确，从4方面入手阐释并明确了新城镇化的三大含义：一是质量；二是民生；三是可持续发展。他们认为发展新型城镇的目标有六个：一是平等城镇化；二是转型城镇化；三是绿色城镇化；四是幸福城镇化；五是集约城镇化；六是健康城镇化。同时将新型城镇化发展归纳为下述几点：一是持续健全和优化现行机制；二是促进区域协同发展；三是推动产业转型与发展；四是推行制度变革与创新。另外，他还对新型城镇化发展战略进行了明确：第一，要坚持城乡协调发展战略；第二，要大力推进产业转型发展战略；第三，始终坚持生态文明策略；第四，持续推进集聚紧凑战略[⑤]。倪鹏飞（2013）在进行深入调研之后认为，新型城镇化的含义是在以科学发展观为指引的前提下，本着以人为本的理念与宗旨，依托于现代工业、信息化产业，在政府发挥引导作用、市场发挥调控作用的模式下实现稳步持续发展，着力推进城乡协调发展[⑥]。张占斌（2013）认为，新型城镇化并非一蹴而就的，相反它是一个循序渐进、各方面要素相互作用的过程。在推动国民经济发展中，新型城镇化建设发挥着不可或缺的重要作用，它不仅是我国战略体系的主要构成部分，亦是进一步扩大内需、刺激经济消费的内在驱动力，可以说，新型城镇化建设在引领国民经济稳步持续发

---

[①] 刘艳军，李诚固. 城市化综合水平测度初探——以我国15个副省级城市为例 [J]. 世界地理研究，2005（2）：38~43.

[②] 陈明星，陆大道，张华. 中国城市化水平的综合测度及其动力因子分析 [J]. 地理学报，2009（4）：387~398.

[③] 薛俊菲，陈雯，张蕾. 中国市域综合城市化水平测度与空间格局研究 [J]. 经济地理，2010（12）：2005~2011.

[④] 张晓瑞. 基于DEA模型的地区城市化发展评价 [J]. 中国人口资源与环境，2012（10）：3~7.

[⑤] 单卓然，黄亚平. "新型城镇化"概念内涵、目标、规划策略及认知误区解析 [J]. 城市规划学刊，2013（2）：16~22.

[⑥] 倪鹏飞. 新型城镇化的基本模式、具体路径与推进对策 [J]. 江海学刊，2013（1）：87~94.

展的过程中扮演着不可取代的重要角色，它是我国全面构建小康社会、实现民族伟大复兴之梦的重要战略途径[1]。王素斋（2013）在对新型城镇化含义及表现特征进行深入而全面地分析之后，根据其发展目标和发展模式明确提出，在着力推进新型城镇化发展的过程中，一定要在科学发展观的指导下，走出一条绿色环保、稳步有序且符合国情的发展之路，在推动城乡一体协调发展的基础上促进国民经济全面健康发展，继而进一步增强国家综合实力[2]。吴晓旭（2013）基于环境、社会以及经济这三个视角面向河南省城镇化创建了一套相对科学合理的评估指标体系，经研究了解到，其新型城镇化效率较低[3]。赵永平等学者（2014）在进行深入研究之后认为，在推进新型城镇化建设时，一定要以人为核心，在以可持续发展理念为指导思想的基础上重视提高发展质量、完善发展概念，在发挥市场调节作用的同时根据政府引导全面实现现代化、高效化、专业化发展[4]。马德功等学者（2016）将研究目光聚焦于西部12个省份，通过创建评估指标体系的方式对其新型城镇化建设情况进行了多维度剖析，其结果表明，其新型城镇化发展并不均衡，呈典型的梯度分布态势，在各西部省份中，城镇化质量水平最高的当属内蒙古，最低的则是贵州，发展效率最高的是新疆，最慢的依旧是贵州[5]。蓝庆新等学者（2017）创建了一个用于评估新型城镇化综合发展的指标体系，该体系共涵盖了34个指标，结果表明，我国新型城镇化发展质量整体较差，并且存在着明显的省域发展失衡现象，东部发展水平最高，中部次之，西部最差[6]。曹飞（2017）通过空间面板收敛等相关方法对我国省域新型城镇化质量从时序演进、空间分异、空间效应与发展趋势和收敛稳健性四方面进行了评估与研究，结果表明，省域城镇化质量呈梯度分布特征，由此体现了国内区域发展失衡的问题，我国省域新型城镇化质量具有显著的空间效应，不单单存在收敛的情况，且收敛速度明显加快[7]。

### （二）县域商业网点布局研究

#### 1. 县域经济研究

县域经济属于区域经济研究范畴，国内很多学者从省级层面和县级层面对县

---

[1] 张占斌. 新型城镇化的战略意义和改革难题［J］. 国家行政学院学报, 2013（1）: 48~54.
[2] 王素斋. 新型城镇化科学发展的内涵、目标与路径［J］. 理论月刊, 2013（4）: 165~168.
[3] 吴晓旭. 河南省新型城市化效率演变趋势研究［J］. 商业研究, 2013（3）: 9~11.
[4] 赵永平, 徐盈之. 新型城镇化发展水平综合测度与驱动机制研究基于我国省际2000-2011年的经验分析［J］. 中国地质大学学报（社会科学版）, 2014, 14（1）: 116~124.
[5] 马德功, 王建英. 我国西部地区新型城镇化质量测算与评价——基于12个省份的面板数据分析［J］. 经济体制改革, 2016（2）: 54~60.
[6] 蓝庆新, 刘昭洁, 彭一然. 中国新型城镇化质量评价指标体系构建及评价方法基于2003-2014年31个省市的空间差异研究［J］. 南方经济, 2017（1）: 111~126.
[7] 曹飞. 中国省域新型城镇化质量动态测度［J］. 北京理工大学学报（社会科学版）, 2017, 19（3）: 108~115.

域经济发展进行了相关研究。学者刘霖（2009）通过应用相对广泛的 DEA 方法对 2007 年的 70 个经济发展水平较高的县（市）经济效率进行了全面评估，对经济发展水平和经济效率之间所具有的关系进行了全面论证，经研究了解到，两者之间并不存在关联性，而这即表示县域经济依旧依托于粗放型方式而进行发展，此外，他还表示各县域经济效率之间呈现出明显不同[①]。学者袁立科（2010）也通过 DEA 方法进行了实证研究，不仅对江苏省 2000~2008 年县域经济效率展开了全面分析，并且对其各相关影响因素予以了深度剖析[②]。学者卢睿等（2011）将目光聚焦于黑龙江省的 65 个县，借助空间滞后模型对其在 1999~2008 年的经济增长趋同问题展开全方位、多层次地实证研究，其结果显示，县域经济增长未出现明显的 $\beta$ 趋同现象，在经济持续发展的过程中，县域发展对空间表现出了较强的依赖，各县域经济增长不单单和其内部因素之间具有密切联系，亦和周边县域经济发展之间呈现出较强关联性[③]。崔长彬等学者（2012）将研究对象集中于河北省的 136 个县域经济，对其在 2006~2009 年这三年所形成的数据展开了集中研究，结果表明其县域经济不仅表现出较强的空间相关性，并且存在明显的异质性特征，在相同地区范围内，县域经济发展差异不是很大，但是在不同地区范围内，其发展差异显著[④]。杜霞等学者（2015）将研究目光转移到了山东省，通过 ESDA 探索性空间数据分析法对其 2000~2010 年百余个县域经济的空间分异及其成因展开了全面细致地分析，结果表明县域经济发展并不平衡，其中北部发展水平明显高于南部地区，东部发展水平明显高于西部地区，存在较为显著的极化效应，他们分别基于政府政策、区位优劣势等角度对空间格局的成因作了进一步研究[⑤]。何秀芝等学者（2015）将目光聚焦于 2012 年广东省的 88 个县，对其县域经济水平空间差异展开了全面分析，结果表明其县域经济发展不均衡，珠三角地区的县域经济综合实力相对比较强，而靠近山区、交通不畅的县域则较为羸弱[⑥]。刘晓婷等学者（2015）根据 2005、2008、2013 年产生的截面数据对 82 个新疆县域经济发展水平影响因素展开了深入研究，以此明确各要素对其发展水平

---

① 刘霖. 县域经济发展效率的地区比较——基于 DEA 方法的研究 [J]. 社会科学研究, 2009 (11): 23~27.

② 袁立科. 县域经济发展效率及其影响因素研究——以江苏省为例 [J]. 审计与经济研究, 2010 (9): 84~89.

③ 卢睿, 孙永波. 县域经济增长 $\beta$ 趋同的空间计量分析——以黑龙江省为例 [J]. 经济师, 2011 (2): 234~236.

④ 崔长彬, 姜石良, 张正河. 河北县域经济影响因素的空间差异分析——基于贝叶斯地理加权回归方法 [J]. 经济地理, 2012 (2): 39~45.

⑤ 杜霞, 钱宏胜, 吴殿廷. 山东省县域经济的空间分异及其成因 [J]. 城市问题, 2015 (8): 97~103.

⑥ 何秀芝, 刘现, 李朝旗. 基于探索性空间数据的县域经济空间差异研究 [J]. 统计与决策, 2015 (16): 96~99.

所产生的不同影响，结果表明，农民净收益、固定资产投资、财政支出等相关因素会对当地县域经济发展水平产生较为积极的影响，在上述各类影响因素中，固定资产投资所产生的积极影响日益缩减，而财政支出所产生的正面影响却日益扩大。同时，不同县域有其不同的发展影响因素[①]。杨秀秀（2014）基于空间差异和影响因素等不同角度对 2004~2012 年江浙两省的县域经济进行了对比研究，结果表明，两省县域经济发展的空间差异日益减小，估计这和劳动力、产业结构、政府调控等因素具有密切联系。该学者还借助当前应用较为广泛的空间计量方法作了进一步分析，其结果表明不同因素对两省县域经济发展所产生的影响存在一定区别。该学者还就如何缩小两省县域经济空间差异提出了针对性策略和方法[②]。吴玉鸣（2007）通过创建空间计量模型的方式对我国两千余个县域样本展开了全面研究，其结果表明我国县域经济在发展过程中呈现出显著的空间集聚特征，对空间的依赖比较高，县域经济发展不单单和投入要素、城镇化发展水平等之间具有密切联系，也和临近县域的经济发展之间呈现出较强的空间关联性[③]。陈芳等学者（2011）在对我国 2000~2007 年 1994 个县域的非平衡面板数据进行整合之后，通过当时较为先进的动态面板分析法对国内县域经济发展差距的条件 β 收敛性展开了实证分析，结果显示国内县域经济呈现出明显的条件 β 收敛特征，可依托于控制人口增长、加大投资力度、促进产业结构优化和升级等一系列手段能够进一步缩减县域经济增长差异[④]。王振华等学者（2015）将目光聚焦于 1820 个县域，基于城镇化发展这一层面深入细致地剖析了县域产业结构优化和调整所产生的影响，结果表明，城镇化发展水平的提升能够有效推动县域产业结构调整与优化，其中结构红利在促进经济发展方面表现出强大优势，另外，无论是县域产业结构还是结构红利，它们均形成了明显的空间溢出效应[⑤]。

2. 商业网点布局研究

国内关于商业地理的研究，主要受古典主义学派的影响，大部分是在商业中心地理论的指导下对商业网点空间布局展开分析，随着研究力度的加大，其研究范围进一步扩大，学者们不但对商业网点的供给性进行了实证分析，也对商业网点的空间分布差异性进行了分析。我国直到 20 世纪 80 年代之后才对大城市的商

---

[①] 刘晓婷，陈闻君. 新疆县域经济发展影响因素的空间差异分析——基于地理加权回归（GWR）模型[J]. 新疆农垦经济，2015（9）：59~65.

[②] 杨秀秀. 江浙县域经济空间差异研究[D]. 宁波大学：2014.

[③] 吴玉鸣. 县域经济增长集聚与差异：空间计量经济实证分析[J]. 世界经济文汇，2007（2）：37~57.

[④] 陈芳，龙志和，林光平. 中国县域经济差距及其收敛巧的实证研究[J]. 云南财经大学学报，2011（6）：49~55.

[⑤] 王振华，李旭. 技术进步、产业结构升级与县域经济增长——以辽宁省为例[J]. 农业技术经济，2015（2）：68~75.

业网点布局展开理论分析。徐放（1984）在进行实地调查和深入分析之后将北京市商业服务中心划分成五个级别，同时认为历史、人口分布、交通条件是影响商业布局的重要因素[1]。杨吾扬（1994）以中心地理论为指导系统研究了商业服务业网点空间布局，在对北京商业区的发展历程、空间分布现状进行综合分析之后，提出了西单在未来数年会发展成中心商务区的观点，同时通过框图的方式绘制了一幅最佳状态下的商业服务业空间结构体系，把城市商业网点分成三级序列：市级、区级、街区级，成功地对中心地理论进行了试验性研究[2]。阎小培等学者（1993）运用聚类分析法将广州市城区商业中心细分成了30个等级和5个类别。经深入分析了解到，它并不完全符合中心地学说，学者们针对该特性展开了全面研究[3]。于洪俊（1983）运用聚类分析方法将上海市区商业中心进一步细分成3个等级、5个类别，同时对各等级商业中心的职能构成特征进行了明确[4]。王宝铭（1995）深入细致地研究了天津市人口分布情况和商业网点布局之间的关系，结果显示，两者产生了显著的相互吸引效应[5]。陈忠暖等学者（1999）使用实地调研方法，借助因子生态分析技术对昆明市商业地域结构现状及其当前所面临的主要问题进行了阐述分析，同时明确了其未来发展方向[6]。许学强等学者（2002）将广州市1998年营业面积大于5000平方米的21个零售公司纳入研究范畴，共对外派发了500份问卷，借助GIS技术对其大型零售商店的空间布局情况及各相关影响因素展开了分析，同时对其未来空间布局走势进行了科学预测[7]。曹嵘等学者（2003）在对普通商业区零售商业营业面积和交通区位优势间所具有关系展开深入剖析之后发现无论是支路线性延伸还是交通条件，它们均对商业街内部产生了一定影响，同时他们就如何协调商业和交通提出了相应的策略和方法[8]。朱枫等学者（2003）将目光聚焦于上海浦东新区160个年营业额超过百万元的百货零售商，借助GIS技术对其空间布局特征、灵活度单位体系等多方面内容展开了综合分析，以此为其商业设施布局提出了改进策略[9]。翟森竞等学者（2005）以零售业态集聚概念为基础重新阐释了Shopping Mall的内在含义，他认

---

[1] 徐放. 北京市的商业服务地理 [J]. 经济地理, 1984（4）40~46.
[2] 杨吾扬. 北京市零售商业与服务业中心和网点的过去、现在和未来 [J]. 地理学报, 1994, 49 (1): 9~17.
[3] 阎小培, 许学强等. 广州市中心商业区土地利用特征、成因及发展 [J]. 城市问题, 1993, 12 (8): 14~20.
[4] 于洪俊. 试论城市地域结构的均质性 [J]. 地理学报, 1983 (6): 241~251.
[5] 王宝铭. 对城市人口分布与商业网点布局相关性的探讨 [J]. 人文地理, 1995 (10): 36~39.
[6] 陈忠暖, 程一钧, 何劲耘. 城市零售商业服务业区位类型划分的探讨 [J]. 经济地理, 1999, 21 (2): 27~30.
[7] 许学强等. 广州市大型零售商店布局分析 [J]. 城市规划, 2002 (7): 27~30.
[8] 曹嵘, 白光润. 交通影响下的城市零售商业微区位探析 [J]. 经济地理, 2003 (2): 247~250.
[9] 朱枫, 宋小冬. 基于GIS的大型百货零售商业设施布局分析 [J]. 武汉大学学报, 2003 (3): 45.

为，Shopping Mall 有别于其他商场的特性主要表现为三个方面：一是业态种类非常丰富；二是属于典型的零售业态汇聚；不过其服务功能较为完善；三是空间分布较为密集，运用创建影响因素模型的方式深入全面地分析了经济、环境、交通等相关要素对 Shopping Mall 发展所带来的各种影响①。薛领等学者（2005）在对海淀区人口增长和商业发展进行初步分析之后，在空间相互作用理论的指导下依托于创建相关模型的方式对其各街乡的人口潜能、商业吸引力等展开了全方面实证探究，同时在结合人口增长组合预测结果的基础上对后期发展过程中海淀区各商业配置展开了合理预测②。刘星原（2007）分析了城市商业网点规划布局的相关问题，指出商业网点布局的目的是从提升城市交易功能和促进经济发展，政府为此而进行指导、管理；城市商业网点布局要体现城市交易功能的要求、消费者购买行为规律和城市商业区域演变规律；重点是对城市总体市场交易功能和城市区域性商业功能的培育与调控；规划城市中重要的市场、街区、商区、设施等；培育和突出城市某些商业优势和特色；城市商业面积的指标应调整③。张晓娜等学者（2009）按坐落形态将城市社区商业的空间规划模式细分为四种：一是街区型；二是组团式；三是零散式，四是大院式，并阐述和比较了四种社区商业模式的布局形态和空间区位，得出前两种模式会成为后期社区商业发展的主力模式，在大量建造商品房的背景下，大院式社区的数量会日益减少，而零散式社区商业则面临着逐渐被淘汰的局面④。赵春霞等学者（2010）以县域商业网点规划为基础，阐述了建立县域商业网点规划指标体系的理论、内容和流程，并结合秦皇岛市昌黎县商业网点规划的实证研究，提出建立科学、合理的县域商业网点布局规划的基本策略⑤。王永超等学者（2011）另辟蹊径，将研究目光转移至小尺度空间方面，运用区域购物流模型以及先进强大的 GIS 技术对县城商业布局模式展开了系统全面的实证分析。他们认为县区商业主要存在两种空间规划形态：一是职能布局模式；二是圈层空间规划模式，并通过购物流强度的 G 统计值对圈层空间规划模式作了进一步分析。两种布局模式相互叠加和空间变异，形成变异圈层布局模式。在这一模式中，县城的商业空间划分成五个圈层和两个职能中心，并在

---

① 翟森竞，柴华奇. 基于零售业态集聚的 Shopping Mall 发展影响因素分析 [J]. 商业研究，2005 (22)：79~82.

② 薛领，杨开忠. 基于空间相互作用模型的商业布局——以北京市海淀区为例 [J]. 地理研究，2005 (2)：35~37.

③ 刘星原. 城市商业网点规划布局的若干问题探讨 [J]. 北京工商大学学报（社会科学版），2007，22 (7)：6~9.

④ 张晓娜，施明华. 我国城市社区商业的空间布局模式探讨 [J]. 北京工商大学学报（社会科学版），2009，24 (6)：28~33.

⑤ 赵春霞，侯金柱，田辉等. 河北省县域商业网点规划现状与指标体系构建 [J]. 河北科技师范学院学报（社会科学版）2010，9 (3)：103~108.

各个圈层中都体现出商业空间向交通轴线集聚的倾向[①]。张珣等学者（2013）以北京城区内的八个行政区作为研究对象，采用 GIS 点模式分析方法，对比研究了 2004 年和 2008 年北京市商业网点规划模式，结果表明北京商业网点出现了集聚式发展特征，以特定点为圆心不断向西周延伸辐射，以此构成一个规模庞大的集聚区，商业网点空间偏向性差异明显；市区的商圈对北京商业网点空间规划产生了非常大的影响，其具体表现为商业网点以商圈为圆点向其四周不断蔓延，形成了明显的集聚效应；北京商业网点 Ripley's K（r）曲线因距离的变动而保持着"先增后减"之发展趋势，其中受居民小区影响较大的居民服务及相关网点在两次普查期间出现了非常大的变动，反映了居民由市中心向外扩散的过程[②]。黄飞鹏等学者（2014）运用模糊数学综合评价方法，对山东省临邑县城区商业网点布局进行了现状分析评价，得出影响县城商业网点空间规划的主要因素，按照影响度大小的顺序进行排序分别是网点营业占地规模、区域公交线路的通达性、区域商店数目以及区域人口分布情况。同时把城区商业网点划分为三个级别：一是区级商业中心；二是居民区级商业中心；三是社区级商业中心，并对城区商业网点布局提出的优化方案[③]。王士君等学者（2015）以长春市中心城区大型商业网点调研数据为依据，运用点模式分析、有序多分类逻辑回归等研究方法，得出长春市大型商业网点的空间分布总体呈中心集聚与外围分散共同存在的发展模式，不过集聚现象会变得越来越突出；各业态类型网点在空间分布方面所存在的不同亦会更加明显，专业店、大型商场以小尺度范围的空间集聚为主，集聚程度较低；专卖店和综合交易市场的集聚程度相对较高，且后者区位选择的空间尺度范围较大；大型超市在空间上呈均匀离散分布，家居建材商店仅在小尺度范围内表现出集聚分布；业态类型、土地价格、交通通达性及集聚特征是影响商业网点分布最显著的因素，同类因素对不同业态商业网点分布的影响程度差异性较大[④]。耿冰等学者（2017）运用网络开放数据及兴趣点数据，得到北京市社区商业网点的数量和空间分布形态。采取平均最近邻算法、标准差椭圆模型及核密度算法，从聚集度、方向性和分布密度三个方面对北京市社区商业布局进行分析，得出北京市居民区布局与商业网点布局有很强的相关性、社区商业布局聚集度较高、方向性不显著、网点布局呈多中心结构等结论。他建议未来应加强城市发展新区的商业

---

[①] 王永超，王士君，李强. 基于 GIS 空间统计的县级商业布局模式及形成机理研究——以吉林省乾安县城为例 [J]. 经济地理，2011，31（9）：1504~1510.

[②] 张珣，钟耳顺等. 2004-2008 年北京城区商业网点空间分布与集聚特征 [J]. 地理科学进展，2013，32（8）：1207~1215.

[③] 黄飞鹏，刘富刚. 县域中心城区商业网点布局优化研究——以山东省临邑县为例 [J]. 广西城镇建设，2014，41（10）：127~131.

[④] 王士君，浩飞龙，姜丽丽. 长春市大型商业网点的区位特征及其影响因素 [J]. 地理学报，2015，82（6）：893~905.

服务功能，打造更加宜居的生活环境，促进社会可持续发展[①]。

县域商业网点布局的对策研究。徐凌云（2005）认为，县域商业网点布局应当增强人本意识、生态意识、国际化竞争意识、区域协调意识以及适度超前意识，商业网点与信息化共同发展，推广连锁经营模式，改革县域商业网点组织结构。张娜，白丽华（2009）在研究一般发展水平县域商业布局规划时，应当注重商业网点的服务性与功能性，在规划中应当改革现有布局模式，突出城市与乡镇的不同。张海霞（2011）从公共政策的视角出发，重点分析了社区商业网店布局存在的问题，认为当前社区商业网点城乡分配不均、规模不足、供给需求不匹配，应当改革社区商业网点的供给模式，消除城乡差距。雷朝阳，苏啸（2014）对江西省上栗县进行调查后研究发现，该县商业布局发展总体发展滞后，商业网点布局混乱无序，商业网点规划缺失，提出应当尽快出台该县的商业布局规划，对商业网点空间布局和业态结构进行完善。并且结合该县的经济历史文化特点给出了相应的对策建议。刘星原（2007）从城市和商业的交易职能角度对城市商业网点布局进行了探讨，认为城市商业网点布局应当注重突出当地的商业特色并遵循当地区域商业功能内在的演变规律。

3. 城镇化与商业网点布局关系研究

在国内将商业网点布局与城镇化两者结合的研究较少，但很早就有学者对农村商业网点布局相关问题加以阐述。赵德海（1999）认为，我国农村商业网点布局应当坚持总体规划、因地制宜、兼顾均衡、重点发展、循序渐进、多元参与、城乡共建等原则[②]。刘自然（2010）分析了中国城镇化发展的进程和战略概况、中国城镇化进程对产业发展的推动效应以及中国社区购物中心在城镇化进程中的发展状况，阐述了中国的城镇化进程将会极大地带动社区购物中心这一商业网点在中国的快速发展的观点[③]。王水平（2012）认为，城镇化和流通产业发展之间具有密切的联系，其具体表现为两个方面：一方面，城镇化发展需要商业网点数量持续增加、服务分工更清晰化和专业化、技术创新速度不断提升等，以此为流通产业实现进一步发展创造更突出的优势条件。另一方面，在城镇化进程持续推进的今天，我国流通产业呈现出新的发展态势即城市商业进一步发展、电商大规模发展、外资公司持续调整其发展战略等。在新形势下，流通产业要想取得进一步发展，则需要全面改善服务质量、拓展并丰富流通渠道、大力发展电商和绿色环保产业等[④]。张弘等学者（2015）认为，新型城镇化是扩大内需和促进产业升级的重要抓手，而流通产业作为扩大内需、促进消费的主要着力点在新型城镇化

---

[①] 耿冰，付梅臣. 基于开放数据的社区商业布局研究[J]. 商业经济研究，2017，36（5）：8~10.
[②] 赵德海. 我国农村商业网点合理布局的原则[J]. 商业经济研究，1999，18（12）：29~31.
[③] 刘自然. 中国城镇化对社区购物中心发展的影响[J]. 新闻世界，2010，22（10）：117~118.
[④] 王水平. 基于城镇化视角的中国流通产业发展空间研究[J]. 财贸研究，2012（12）：29~34.

进程势必会绽放出亮丽的色彩,在对新型城镇化和流通产业发展间的相关性进行明确之后,提出了新型城镇化背景下促进我国流通产业发展的对策①。徐印州等学者(2016)认为,尽管近些年来社区商业获得了长足发展,不过它并没能和城镇化进程相契合,还无法全面有效地满足居民不断提高的要求。指出国内社区商业的发展趋势为:社区商业融入O2O创新发展,"互联网+社区商业"模式逐步成熟,社区商业新业态不断涌现,业态跨界组合导致社区商业功能变得愈来愈丰富完善,要想全面推进社区商业必须彻底转变轻视社区商业的陈旧观念,加强对社区商业发展的统筹规划,实施"互联网+社区商业"打造智慧社区,提高社区商业连锁经营程度以推行规范管理,兼顾社区商业的公益性和服务性功能,使社区商业与城市共同配送相结合②。李勤玲(2017)分析了当前形势下城镇化和流通产业的发展状况,同时对两者的相互影响机理进行了深度剖析,认为城镇化质量的提升能够推动流通产业更好的集聚,流通业只有一定程度的集中,才能够实现规模化的经济效益,进而整体提升流通产业价值。在持续推进城乡一体化发展的进程中,流通产业可依托于有效整合并科学配置城乡资源的方式推动城乡协调共同发展。

## 三、简要评述

综上所述,纵观国内外的研究成果,可看到学者们对城镇化的发展、县域商业网点布局以及两者之间关系的研究越来越重视,并取得了丰硕的成果,为本书的研究提供理论指导,国内外学者们在对城镇化展开研究时,主要从下述几个方面入手:一是概念分析;二是城市化质量;三是城乡一体化发展进程;四是中国新型城镇化发展等。其研究视角广泛且多元化,县域商业网点布局是一种经济现象,国内外学者们对其从商业地理学、商业区位、商业布局等不同视角进行了深入研究,近年来也有很多学者探讨了城镇化与商业发展之间的关系,用实证分析方法深入探讨了商业网点空间布局的特征、影响因素。也有一些学者研究了城镇化与商业流通产业的影响。但总体来看关于城镇化与商业网点布局的研究还不是很完善,其具体不足主要体现于下述四个方面:

第一,对城镇化及商业网点布局所展开的研究还不是很全面,其研究内容较为单一化,只是基于实证层面对城镇化程度与商贸流通业的关系进行了论证。而将二者结合起来研究城镇化发展与商业网点布局合理性影响机理的研究较少。并未对其影响机制及关联关系展开分析。

---

① 张弘,邓阳. 以新型城镇化促进流通产业发展 [J]. 中国商论, 2016, 24 (12): 185~187.
② 徐印州,林梨奎. 论社区商业的新发展 [J]. 商业经济研究, 2016, 35 (9): 5~7.

第二，商业网点布局对城镇化发展所产生的影响通常主要取决于城市发展特征、城市发展规模等相关因素，城镇化发展水平和质量会因商业网点布局的不同而呈现出明显不同，现有研究并未考虑城市差异特征所产生的影响，导致研究结果缺乏客观性和实用性。

第三，国内的研究则主要集中在目前我国大城市城镇化及其商业网点布局存在的一些实际问题及对策上，而对县域商业网点布局与城镇化质量的相互关系及影响机理研究较少。商业网点布局是一种外在的地理现象，其网点集聚过程和要素集聚过程之间彼此影响，当前人们已明确表示商业空间集聚可以在很大程度上促进地区城镇化，不过对于是否能够促进周边城镇化这一问题并未展开深入而全面地研究。

第四，国内学者在对城市商业活动空间布局方面所展开的研究并未立足于国情及实际发展情况，多是在借鉴西方研究成果的基础上而展开分析和研究的。我国学者目前侧重于对中心地理论的实验性分析，其研究只是对中心地理论的一种阐释，并未取得实质性突破。在对其他理论进行研究时，也未获得实质性进展，现有研究还未涉及商品类型细化、顾客行为等相关领域，在后期研究中要予以重点突破。

基于此，本书在国内外现有研究的基础上，分别从我国城镇化发展水平和县域商业网点布局的合理性角度探讨城镇化发展与县域商业网点布局的关联关系，将城市的差异特性及空间效应纳入分析框架，并用空间计量方法分析城市商业网点空间集聚的特征及其差异性，用线性回归方法分析城镇化进程中造成全国各地区商业网点空间布局存在差异的影响因素，进一步提出在中国城镇化进程中县域商业网点空间布局的对策。期望本书能够在促进国内城镇化发展、改进县域商业网点空间布局等方面提供有益借鉴。

## 第三节 研究内容、研究方法、数据来源及技术路线

### 一、研究内容

本书主要由八章构成，其具体可分为下面三部分：

第一部分，绪论和文献综述。

第1章，本章主要对本书研究背景、研究意义、各国现有研究成果以及本书所使用的研究方法等相关内容进行介绍。

第2章，本章在对现有概念进行详细介绍的基础上对与本研究相关的理论展开了进一步分析，为本书内容提供了可靠的理论指导。

第二部分，影响机制和实证检验研究。

第3章，本章在上一章相关概念研究的基础上，进一步分析了我国城镇化发展现状及商业网点空间布局现状，并提出了县域商业网点空间布局存在的问题。

第4章，本章是使用空间计量方法及模糊综合评价分析方法分析了我国商业网点空间布局的特征，找出城镇化进程中造成商业网点布局存在差异的影响因素。

第5章，本章用因子分析法对我国城镇化发展和县域商业网点进行测度，进一步从城镇化的社会、经济、人口及空间等视角，选取全国28个省的指标为研究数据，分析得出全国28个省区县域商业网点布局与城镇化发展存在的相关性关系。

第6章，本章运用模糊综合评价方法对我国28个县域商业网点总量问题进行测度，用熵权法测度所选指标的权重，得出隶属度，根据隶属度最大原则评价出全国28个地区县域商业网点总量的五个数量等级。

第7章，以黑龙江省为例，利用ArcGIS空间计量分析软件，分析黑龙江省各城市县域商业网点空间布局特征，并分析了产生这些特征差异的影响因素。

第三部分，结论和总结。

第8章，基于分析结果提出促进我国城镇化发展的县域商业网点空间布局的政策建议。

本书总结，对本书研究内容进行梳理与归纳。

## 二、研究方法

本书在以商业流通理论、产业组织理论等相关理论为指导的前提下，将目光聚焦于城镇化进程中的县域商业网点布局优化展开了深入而全面地分析，在分析过程中所运用的方法主要包括下面几种：

第一，现场调研法。笔者通过前往黑龙江省商业经济研究所、大型购物中心、大型商业网点、县城与乡镇相关部门等进行了现场调研，尽量准确地掌握第一手资料，得出中国城镇化发展情况及县域商业网点布局情况，同时对其现有问题予以了全面揭示。

第二，规范分析和实证分析相融合。通过规范分析法深入研究了中国目前的城镇化发展状况及县域商业网点布局问题，分析了黑龙江省县域各商业网点的分布情况，使用实证分析方法分析了全国县域商业网点布局与城镇化发展状况之间的相关关系。

第三,定量分析与定性分析方法。为更好地完成本书研究,笔者对统计年鉴及其他相关资料信息进行了广泛搜集,基于此创建了一个完善合理的城镇化发展质量测度指标体系,通过功能完善操作便捷的专业计量软件对城镇化发展质量展开了系统而全面地定量分析,通过联合采用定量分析法与定性分析法对本书研究地的县域商业网点布局的空间分布特征及业态结构特征进行研究,从而得出推动城镇化发展质量的县域商业网点布局优化方案。

第四,数理模型分析法。本书采用因子分析法、模糊综合评价分析法以及 Arcgic 10.2 空间计量统计软件分析法。首先运用因子法分析了全国 28 个省域城镇化发展与县域商业网点布局的相互关联关系,得出二者之间存在重要的相互影响关系;其次采用模糊综合评价分析法,通过全国 28 个地区县域零售商业网点的相关数据,对我国县域零售商业网点的总量控制进行综合评价,得出 28 个样本数据的商业网点总量隶属度的五个等级,为进一步优化商业网点布局提供理论依据;运用 Arcgic 空间计量分析测度了黑龙江省所辖城市县域商业网点的空间布局特征及业态结构特征,分析了造成这种布局特征存在差异的影响因素。

第五,个案分析法。利用因子分析法和 Arcgic 空间计量分析,对商业网点选址进行分析,通过实例实现对黑龙江省县域商业网点的选址和布局,实现优化方案在城镇化进程中县域商业网点布局的应用。

## 三、数据来源

本书所采用的原始数据来源于国家统计局出版的《中国统计年鉴》2011~2017 年、《中国县(市)社会经济统计年鉴》2010~2015 年、《黑龙江商务年鉴 2016》、《中国区域经济统计年鉴》2010~2015 年,具体数据整理和处理见本书的第四、五、六、七章。

## 四、技术路线

技术路线见图 1-2。

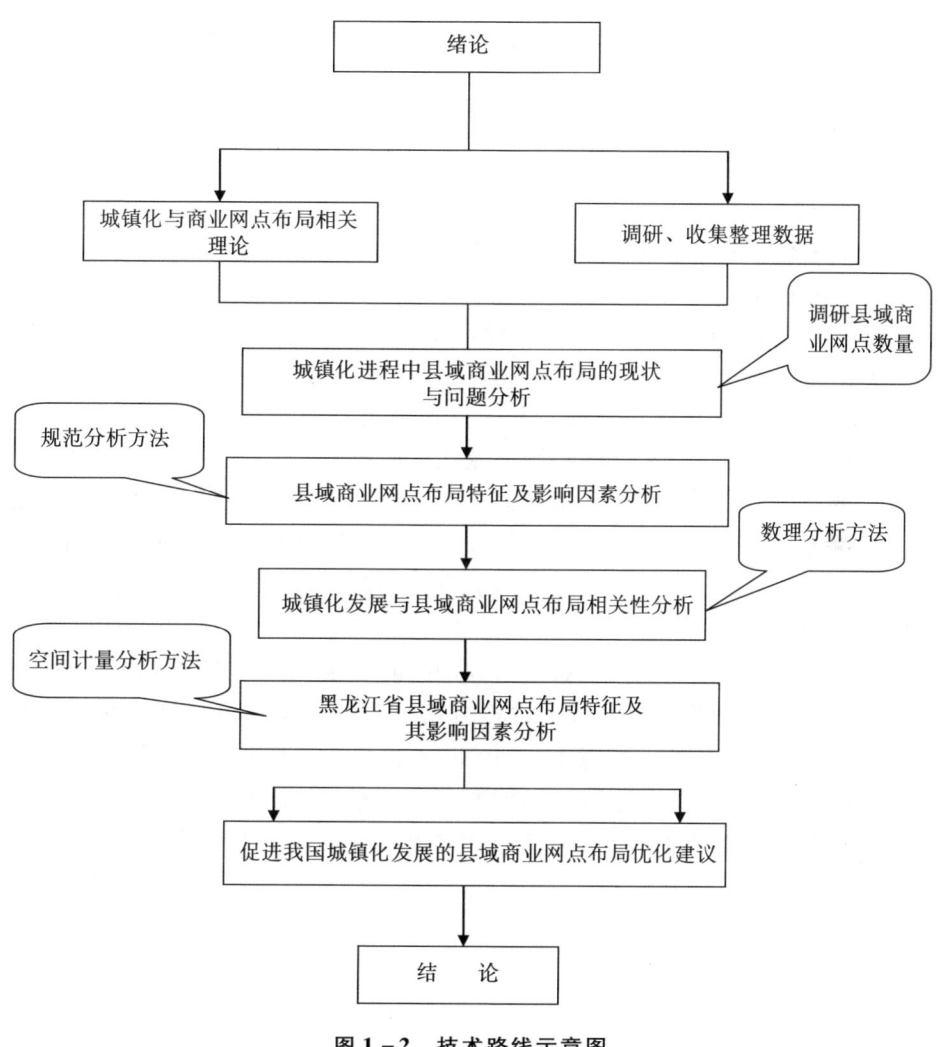

图 1-2 技术路线示意图

## 第四节 可能的创新点、难点与不足

### 一、创新点

本书的可能创新之处主要有以下三点:

1. 研究对象的创新

本书将城镇化与商业网点布局这一研究问题纳入了县域分析范畴，重点分析了县域经济中城镇化发展和商业网点布局的现状、特征及影响因素。同时，对城镇化发展与商业网点空间布局的关系进行了论证。在研究对象的选择上，从可得的文献中未见对二者之间的相关性关系进行分析测度。

2. 研究方法的创新

本书分别采用了因子分析法、模糊综合评价分析法和 ArcGIS 空间计量分析法。本书构建了城镇化发展及县域商业网点布局的评价指标体系，用城镇化发展和县域商业网点布局两个一级指标，构建了七个二级指标，依据《中国统计年鉴》和中国县市统计数据整理，并采用因子分析法中的主成分分析综合评价方法，对全国 28 个省的城镇化发展与县域商业网点布局的相关关系进行测度和评价，同时采用空间计量分析方法利用黑龙江省商业网点统计数据测度了黑龙江省各类型商业网点的布局；本书采用模糊综合评价方法分析了县域商业网点的等级体系及商业网点总量问题。本书采用的理论研究方法具有非常明显的导向性与目标性。所以，本书在研究方法应用方面取得了创新。

3. 研究视角的创新

相较于他国，我国商业网点布局研究的时间比较晚，其研究成果还不是很成熟完善。当前学者主要对大中城市进行分析，很少有学者将目光聚焦于县域地区，加上在我国城镇化的大环境下，研究商业网点的布局对城镇化建设的促进作用的文献就更少了，这给本书进行县域商业网点布局的研究留下了一个全新的视角。本书创建了一套严谨合理的县域商业网点布局和城镇化发展的指标体系，以此形成了本书内容和研究视角的一个创新。

## 二、难点

1. 容易重复计算

对城镇化发展及县域商业网点布局的指标进行确定时，一定要根据特定的标准或者要求进行，避免出现重复选取的问题，继而使得研究结果不精准。例如，在城镇化发展水平和县域商业网点布局的测度与衡量过程中，在相对应的二级指标的选取和数据整理和计算时，在城镇化测度中选取了全国 28 个省的相关指标进行整理，数据加总和求平均值计算中，容易出现重复现象。具体在数据整理过程中已做剔除，避免了重复计算的问题。

2. 数据获取难度较大

本书运用了经济计量方法展开分析，实证分析过程中应用到了很多统计数据，如城镇化发展水平测度、全国 28 个省的县域 GDP 及社销额、黑龙江省所辖县域不同业态的商业网点数量统计，等等，数据获取难度较大并且处理过程繁杂，可以说，只有在进行全面调研、大量计算以及复杂处理之后才能获得所需要的数据资料。同时，对于县级城市各类商业网点数量及销售额的一些基础数据只通过年鉴和网络获取难度较大。

3. 提炼方案难度较大

提炼城镇化进程中县域商业网点布局对策及优化方案，结合黑龙江省各地区县域商业网点布局特征及实际影响因素，提出切实可行的符合中国实际和黑龙江省省情的加快城镇化进程的县域商业网点布局优化的策略，此乃本书的又一难点。

## 三、不足

第一，本书在实证分析过程中使用的数据有的来自公开出版的统计年鉴，有的来自作者实地调研。不过受时间和精力等相关因素的制约，此次研究并未达到真正意义上的全面调研，因部分数据不全面或许会出现以偏概全的问题。另外，年鉴中部分指标的统计口径或许本身就不完善，导致研究结果缺乏实效性和客观性。在后期研究中笔者会不断完善数据资料，使研究结论与我国城镇化进程中县域商业网点布局优化的实际情况相契合。

第二，本书的研究尽可能涵盖城镇化进程和县域商业网点布局的方方面面，但县域商业网点布局是一个比较繁杂的空间系统，其商业网点布局问题的形成极易受到农村各方面数据的影响，加之影响其布局的因素是多方面的，受时间和篇幅等相关因素的影响，全国县域商业网点布局的空间分布和业态结构的研究不够深入，需要以后进一步深入研究加以完善。

# 第二章 相关概念与研究的理论基础

## 第一节 城镇化相关概念界定

### 一、城镇化内涵

城镇化是一个外来词汇，源于英文单词"Urbanization"，翻译为中文是城市化，该单词由 Urban 和 ization 构成。前者具有城和镇两个意思，由于西方国家的镇发展规模通常较小，部分地区都未设立建制镇，故国外学者在使用该词的时候，大多是指人口涌入城镇的一个过程，而这即为城市化。我国与其情况截然不同，作为基层行政组织的主要构成分支，乡镇不仅数量繁多，并且规模较大，农村闲置人口不单单向现代化都市转移，亦向经济发展水平较高的建制镇汇集。Ization 的意思是过程，反映了城镇化发展过程。因此城镇化是一个动态过程，其发展过程中农村闲置劳动力持续向城市转移，导致城市区域内非农人口占比不断提高，产业集聚度持续提升，极大地推动了城市经济发展。当前关于城镇化发展时间这一问题尚未达成共识，部分学者认为可将城镇化发展历史等同为城市发展历史，截至现在其发展历史已达数千年。还有学者认为城镇化是随着工业革命的开启而形成的。在他们看来，城镇化的形成与发展源于工业的支持。另外，人们对城镇化的认识因学科不同而呈现较大区别。其中，人口学研究者认为城镇化是农村闲置劳动力持续涌入城市并不断汇集的一个过程，使得城市人口占比进一步提高。而经济学者则认为城镇化发展体现了经济主体的变化，即由传统的农业经济逐步朝着城市经济方向发展。社会学者认为城镇化发展主要体现于城市生活习惯和方式的一种蔓延。学者路易斯认为城镇化发展代表着生活方式发生改变，即由农村生活方式和习惯逐步过渡为城市方式和习惯。学者索罗金认为城镇化并不单单仅限于生活方式的转变，还包括思维意识的转变。地理学者认为城镇化过程其实是一个各类生产要素在地理区位的逐步汇集的过程，期间内，乡村地理景观慢慢朝着城市景观改变。即便是同一学科的学者也会因研究视角不同而有不同的研究结论，特别是经济学科。总结城镇化的这些研究，主要可归纳为以下几方面：第一，生产力发展。学者们主要从人类生产形式和生活方式这两方面入手对城镇化进程进行分析。第二，人口迁移及分布特征。主要对农村人口向城镇地区转移的整个过程进行分析。第三，部分学者认为城镇化发展和工业革命之间具有密切联系，随着工业革命的开启与深化，分布较为零散的农村劳动力以及生产要素会逐步朝着经济发展水平更高的城市地区转移，以此成为城市生产经营体系中不可或缺的关键部分。第四，学者米尔顿认为城镇化发展主要包含两个方面：一是实体城镇化，主要指的是人口及非农业活动涌入城市并不断汇集的一个过程，农村景观逐步变成城市景观；二是精神文化城镇化，体现了城市生活方式、城市思维理念，向农村渗透的一个过程。第五，部分学者认为城镇化不单单表示城乡人口结构、工业发展结构出现了空间迁移，并且认为人们的价值理念、生活习惯等逐步朝着现代化方向改变，与此同时，人们的汇集方式、制度规定等亦出现明显变化。

作为当前全球最大的发展中国家，中国近些年在城镇化建设方面取得了长足进步，深入分析可知其发展历程和西方国家存在诸多相同之处，不过受国情、历史等相关因素的影响，两者在城镇化道路选择方面存在一定差异。具体来讲，在改革开放之前，中国主要借助政府力量采用由上而下的方式推进城镇化建设，侧重于发展大中型城市。而在改革开放之后，随着市场经济体制的形成与完善，城镇化建设在市场经济的推动下进一步发展，其发展重心主要表现于两个方面：一是促进城镇发展与建设，二是创建一套严谨有效的城镇体系。基于以上分析可知，城镇化建设是一个全方面多层次的持续化发展过程，体现了人们价值观的转变。人口城镇化水平在很大程度上体现了城镇化进程，所以本书将其视为评估城镇化进程的一个重要参考标准。

## 二、城镇化质量

在城镇化建设不断推进的形势下，越来越多的学者开始加入到研究城镇化质量问题的行列中来。现在各国学者普遍认为相较于城镇化水平来讲，城镇化质量更为关键。城镇化质量不单单是对经济发展结构体系的一种改良和优化，亦是对资源配置、环境建设等相关内容的一种持续化完善。尽管直到现在人们还没有对城镇化质量的内涵及属性达成共识，不过学者们对此类问题的深入分析极大地完善了其理论机制，并在推动城镇化质量建设方面作出了卓越贡献。

我国"十三五"规划纲要明确提出"要稳扎稳打的推动城镇化建设，全面改善城镇化质量"。党的十九大报告特别指出要将大幅提升城镇化质量纳入国家战略发展体系，积极构建完善合理的现代化经济体系。2016年，我国再次明确表示"要在进一步改善城镇化质量的基础上，促进城镇化稳步持续发展"。以上要求均是在我国城镇化率进一步提高而城镇化质量严重滞后的背景下提出的。2013年年初，我国多地笼罩于灰蒙蒙的雾霾天气之中，面对恶劣的生存环境，人们开始思考城镇化进程持续推进所产生的后果，很多人开始对城市生活能够提高人类生活品质这一论断提出质疑。2016年，我国城镇化率达到了57.4%，不过隐藏于其背后的一系列问题（比如发展方式粗放、半城镇化现象突出等）严重阻碍了城镇化进程的持续推进。当前，我国希望能够借助城镇化进程的持续推进刺激消费水平进一步提高，促进经济结构调整和优化，不过重数量轻质量的城镇化发展模式在很大程度上制约了经济结构的调整与转型，并且引发了很多新的社会矛盾。所以，在推动城镇化建设的过程中一定要重视质量的提高，真正实现依托于城镇化建设推动经济发展、社会进步的目标。

我国很多学者将目光聚焦于城镇化质量课题并对其展开了深入研究，其中《中国城市发展报告》提出，城镇化的质量内涵主要体现于三个方面：一是发展动力，二是质量水平，三是公平行为，三者之间缺一不可。毛蒋兴等学者认为可从四个方面入手对我国城镇化质量展开研究与分析：一是对城镇居民的衣食住行等基本情况进行分析与评估，能够较为客观地了解其在城镇化建设持续推进的过程中居民的实际生活水平；二是对经济发展水平进行分析与评估，能够切实掌握城镇化系统发展的动力强度；三是对经济社会等相关方面是否和谐有序发展进行分析与评估，能够在很大程度上体现城镇化发展的协调性；四是对城镇化各发展时期进行系统而全面的分析，能够反映其发展公平性。

学者戴宾认为在发展城镇化建设的过程中不仅要重视量还要重视质。首先，城镇化量主要体现于城镇居民规模的持续扩大、城镇数目的日益增多以及城镇人口占比持续提高。其次，城镇化质主要体现于城镇居民的生活水平得到显著提高、生活品位不断改善[①]。学者管卫华认为，要从人口增长、经济发展、文化进步等多方面入手对城镇化水平进行全面系统的评估，不应过度重视量的提高，而应重视并强化城镇内涵的进一步提高[②]。

基于以上分析，笔者认为城镇化质量是一个涉及多要素的综合概念，它是相对城镇化数量而言的，主要指的是城镇化各要素的发展水平与内部协调性。所以本书把城镇化质量这一概念阐述为：在城镇居民人数持续增多、城镇占地面积日益扩大的发展形势下，城镇经济保持稳步持续发展，社会安定有序，居民生活和谐甜美，自然环境宜人舒适，城镇基础设施日益完善。

---

① 戴宾. 新型城乡形态的内涵及其建构 [J]. 财经科学, 2011, 55 (12): 108~113.
② 管卫华. 1978~2014年中国城市化与经济增长关系研究——基于省域面板数据 [J]. 地理科学, 2016, 36 (6): 813~819.

## 三、新型城镇化

新型城镇化是基于城镇化这一理念而形成并发展起来。党的十六大报告明确提出,"要在持续改善城镇化水平的基础上促进城市和城镇协调共同发展,以此实现中国经济全面协调发展"。党的十八大报告提出了建设新型城镇化化的要求,明确表示要大力发展现代化、信息化经济,促进城镇、农村协调发展。十八届三中全会再次强调"要继续推进以人为本的新型城镇化建设进程"。2014年,中共中央、国务院制定并下发了《国家新型城镇化规划(2014—2020年)》,该规划明确提出在推进城镇化建设的过程中一定要重视城镇化质量的提升,全面调整和优化其内在发展模式,逐步促进农业人口转变为城镇人口;重视构建城市群,促进城市和城镇协调共同发展;在全面提高承载能力的基础上进一步推进城镇发展;坚持体制创新,依托于改革开放之力挖掘并发挥城镇化潜力,坚持以人为本、布局科学、协调发展的城镇化之路。该规划不仅为城镇化指明了方向,并对其发展目标和任务进行了充分明确。城镇化水平的高低在一定程度上体现了国民经济发展水平。新型城镇化是国家提出的一个新发展要求,不单单要重视量的提高,还需要加强质的改善。"质"的改善主要体现于下述几点:一是在科学引导人口流动的基础上加速农业人口向城镇转移,积极构建以人为本的城镇化建设体系;二是重视产业结构调整优化,不断扩大就业岗位与机会,持续完善社会保障;三是鼓励并引导符合要求的农业人口向城镇转移,在提高居民生活水平的同时促进社会稳定和谐发展,让更多的人享受到城镇化带来的福祉。

## 四、城镇化测评方法

城镇化水平在一定程度上体现了城市在区域经济发展过程中所占据的地位,通过部分量化指标对城镇化水平进行全面系统的评估有利于人们清晰地了解城镇化历程及不同阶段所具有的特征。城镇化是一个面向对象广、涉及因素多的复杂过程,现在人们主要通过单一指标法对城镇化进行评估,其主要包含下述两种方法:

### (一)人口比重指标法

城镇化其实是一个农村人口流入城镇和城市的过程,城市经济的迅猛发展为人们提供了大量的就业岗位,而这也加速了农村人口向城市流动的步伐。所以现在各国学者普遍赞同通过人口城镇化对城镇化进行评估。人口比重法体现了人口在城市地区的转移和变化情况,该方法可进一步划分为两种方法:一是城镇人口比重法,二是非农人口比重法。首先对第一种方法进行分析,该方法指的是城镇

常住人口在本区域总人口规模中所占的比重,其表达式为:

$$Urban = \frac{P_c}{P_c + P_r} \times 100\% \qquad (2-1)$$

式中:$P_c$ 表示城镇常住人口数量,$P_r$ 表示农村人口规模,$Urban$ 表示城镇化水平。运用此方法对城镇化水平进行评估的时候要充分明确一点,该方法忽略了人口的流动性这一典型特征。直到现在,人们对城镇人口的含义也没有达成共识,国内大部分学者认为拥有城镇户籍的人口才能够称得上是城镇人口,还有一部分学者认为城镇常住人口也属于城镇人口,本书赞同后一种观点。

而非农人口比重法指的是非农人口在当地总人口中所占的比重,其表达式为:

$$Urban = \frac{\overline{P_l}}{P_l + P_l} \times 100\% \qquad (2-2)$$

式中:$P_l$ 表示非农人口数量,$P_l$ 表示农业人口数量,$Urban$ 表示城镇化水平(或城镇化率)。在运用人口比重法时需要特别注意下面两点:其一,城镇人口统计口径并非一成不变,而是处于持续变化状态之中。在新中国成立之后,我国先后进行了数次大范围人口普查工作,其统计口径不尽相同。其中,1982 年进行人口普查时,将市、市辖区所有人口作为统计口径,而在 1990 年对人口进行普查时,其统计口径主要分为以下三类:一是社区的市辖区人口;二是不设区的市辖区内镇和县管辖人口;三是不设区的街道人口。而 2000 年之后,其统计标准变得更加细致,使得普查精准度进一步提高。在 2012 年进行人口普查时,其普查范围相较之前明显细化,对建制镇的划分越来越规范化、越来越专业化,并且在此次人口普查活动中,工作人员以时间段为依据对统计口径作了进一步区分。其二,我国现行户籍制度还有待进一步完善。户籍制度在人口登记以及社会管理方面发挥着不可或缺的重要作用,其主要功能在于调节人口流动与分布,不过需要看到的是我国户籍制度并不完善,隐匿于其背后的问题(比如社会地位不等、福利差异显著等)严重制约了城镇化建设。现行户籍制度基于常住地类型将人们的户籍划分为农业户籍和非农业户籍,在城镇经济一体化进程持续推进的过程中,大部分农村闲置劳动力流入城镇谋求工作,两种不同户籍的人口彼此交叠,不利于推进城镇化建设。

(二)土地比重指标法。

当前很多学者借助此方法对城镇化水平进行评估。该方法原理是在特定实现范围内以其城镇建成面积占当地总面积比重体现本地区城镇化发展水平,其表达式为:

$$Urban = \frac{N_u}{N_u + \overline{N_u}} \times 100\% \qquad (2-3)$$

式中：$N_u$ 表示城市建成区面积，$\overline{N}_u$ 表示建成区以外的区域面积，$Urban$ 表示城镇化水平。土地比重指标法其实是基于城市发展和城市扩张等层面对城市化发展水平进行评估，在城镇化萌芽发展阶段，此指标往往能够较为客观真实地体现城镇化水平。不过此指标并非尽善尽美，它亦有不足之处，具体表现为部分城市受地理或者交通等相关因素的影响，城市人口规模持续扩大，但城市建成区面积未见明显扩大，使得评估结果缺乏客观性和准确性。

## 五、城镇化综合水平

当前，人们主要通过多重指标法对城镇化综合水平进行系统化评估，现在多重指标法也被很多业内人士直接称作为指标体系法，这是一种从多角度入手对城镇化水平进行评估的方法。城镇化过程是一个相对较为复杂的过程，不单单体现于农村人口向城镇地区进行转移，还体现为城镇经济发展水平提高、城镇基础设施健全、生态系统优化等多个不同方面。多重指标法往往能够较为客观准确的测评城镇化发展，现在我国很多学者开始通过此方法对新型城镇化水平进行测评与分析。《新型城镇化规划2014—2020》明确表示大力推进新型城镇化建设的根本目的在于提高城镇化水平的同时促其质量进一步改善，合理调整并改善城镇布局，促其发展模式变得越来越现代化、规范化以及合理化，城市管理体系更加健全成熟，促进城镇居民收益水平持续提高，生活质量不断提高。所以本书将城镇化综合水平视为城镇人口规模持续扩大、经济发展水平日益提高、基础设施健全和生态系统逐步优化的过程。本书也正是从这四方面入手创建了一套完善合理的指标体系，以此实现对我国城镇化综合水平的客观化、系统化评估。

单一指标法通俗易懂并且操作简单，在评估和分析城镇化水平方面得到了广泛应用。该方法多通过人口比重法进行测评，与传统的土地比重法相比，前者更科学严谨。不过单一指标也有其自身局限性，其具体表现为无法对城镇化进行多角度、全方位综合评估，导致测评结果缺乏客观性。而多重指标法则能够有效弥补此方法的不足，它能够较为客观、全面的测评城镇化水平，于是在新型城镇化进程持续推进的背景下，越来越多的学者采用此方法对其进行测评。全要素生产率法是最新提出的一种方法，它不仅能够对城镇化水平进行测评，还能够对其质量进行系统化评估，对我国城镇化不单单要重视量的扩大，还需要注重质的改善，前两种方法只能够对城镇化水平进行评估与分析，不能反映其质量水平。由此能够看出以上三种方法各有千秋，本书通过这三种方法对我国城镇化水平进行评估与分析，以此确保城镇化测评结果更客观、更准确、更完善。

# 第三节　县域商业网点布局相关概念界定

## 一、县域概念

党的十六大提出要"大力发展和建设县域经济"。自此之后，县域经济理论分析和发展实践得到社会各界人士广泛关注，很多学者积极加入到对同类课题的研究行列中来。一些学者对县域经济内含进行了全面而详细的阐述。陈锡文（2001）认为，农村经济和城镇经济有效融合共同构成了县域经济，该类结合体经济在县级行政区域内形成了多种不同的发展模式（比如集体经济、个体经济等）及不同产业类型（比如农业和工业等）。刘福刚等学者（2002）认为县域经济是区域经济的一大重要分支，不仅呈现出明显的地域特征，并且其经济功能较为完善、成熟，利用合理配置资源的方式推动当地经济进一步发展。刘小龙（2003）在进行广泛调研和深入分析之后认为县域经济系统功能较为完善，乡镇在连接县城和农村之间发挥着重要的纽带作用；刘俊杰（2005）认为作为空间经济体的主要构成部分，县域经济在县级行政区划空间范围内因经济要素的不断累积以及辐射力的持续变化而处于动态变化状态之中，它和传统意义上的区域经济之间存在明显区别。高焕喜（2005）基于广义和狭义这两个层面对县域经济的内含进行了阐释。从广义层面来讲，县域经济指的是县域空间内生产力和生产关系的有效结合；从狭义层面来讲，县域经济指的是在其县域空间内依托于县级政权主体进行管理和发展的区域经济，此类区域经济往往呈现出浓郁的地域特征，经济功能较为完善，且基于市场需求不断调整。赵国如（2010）认为县域经济不单单是区域经济的一部分，同时也是一种典型的发展中经济，它和市域经济共同构成了我国的两元经济体系。

基于以上观点可知，县域是基于行政划分而形成的一种区域发展形式，县域经济往往呈现出浓郁的地域特征，在政府的调控下，根据市场需求合理配置现有资源。概括来讲，县域经济主要具有三个特征：一是在各自行政划分空间内独立运作与发展；二是区域协同发展是推动县域经济全面发展的重要举措；三是受地理位置、自然环境等相关因素的影响，各县在经济发展过程中呈现出不同特征。本书认为，县域经济是一个相对完善成熟的经济体系，至少由三方面内容构成：其一，作为国民经济发展体系的构成部分，县域经济的主体是农业和农村经济，其发展目标是在充分彰显当地特色的同时，促其经济朝着现代化、城镇化方向发展;其二,县域经济功能体系较为完善成熟,其经济活动多样化;其三,在县域经济发展过程中,当地政府发挥着重要的作用,健全成熟的财政体系和税收体系推动了县域经济进一步发展,并使其保持良好的独立性与积极性。在参考以上研究成果的基础上,笔者认为县域范围包括县城、乡镇以及农村。所谓的县域经济指的是在迎合市场需求的基础上,依托于县级行政管理主体的有效调控、现有资源的合理配置等一系列方式形成地域特征突出、功能完善成熟的区域经济。

## 二、县域商业网点构成

在新型城镇化进程持续推进的背景下,城镇人口规模进一步扩大,其居住也变得越来越密集,同时,农村常住人口数量锐减,并呈现出零星分布的特点,由于农村交通环境差、经济收益微薄,农村零售网点非常少,所售产品也较为单一。而城镇商业网点不仅数量多并且发展规模较大,其服务群体主要包括城镇居民和农村居民,所售卖的产品样式丰富,多为中低档产品。基于商业等级规模可将商业网点划分为三类:一是县城商业网点;二是乡镇商业网点;三是村级商业网点。基于商业业态可将商业网点进一步细分为农产品市场、零售业、批发业、茧丝绸行业、会展业、家政服务业、特种行业、大型商业网点等。本书所说商业网点根据黑龙江省商务年鉴主要指 12 大类型商业网点,涉及 27 个行业,其中大型商业网点是指营业面积 5000 平方米及以上的网点。具体如表 2-1 所示。基于全国县域商业网点种类和数量繁多,因此本书后面商业网点空间及业态结构的统计及相关研究均以批发业、零售业及餐饮住宿业为例。

## 三、商业网点布局

### (一)商业网点空间布局

作为城市空间当中最多元、最复杂空间类别之一的商业空间,主要由物、人与空间三者相互间的相对关系组成。空间既可以为人类供给活动所需的机能,比如精神感受、物质获取等;同时又可以为物提供放置机能,空间是由多个"物"组合而成的,大小不一的空间更是构成了机能各异的更大空间。人和物相互间的关系,其实就是指这两者的交流机能。然而空间是不变的,但人却是变化流动的,所以,立足"人"的视角对"空间"和"物"进行审视时,会因诉求性和需求性的差异而出现多样性的商业空间。

商业网点空间布局属于地理空间概念,具体指商业网点在某一地理范围当中的各业种、业态与商业设施的聚集与分布情况。从狭义来讲,零售业的商业空间布局大致包括分散商业网点、商业街以及商业组团三种模式。其中,分散商业网点模式突出的是零售店铺的分散分布特点,该模式主要是为了满足居民的购物需要,所以较多地分布在社区。商业街模式通常具有较大规模,商业业态分布在街道两侧,是消费者休闲购物的首选之地,较大的人流量会使得商业街区形成较好的聚集效应,所以,为营造良好的零售环境,商业街区应通过对车辆通行的限制等手段来确保交通通畅。商业组团模式主要通过业态的合理搭配,对多个零售业网点进行集中成品布局,这种模式不仅有助于提升整个商业网点的综合服务能力,还有助于提升品牌知名度,吸引更多的消费者。

表 2-1 商业网点构成

| 类型 | 行业 |
| --- | --- |
| 农产品市场 | 农副产品流通市场、农产品批发市场 |
| 工业品市场 | 工业品流通市场、工业品批发市场 |
| 餐饮住宿业 | 住宿业、餐饮业 |
| 仓储物流业 | 仓储物流业 |
| 零售业 | 零售业、直销业 |
| 药品流通行业 | 药品流通行业 |
| 批发业 | 批发业 |
| 茧丝绸行业 | 茧丝绸行业 |
| 会展业 | 会展业 |
| 家政服务业 | 家政服务业 |
| 特种行业 | 典当业、报废汽车回收拆解业、废旧物资回收市场、二手车交易市场拍卖业、沐浴业、美容美发业家电维修业、融资租赁业、人像摄影业洗染业、成品油、大型商业网点 |
| 大型商业网点 | |

根据我国城市商业空间布局的演变历程,商业空间可细分为新型与传统两种不同的类型。其中,传统商业空间是随着城市的发展而形成的,呈现出"金字塔"等级性特征。但从 1990 年之后,由于城市化发展迅速,出现大量新商业业态,比如仓储式商场、大卖场、大型专业性市场以及购物中心等。新型商业业态开始不断涌现,并逐渐发展为商业聚集的主要载体与城市商业空间布局的主要构成要素[①]。本书主要研究的商业网点空间布局是指上述所列 12 大类商业网点在地理上的分布和集聚现象。

---

① 宁越敏.上海市区商业中心区位探讨 [J].地理学报,1984 (2).

## （二）商业网点业态结构布局

业态一词最先出现于 20 世纪 60 年代的日本。日本学者安土敏曾定义业态为营业的形态，认为其是效能与形态的统一。其中形态即形状，具体指达成效能所使用的手段。在《连锁经营理论与实践》一书中，其作者萧桂森便提到：业态其实就是以一定的战略目标为参照，通过店铺形态、商品经营结构、价格政策、店铺位置、销售方式、店铺规模以及销售服务等经营手段，有针对性地为特定消费者提供特定的服务与销售的类型化服务形态[①]。本书中商业网点的业态结构布局是为了弥补商业网点空间地理位置上的布局的不足而给出的一种商业布局。根据商业网点的点位数据可以得到其空间分布位置。而在空间上，每一个相同的点都代表着不同的商业网点，其经济规模也不同，通过这些空间位置及网点数据能精确到各类商业网点的多少、分布密度和空间集聚程度，但是不能看出每一类商业网点的实际产生的经济贡献，而利用统计数据能够弥补上述的不足。因此本书的商业网点业态结构布局是指从商业网点数量和销售额两方面进行数据统计，以期能更准确地反映商业网点的合理布局情况。

县域商业网点布局对策研究。徐凌云认为，县域商业网点布局应当增强人本意识、生态意识、国际化竞争意识、区域协调意识以及适度超前意识，商业网点与信息化共同发展，推广连锁经营模式，改革县域商业网点组织结构。张娜，白丽华在研究一般发展水平的县域商业网点布局规划时，认为应当注重商业网点的服务性与功能性，在规划中应当改革现有布局模式，突出城市与乡镇的不同。张海霞从公共政策的视角出发，重点分析了社区商业网店布局存在的问题，认为当前社区商业网点城乡分布不均、规模不足、供给需求不匹配，应当改革社区商业网点的供给模式，消除城乡差距。雷朝阳、苏啸对江西省上栗县进行调查研究后发现，该县商业布局发展总体发展滞后，商业网点布局混乱无序，商业网点规划缺失，提出应当从战略上尽快出台该县的商业布局规划，对商业网点空间布局和业态结构做出制度安排。并且结合该县的经济历史文化特点给出了相应的对策建议。刘星原从城市和商业的交易职能角度对城市商业网点布局进行了探讨，认为城市商业网点布局应当注重突出当地的商业特色并遵循当地区域商业功能内在的演变规律。

综上所述，国外专家学者对商业布局的理论研究有很清晰的思路，分别从几个方面对影响商业布局的重要因素进行了研究，理论在实际运用中也很成功。而国内学者对商业布局研究起步较晚，大多也是在借鉴国外理论经验的基础上发展起来的，在初期，大部分都是对商业网点的规模、等级分布、空间结构的研究，以北上广等大城市为例的居多，逐渐发展为对中小型城市的商业空间布局研究，

---

① 萧桂森. 连锁经营理论与实践 [M]. 海口：南海出版社，2004.

此后对商业网点布局的研究特别是针对特定县域的商业网点布局研究少之又少，大部分还是集中在大中型城市。已有的重点研究成果主要表现在：第一，对城市商业网点和农村商业网点布局的现状问题上都有一定的论述，对于商业网点布局的原则方面都提出了在当时看来比较创新的思路；第二，不同领域的专家学者从不同的角度对商业网点布局提出不同的建议，例如商业网点规划的立法以及商业网点实现公共服务均等化等；第三，在研究商业活动空间结构方面，国内学者对于数量方法的应用以及指标体系的建立都已经较为成熟。总体来看，针对河北省县域的商业网点布局研究较少，以往的研究在当前新型城镇化快速推进的背景下有很多已经不能够与时俱进，主要表现在：第一，在新型城镇化的推进中涌现了一批新的小城镇，而这些小城镇分布在县城的周边或者更远的地方，用以往的商业网点布局方式不能覆盖所有城镇；第二，对局部某一个县或某一个市区的研究较多，对整体的研究较少，部分研究结果不具有普适性；第三，当今社会是信息化的社会，如何利用互联网和电子商务优化县域的商业网点布局也是一个重要的研究方向；第四，以往研究视角较单一，在京津冀一体化的大环境下，河北省有属于自己独特的职能，在研究县域商业网点布局时应当结合目前的各种条件，充分考虑交通条件、政府相关政策以及经济协调发展对此产生的影响。

## 第四节　相关理论基础研究

### 一、商业集聚效应理论

商业集聚这种商业组织形式发展至今，已经成为现代商业经济的典型特征。伴随国内经济的不断转型，商业结构也发生了巨大变化，为了与其适应，商业布局也须不断进行优化。商业集聚的作用除了可以提高网点集中度之外，还能增加就业，带动区域经济发展。在马歇尔的集聚理论当中明确提出了集聚之所以在规模经济和外部经济条件下出现的原因，并提出集聚具有降低生产成本、提高生产效率的作用。波特在竞争理论中也曾提到，产业集群即互为联系的机构与企业在某一区域内的集聚。该概念相对于投入产出概念有了一定的创新。然而，因为地理空间的差异以及不同社会经济机制的差异，在阐述该含义的过程中，不同研究者为了实现各自的目的采用了差异较大的研究方法，这就使得最终得出的概念也含混不清。对于集聚同城市化以及城市形成相互间的关系，勒施研究后认为，商业区位集聚的实现必须依赖城市化。另外，胡佛对集聚经济研究后认为，集聚经济可细分为地方化经济、内部规模经济与城市化经济三种。

集聚效应具体为由于各类经济活动与产业在空间方面的集中所出现的经济效果，以及使某一区域产生对经济活动的向心力，是城市能够形成并不断发展的核心因素。以零售商业为例，借助商业网点、人流或者其他相关经济活动的集聚，便可形成集聚效应。集聚主要有下面几点优势：其一，因为范围经济及规模经济所显现出的成本优势，使商业网点在布局时向同一区域集聚，如此一来，消费者在购买某一物品上获得的选择就会增加，无须再另觅网点；其二，集聚推动了合作和分工。集中的商业网点势必会带来必要的合作和竞争，而竞争的结果往往是由资源使用效率决定的，商业网点的集聚不仅有助于各大网点优势的充分发挥，还有助于实现资源利用效率的提升；其三，共享品牌和区域优势，集聚中的某一网点如果具备突出的品牌优势，那么也会推动整个集聚区域知名度的提升。

集聚效应理论为商业网点的布局提供了依据。通常情况下，大型零售商业网点适合布局在可以产生较强集聚效应的区域，通过一定产业与网点的集聚，可获取更高经济效益。本书在城镇化水平不断提高的进程中运用集聚效应理论来分析县域12大类商业网点的布局情况。

## 二、商圈理论

商圈又有商势圈与商业圈之称，指的是以商业网点为核心，向外延伸一定距离与方向所构成的空间范围。具体而言，商圈属于具体的区域空间，该空间的地理位置是可以通过地图表示出来的。商圈模式主要有四种，即多角形模式、同心圆模式、飞地形模式与椭圆形模式。为了方便研究，通常把围绕零售店构建的同心圆模式当作商圈。这种零售商圈在结构方面具有明显的层次之分，包括边际、次要与主要商圈。在分析商圈时主要采用定量方法即零售引力法则，具体指：两个具备零售中心的城市，在它们中间的某一分界点处所吸引的交易量同其城市人口之间呈正比关系，同距离呈反比关系。可通过下述公式表示：

$$D_y = \frac{D_{xy}}{1 + \sqrt{P_x/P_y}} \qquad (2-4)$$

式中：$P_x$、$P_y$ 表示 $X$ 地区与 $Y$ 地区人口数，$D_y$ 表示 $xy$ 两地分界点 $D$ 距离 $Y$ 地区的距离，$D_{xy}$ 表示 $xy$ 两地间的距离。

商圈有多种类型，用商圈的规模以及辐射范围为指标可将商圈划分为宏观和微观两种。其中宏观商圈指的是那些商业较为发达，配套设施较为完善，且对周边地区影响较大的区域，此类区域相较于其他商业区域，优势较为突出，是最具活力与最繁华的商业区域。此外，宏观商圈当中通常具有丰富的商业业态与业种，商品类型多样，对消费者具有较高的吸引力。而微观特色商圈一般位于城市中心区或者主干道上,是宣传某一城市特色的名片。通常指那些集中休闲业态,具有丰富文化内涵,并借助自身突出品牌优势吸引了大批忠实经销商与顾客群体的区域。参见表 2-2。

表 2-2　　　　　　　　　微观与宏观商圈的划分及一般特征

| 划分内容 | 微观商圈特征 | 宏观商圈特征 |
| --- | --- | --- |
| 地理位置 | 城市主要交通枢纽及商务区 | 城区中心,交通便利 |
| | 具备悠久的历史 | 商业集聚,文化氛围浓厚 |
| | 业态不多 | 业态丰富,布局合理 |
| 功能 | 同一类型的网点聚集较多 | 细分度深,满足消费者不同需要 |
| | 具备多种特色专卖店 | 大型百货店、都市型购物中心 |
| | 消费选择余地大 | 有机结合了金融、旅游等服务 |
| 规模 | 营业面积通常在 1000~5000 平方米 | 营业面积一般超过 30 万平方米 |
| | 商业网点分布较为集中 | 通常为城市最繁华地区,商业网点集聚 |
| 客流量 | 小,日客流量在 3 万次以上 | 大,日客流量在 30 万次以上 |
| 辐射范围 | 区域、社区内占 50% 以下 | 范围广、客流占 50% 以上 |
| 需求类型 | 休闲型、补充型 | 综合型 |

商圈理论研究的核心在于商圈模型的研究,该项研究对于商业网点的科学规划、经营管理与优化布局具有重大的理论指导与实践作用。极富代表意义的商圈理论模型包括均衡点模型、雷利模型与哈夫模型三种,这三种模型分别从经济范围、商业选址以及规模预测三大方面阐述了有关商圈理论的不同观点。

传统的商圈分析模型主要有雷利模型和哈夫模型两种,后来一些学者又根据实际问题分别对其进行了修正,美国学者雷利(WillianJ Reilly,1929)对 150 个城市进行调查分析后提出雷利模型,也称零售吸引力法则,他认为不同的两个都市,对他们中间城市所形成的吸引力同都市各自的人口呈正比关系,同都市至该城市的距离呈反比关系,该结论的得出有效地解决了商业选址问题[①]。之后,1949 年康威斯(美)对雷利模型进行了改进,以明晰 A、B 两都市间的顾客前往其中任一都市进行购物的分界点。通常情况下,处于 A 城方向分界点内顾客往 A 城进行购物的意向更大,同理,处于 B 城分界点内顾客往 B 城进行购物的意向更大。概况来说,康威斯模型其实就是雷利模型的扩展,由于其在商圈分界上具有了更为明确划分,所以实用性更强。哈夫模型由美国零售学者戴伟·哈夫(David L. Huff)于 1963 年提出的,在他看来一个商店的商圈是由相关吸引力决定

---

① W. J. Reilly, Methods of the Study of Retail Relationships. University of Texas Bulletin, No. 2944, 1929, David. L, Huff. Defining and Estimating a Trade Area. Journal of Marketing, No. 7, 1964: 34~38.

的。如果某一地区集中了多个商店，那么最终顾客选择哪一商店进行购物取决于顾客至商店的距离以及商店自身的规模，换言之，对顾客造成影响的因素包括距离与规模两大方面，且商圈规模同经营店自身场地对消费者的吸引力均成正比。但伴随零售业的不断发展，我们发现影响一个商店吸引力的因素除了上述两方面外，还包括服务水平、商品价格、店内外环境与商品丰富程度等因素。基于此，1987年美国学者布莱克进一步修正了赫夫模型，提出了多个因素作用的布莱克模型。布莱克模型的提出，不仅深化了人们对商圈理论的认识，也增大了商圈测度的难度与复杂度，所以该模型更多的时候仅用于理论探讨。

## 三、商业区位理论

区位理论从本质上讲就是地理位置的组合和选择。而对于区域商业布局来说，商业区位论是其核心内容，不仅是其理论基础，同时也是衡量商业区划分是否合理的主要标准。

### （一）土地价值理论

杜能基于对城市经济功能分区的分析认为，差异化的经济活动现实区位是由该经济活动对特殊空间位置的投标竞争实力决定的。以企业为例，其对某些投标地所给出的不同租金是由其对该土地所能创造的预期利润决定的。对于那些与消费者以及供给者密切关联的商业企业而言，城市中心区这种消费群体较为密集、交通较为便利的地区往往更能保障其经营利润。所以，通常情况下城市中心区域的土地租金会更高。但就工业企业而言，土地是否处于地理中心并非重点，其注重的是能否和其前后序产业相邻，是否具备良好的交通以及供排水条件等。所以，在城市中心地区土地投标过程中工业企业通常不会给予过高的投标地租。如此一来，城市中心往往就会被商业企业占领，形成商品流通与交换的商业中心。而根据辐射范围与功能层次又会将商业中心划分为低、中、高三个级别。

### （二）加纳模式

1961年，格蒂斯揭示了存在于城市土地租金同商业经济活动相互关系的规律，具体表现为零售总量会随离中心地带距离越远而逐渐减小。之后，加纳在1966年围绕商业中心的内部结构展开了相关探讨，并以大量城市土地地租投标曲线为参照，建立了商业中心在不同等级下的空间模式。加纳模式的主要特征表现为高门槛，这里的门槛指的是企业为了维持正常经济活动所须创造的最低收入。高门槛的特征意味着其具备较高的付租能力，可以位于商业区中心地带。现实生活当中，因为商业企业均是以附近居民为服务对象的，所以可将人口门槛作为衡量其门槛高低的标准。当然，企业"门槛"水平的高低同其自身特征是密不可分的。商业区在空间布局上的特征主要表现为：首先，类似于服装、百货、珠宝等经济规模较多的高门槛经济活动，通常会向地价峰值区靠近，位于城市中地租最高的地区，而它的附近，会根据门槛递减顺序排列如面包店、银行、家具店、餐馆以及家电店等其他职能活动；其次，所有商业中心的核心区都一样，往往由部分可以体现商业中心最高层次的单位占领，并且伴随商业中心级别的提升，级别较低的经济职能单位通常会被排挤到地租较低的区域，也就是商业中心的边缘地带；最后，所有一级商业中心的典型职能均是根据门槛高低顺序进行排序的。

加纳理论同样具有有待完善之处，具体表现为：其一，商店的位置有可能同距地租峰值区的距离无关；其二，影响商用土地地租的因素除了与中心点的距离之外还有其他因素。基于此，道宁提出了影响城市商用土地地租的其他因素，比如经济收入情况、土地面积、交通条件以及人口分布等，使得加纳模式的合理性得以增加。

### 四、商业网点饱和指数理论

零售饱和指数理论主要揭示某市场区域某类商品或服务的潜在需求程度。可采取比较供给与需求的方式来测量某一地区零售商店的饱和度。饱和指标越大，则对投资者有较大的吸引力。零售商业网点的饱和程度可借助饱和指数进行衡量。具体公式如下：

$$IRS = (H \times RE)/RF \qquad (2-5)$$

式中：$IRS$ 表示某一地区某种商品的零售饱和指数，$RE$ 表示这一地区各家庭对某种类型劳务或者产品的年支出金额，$H$ 表示这一地区购买某种商品的潜在顾客数量，$RF$ 表示目前经营某种类型劳务或者商品所具有的总营业面积（计划建设面积也涵盖在内）。其中，$IRS$ 值反映的是单位时间内零售商店在某一特定商圈内对营业面积生产的潜在需求，对这一区域商店能够获取的盈利空间有决定性影响。通常情况下，$IRS$ 值愈大，说明市场饱和程度愈低，具备较大的零售潜力，$IRS$ 值愈小，说明饱和程度愈高，具备更低的零售潜力。饱和程度分析可以用来作为零售商业布局的一个依据。在本书中零售饱和指数理论可以结合商圈理论分析商圈内的大型零售的饱和度状况，评价该区域大型零售商场发展现状以及发展潜力状况。

### 五、中心地理论

德国学者克里斯塔勒在 20 世纪 30 年代初期便在经典的区位理论的基础之上结合当时德国南方城市的相关规律提出了关于中心地理论的说法。简单地说，中心地就是提供商业服务的中心，并且具有规模等级之分，其规模等级是由此中心地所提供的商业服务的等级与规模所决定的，具体而言就是说一个城市中心区的商业中心与一个居住小区的小卖店的中心地等级是显然不一样的。同时，中心地的等级高低也会影响周围中心地的数量多少与分布远近。由于克里斯塔勒的中心地理论中提出了以距离为基础的服务半径，并指出在一定的服务半径以内商业收益与正常利润的距离阀值。但这一说法并非是严谨的。美国学者 L. J. Berry 与 Garrison 便于 20 世纪 50 年代对中心地理论进行补充说明，提出了成立阀人口理论。这一理论是将上文中商业收益与正常利润的距离阀值改为了人口的概念。这一改变无疑是中心地理论的完善，因为克里斯塔勒的原始理论是建立在人口均匀分布的理想状态下，显然这并不现实。L. J. Berry 与 Garrison 在完善了中心地理论的同时还对其进行了延伸，提出了等级货物的概念，即对于不同规模等级的中心地其提供的商品等级自然也不同，并且呈正相关即高等级的中心地提供高等级的商品和服务，反之亦然。该理论通过对不同生产点相互间的影响进行分析，得出所有货物的市场区均呈现出六边形。由于货物不同使得其所具有的最大销售范围与门槛水平存在差异，使得货物与其职能相互间的特征也出现了差别。通常而言，门槛不高的货物销售范围相应的也会更小，此类货物被人们称之为低级货物。而那些具有较大销售群体、门槛较高的货物则为高级货物。然而，因门槛的限制，并不是所有商业中心均能供给一切服务与货物的，大部分中心地均可购买到低级货物，可高级货物必须通过为数不多的地方才能获得。所以，克里斯塔勒提出，中心位置货物供给点均可以按照等级顺序进行排列。根据中心地理论学说，城市商业区的构成包括邻里性商业区、区域性商业区与中央商业区几大部分。有关其中的中央商业区范围的界定，万斯等学者认为应以商业职能与建筑物高度来划分。在现实生活当中，有关中央商业区范围的划分，部分城市以土地价格为标准，另外也有部分城市以零售商营业额多少为标准。

国外在研究城市商业区位理论时，假定了企业是自由的、领土是完整的、经济购买力是平均分布的且不存在政治干预，所以重点从理论方面围绕城市商业区的布局与结构展开探讨，对城市商业发展规划有一定影响的市场秩序、政治、技术以及流通体制等因素考虑不多，并且认为这些影响因素在市场调节之下能够得到合理发展，这也正是导致上述理论模式存在不足的主要原因。

## 六、单店面积极限理论

规模与效益之间不具有正相关性。在规模适度的情况下能够获取适度的效益，在规模最佳的情况下能够获取的效益也最佳，若是规模过大就会导致零效益乃至是负效益的出现。而商店的营业面积是零售企业规模的主要体现，在确定商店营业面积方面,其需要考量的因素较多,其中,具有最为直接关联的因素是顾客的心理与生理承受力。人只能在有限的时间内保持同一种状态,若是某种活动所需的时间过长,就会导致人出现抗拒心理,从而将其放弃。在商店购物游览,同样会使得顾客出现疲劳,若是超出合理范围,不仅会因无人光顾而导致部分设施的空置,也会对顾客的心理产生直接影响,乃至出现恐惧心理。通过测算,通常情况下,40~60 分钟是儿童疲劳的极限时间,90~150 分钟为成人疲劳的极限时间。从而能够推算出:在商场内顾客停留的时间上限应为 2.5 个小时,若是超出该时间就会导致顾客出现疲劳,进而停止购物;休闲状态下,人的正常步速为 30~40 米/分钟,所以在浏览购物时,步行距离通常在 8000 米以下;顾客在单位营业面积内有 0.35~0.4 米的通行距离,所以,可以计算出顾客心理所能承受的商场最大营业面积为:40 米/分钟 × 150 分钟 ÷ 0.35 米/平方米 ≈ 17143(平方米)。而通过相关测算,在生理层面,顾客能够承受的商场最大营业面积通常为 2.2 万~2.3 万平方米。

所以,单体商场应保证自身不超过 2.5 万~3 万平方米的面积。

## 七、商业网点布局理论

随着城市社会经济不断发展,零售行业也发生了变化,历史上主要发生四次零售行业革命。第一次零售行业革命发生在 1852 年,法国的第一家百货商店,它冲击着传统零售的小生产经营模式,其物品种类齐全、质量优异,得到客人的好评;第二次零售行业革命发生在 1859 年,美国出现了连锁商店,它有着集团性的商业企业优势,很快分布全国各地;第三次零售行业革命发生在 1930 年,迈克尔在美国纽约建立了第一家超级市场,其顾客自选的方式和计算机处理技术,将零售行业逐步规模化和标准化;第四次零售行业革命是指现代零售行业的发展浪潮,当今有两种观点:其一是认为是城市大型购物中心的诞生和发展,同其他各类零售行业形成互补,迎合广大消费者的需求,完善了城市商业组织类型;其二是认为是无实体店式销售行业,如网上交易的方式。随着零售行业环境的改变,能适应这些变化的行业才能够生产发展,而不适应的零售行业就会消失。旧的零售模式就会被新产生的低成本、低价格的零售模式所代替,之后不断发展,形成零售循环。同理,社区商业需要随着外部商业环境、经营模式的变化而不断进步,从而形成与目前社会条件相适应的零售模式。随着居民消费方式和消费需求的改变,传统的农贸市场早已不能满足社区顾客的需求;随着上班族生活节奏加快、夜晚时间加长,以往 6 点关门的店铺无法满足人们的基本需求,因此,24 小时便利店、快餐店得到追捧。零售轮转理论通过综合利润、竞争、价格的因素对行业发展产生影响。

国外学者特别是国外区域经济学者较早地关注商业网点空间分布现象,目前,学术上较为常见的商业网点布局理论有三个:

### (一) 最短出行距离理论

1965年,Hakimi等人创建了最短出行距离理论,初期在公共设施布局中使用较多,然后被广泛地应用于商业设施布局。其内容是在使用者数量确定的情况下,从用于备选的诸多设施地中合理选取设施的空间位置,从而使所有使用者的利益都考虑进来,确保该设施与所有使用者间的距离有最小的总和。如此,则能够实现使用者出行的代价最小。见图2-1。能够显著看出,该模型考虑的是实现出行总距离的最短化,所以会导致部分极偏远用户的利益受损,具体见图2-1的最右处。为了最大化地实现公平,Khumawala在1973年构建了限定最大出行距离的最短出行模型,它以上述模型为基础,给定了相关限定条件,也就是必须确保所有用户与最近距离内的设施之间的距离不能超出某个极限值,此外,商业设施布局还需要对自身的服务效率予以考量。

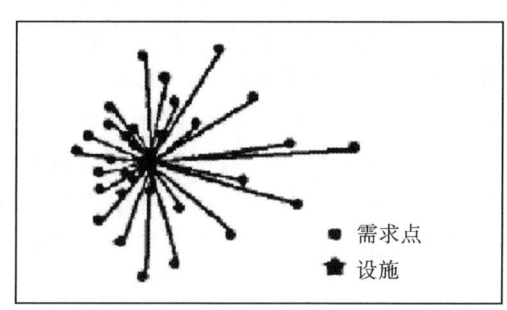

图2-1 最短出行距离理论示意图

### (二) 最大消费可能性理论

Holmes等人基于自身开展的大量研究,在1972年创建了最大消费可能性理论。该理论的内容是以确定的设施数量为参照在备选设施地内选取合理的空间位置,以使最大化地增加使用设施的可能性。其是在下述假定条件下创设的:在具有越远距离的情况下,相应会降低减少某项设施吸引使用者消费的可能性,即通过最大化的提升该设施被使用的可能性,以此获得服务效率的最优化。面对此种情况,上述设施要实现自身的发展,就需要争取更多的潜在客户。所以,在进行布局时,就需要选择潜在消费者分布最为集中的区域,如图2-2所示。能够显著看出,对于偏远地区的集中度不高的消费者,该理论并未予以考虑。

### (三) 最大覆盖率理论

Church、Re Velle在1974年共同创立了最大覆盖率理论,研究内容主要为在具有确定设施的条件下,如何布局能够实现对需求者的最大化覆盖,或是在无法

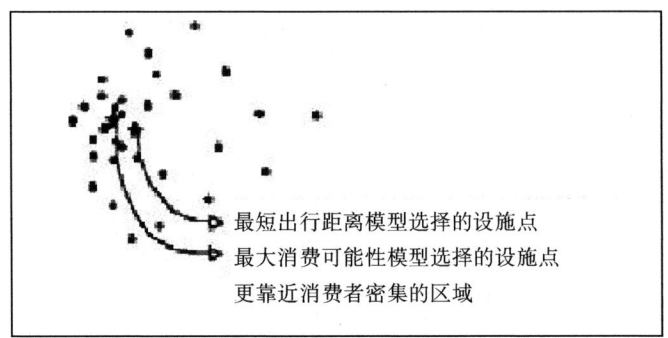

图 2-2 最大消费可能性理论模型示意图

改变设施覆盖率的条件下,怎样通过布局来实现设施数目的减少。其具体内容为,在部分备选场地内,合理筛选出数目为确定值的设施的位置,从而使得在服务半径内设施能够为相关需求者提供最大化保障。它与最大消费可能性理论之间的不同主要体现为其对设施的覆盖率较为关注,而在对设施与需求者之间距离进行考量时,其固定的以为设施点能够为处于服务覆盖面内的需求者提供全面的服务。其具有强制性的服务覆盖率,通常情况下,它主要应用于急救中心、消防站等急救防灾设施。政府通过该理论可以科学地计算自身所能承受的财力范围内的设施数量,但是,在实际应用中,仍然会出现部分需求点未被覆盖的情况,这样会使应急救灾受到严重影响。所以,基于该理论催生出存在相关条件限制的最大覆盖模型。对于未能被覆盖的需求点,其与最近的设施之间的距离不能超出某个上限。见图 2-3。

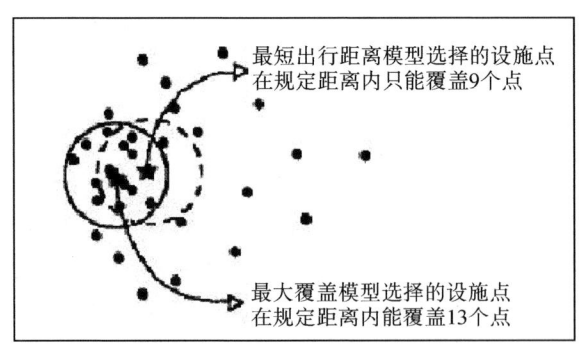

图 2-3 最大覆盖率模型示意图

对相关理论的学习与研究,对本书的写作有着重要的启示。如中心地理论与商圈理论,不仅仅是研究一个理想状态下的自然空间,还研究一个复杂多变的社会空间。它包含了商业服务半径内的所有的内在因素与外在因素。例如,商店的规模等级、步行距离、业态分布以及周边其他商业网点的作用。并且与商业以外的多门学科有着密切的关系，只有通过前人的经验总结与历史教训才能更全面更细致地研究社区商业的有关问题。同时，在借鉴国外的研究成果的时候还要考虑我国的地域特色以及不同的人口结构与消费习惯。总的来看，现阶段国内社区商业研究的成果大致有以下特征：首先，社区商业相关研究文献的数量较从前已经有显著的增加，但缺乏系统，研究成果较为散乱。在总结发展历程与模式的同时，还需要有预见性地研究来指导正在兴起的社区商业发展。其次，现存的研究多为理论引发的研究，少有书籍或文献是建立在某个具有代表性的地区实际调研数据上的，单一的理论并不能解决各个城市的社区商业发展问题。最后，社区商业研究是一项内涵丰富、涵盖面广的研究项目，它包含了地理学、经济学、社会学、行为心理学、房地产经济学等多领域的学科知识。从单一学科的角度很难全面阐述相关问题，因此急需综合性的社区商业研究。目前值得推崇的是一种以结果为导向的，以消费者的根本需求为目的的社区商业研究趋势。社区商业最终解决的是周边居民的生活需求以及维持自身的盈利需求，这取决于商家的服务、空间的塑造、商品的口碑与质量，可以说是对消费者行为空间理论的实际运用。

根据相关理论与综述的学习，借鉴国外宏观层面的地域性布局研究、中观层面不同商业的空间组合研究以及微观层面单独商业空间的内部结构研究的多层级研究形式，对哈尔滨三个层面的社区商业进行研究，并采用多个学科的视角，社会学（人口结构、消费结构）、房地产经济学（土地供给率）等结合规划专业知识进行尽可能的全面探索。正是基于这些基础理论研究支撑，本书才能在对比商业空间布局发展现状的同时，提出相应建议，这些建议将为哈尔滨市未来社区商业空间布局提供相关理论支撑和科学依据，让哈尔滨市社区商业空间兼具人气与效益，以点带面推动哈尔滨市主城区范围内各社区商业空间的更新布局，从而进一步以环境改善和业态完善提升哈尔滨市居民生活品质。

## 第五节　本章小结

本章为理论概念分析部分，主要内容是对关系到县域商业网点布局及城镇化的理论与概念进行了梳理和阐述，使读者掌握城镇化与县域商业网点的相关知识。概念部分包括我国城镇化进程中的有关城镇化的概念、县域商业网点布局的相关概念。基础理论部分包括商业集聚效应理论、商圈理论、商业区位理论、商业网点饱和指数理论、中心地理论、单店面积极限理论及商业网点布局理论。

# 第三章 县域商业网点布局的现状与问题分析

## 第一节 县域商业网点布局规划的目标和原则

### 一、县域商业网点布局的目标

使城市整体商业结构更加完善、10～20年基本能够实现城市商业布局合理化是规划的最终目标。整个战略目标的内容包括将城市商业的流通领域进行连锁化经营、科学化管理、国际化流通以及全方位服务。这一目标的实现能够为社会提供更加宽松的市场条件，使居民生活更丰富和谐，从而有助于尽快建成全面小康社会。

### 二、县域商业网点布局的原则

（1）现代城市化的基本功能之一就是能够进行商业活动，各商业网点均是对城市精神文明建设的显著体现，因此社会发展计划和城市总体规划离不开商业网点规划。在进行网点规划工作时应注重网点数量、规模以及业态结构和业主条件等方面的规划，同时整个工作不能脱离公共设施建设分区。除此之外，应注重规划的整体性和统筹性，规划不能脱离城市的发展，应把城市内中心区、风景名胜区、商业街、郊区新兴商业中心、重要产品批发市场以及配送和物流中心等重要发展中心作为规划重点，在划分分区时进行综合考虑。

（2）对商业网点进行布局规划时要始终坚持以当地经济发展状况为基础，要参照各个地区实际消费能力和购买力规划合适的商业网点数目和规模。若过分追求商业网点的数量将会导致网点过分集中，反而得不偿失。在进行规划时不仅要重视当前地区经济发展状况、交通条件、居民购买力水平等状况，还要考虑到本地区发展趋势，根据当地的长远发展和实际情况综合确定商业网点的档次、规模与数量。

（3）在对商业网点开展布局规划时要综合考虑到投资者利益和市场竞争公平，既需在布局规划过程中保护投资者的合法利益，又要兼顾公平竞争的市场环境。在规划过程中应重视在一定地区内的同业竞争情况，可以通过以下措施保证一定地区的竞争活力：一是对于商业竞争较激烈的地区要严格限制大型商业网点的进出，严格控制建筑功能和土地使用类型；二是对于同业竞争比较严重的地区，应对新增大型商业网点保持慎重的态度；三是对于竞争存在不足的地区，应通过引入新的商业网点等措施引导该地区的市场竞争。

（4）地区结构调整同样是商业网点布局时考虑的重要因素之一，在网点布局和建设时应综合考虑集中经营与分散经营、大中型网点与小型网点、专业经营和综合经营以及改造原有网点和新设网点等因素。要对当前地区的商业区域特点进行综合考察，对于百货市场相对比较密集和居民购买力水平较低的地区要控制大型百货商场的数量和规模，并通过小型连锁超市和便民超市等商业网点模式进行替代。

（5）商业网点布局要将提升居民生活水平和改善城市环境作为规划目标之一，要将城市环境治理的要求作为网点进入标准，对于不符合城市环境管理要求的网点不允许进入该地区，只有这样才能为城市居民创造更优质的生活条件。

## 三、县域商业网点布局的基本内容

### （一）县域商业中心布局

县级商业中心是县城内中高档收入阶层购物的首选场地，其位置一般是城市的生活中心，在一定程度上决定了县城形象。对其进行规划的内容主要包括对商业中心规模、结构以及区位的规划，这种市级商业中心的组成内容一般有一个或两个大型综合百货大楼、多个专门店和与其相配套的各大服务设施，由该商业中心的集群效应形成的购物中心也在其范围内。通过县级商业中心能够对周围商业网点形成一定的辐射力和内聚力，从而在一定程度上反映城市发展水平。

### （二）地区批发市场的布局规划

县城内居民生活必需品一般集中在县城批发市场，由于县城批发市场与居民的日常生活直接相关，因此是县城商业的基础。一般来说县城批发市场的主要构成内容是一个集贸市场与多个直接关系到居民日常生活所需的店铺配套形成，也就是理想化的 1+n 的组成模式。随着城市化进程的推动，很多地区已经由现代化综合超市替代了原有的集贸市场，而对于发展水平一般或处于城市边缘的社区，这种传统模式仍然普遍存在。

### （三）物流基地的建设

随着现代信息技术的普及，商业的线上交易日益增多，从而县域商业应增加对物流基地的重点建设。县城中的物流基地包括物流园区、物流中心以及配送中心等。

### （四）大型商业和购物中心布局

对于大型购物中心的建设应保持慎重和控制的规划原则，由于在一定地区内居民购买力水平在一定时期内是比较稳定的，因此不能过分追求大型购物中心数量和规模的扩大，应综合考虑当地实际经济发展状况，合理控制大型购物中心的数量。大型购物中心是城市的中心和商业网点的主导，其在城市商业发展中扮演着重要角色，在一个城市中不能没有这种大型商业网点，同时也应防止其过度集中。例如对于北京、上海和广州等经济发展程度高的少数城市可以存在一个或两个现代购物中心，如果不考虑实际发展状况盲目投资、过度建设，就会导致供大于求的情况，造成土地资源和商业资源的严重浪费。

## 第二节　全国县域样本选取

### 一、县域经济样本简介

县域经济是我国历史比较悠久的一种经济形态，长期以来与中心城市经济并存，两者的主要区别是：中心城市一般是由市辖区构成，而县域主要是由县级市、自治旗以及自治县等县级单位构成。中国县域始发于春秋战国时期，在秦代时期开始定制，时至当今，无论朝代如何变更，县制从未发生改变。对中国县、市的行政区划统计如图 3-1 所示，截至 2016 年末，中国县级行政区单位总数共有 2852 个，其中包括 1366 个县，360 个县级市，954 个市辖区，另外还有 117 个自治县，其他 55 个（含旗、自治旗特区、林区）。这些县城及所辖乡镇区域统计汇总，县城户籍人口共 1.39 亿人，乡村人口 7.93 亿人，全国县域人口共计 9.32 亿人，全国总人口 13.8 亿人，因此全国县域人口占全国总人口的 67.5%，绝大多数省份的县域人口比例都能达到该省份总人口的一半以上（广东与直辖市除外），全国县域地区生产总值达 24.14 万亿元，占全国 GDP 的 51.04%，占到半壁江山。因此县域经济研究近年来越来越引起学者们的重视。

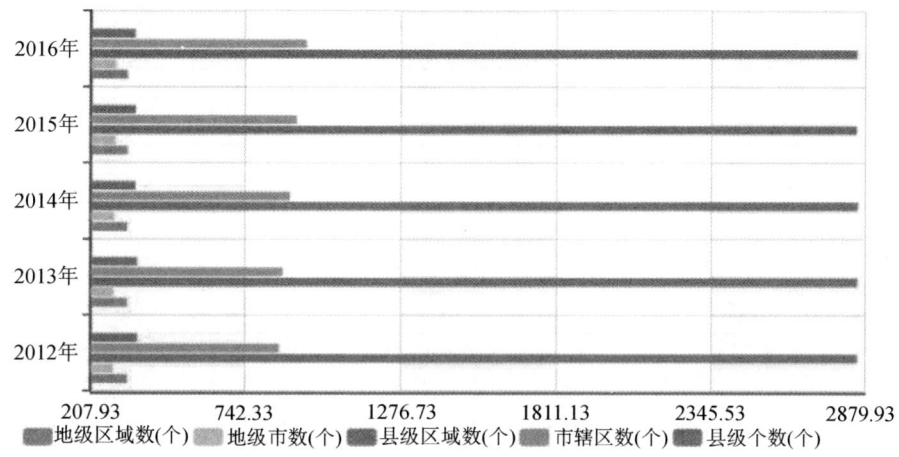

**图 3 – 1 中国行政区划统计**

通过表 3 – 1 可以看出，近年来中国县级行政区的数量呈递减趋势，随之而来的是市辖区数量的递增，市辖区的数量在 10 年内已经增加了将近 100 个，同时这也显现出了近年来我国城镇化进程的不断深入。2007~2016 年，全国县级区划分数量基本稳定在 2855 个，但其中市辖区和县级市的数量一直处于改动和调整状态。

表 3 – 1　　　　　　　　　　中国县级行政区划　　　　　　　　　　单位：个

| 年份 | 县级区划 | 其中 | | | | | 县域 （剔除市辖区） |
|---|---|---|---|---|---|---|---|
| | | 市辖区 | 县级市 | 县 | 自治县 | 其他 | |
| 2007 | 2859 | 856 | 368 | 1463 | 117 | 55 | 2003 |
| 2008 | 2859 | 856 | 368 | 1463 | 117 | 55 | 2003 |
| 2009 | 2858 | 855 | 367 | 1464 | 117 | 55 | 2003 |
| 2010 | 2856 | 853 | 370 | 1461 | 117 | 55 | 2003 |
| 2011 | 2853 | 857 | 369 | 1455 | 117 | 55 | 1996 |
| 2012 | 2852 | 860 | 368 | 1452 | 117 | 55 | 1992 |
| 2013 | 2854 | 872 | 368 | 1442 | 117 | 55 | 1982 |
| 2014 | 2855 | 897 | 361 | 1425 | 117 | 55 | 1958 |
| 2015 | 2851 | 921 | 361 | 1397 | 117 | 55 | 1930 |
| 2016 | 2852 | 954 | 360 | 1366 | 117 | 55 | 1898 |

数据来源：根据 2017 中国统计局网站数据及《中国统计年鉴 2016》计算和整理。

本书对县域的样本选择标准如下：一是将撤县设市和撤县设区等发生了变化的县域、林区和特区进行剔除；二是剔除市辖区（保留县级市），由于市辖区中的城市经济行为较为突出,因此在对县域经济进行研究时将市辖区进行剔除;三是剔除数据严重缺失的香港、澳门特别行政区和台湾地区,青海、西藏和新疆等偏远地区。经过剔除后本书选择的县域样本数量有 1685 个,由于选择的样本数量是全国县域总量(不包括剔除的市辖区)的 90%,因此在说明问题上仍具有较强的说服力和权威性(见表 3-2)。

表 3-2　　　　　　　　中国 1685 个县域样本分布

| 地区 | 县域样本数量 | 所属省份 |
| --- | --- | --- |
| 东部地区 | 516 | 北京、天津、河北、上海、辽宁、江苏、浙江、福建、山东、广东、海南 |
| 中部地区 | 666 | 山西、吉林、黑龙江、安徽、江西、河南、湖南、湖北 |
| 西部地区 | 503 | 内蒙古、广西、四川、贵州、云南、陕西、甘肃、宁夏、重庆 |

本书将样本数据中的 1685 个县按东、中、西部划分,东部地区包括北京、天津、河北、上海、辽宁、江苏、浙江、福建、山东、广东、海南等省市所括的 516 个县域,中部地区包括山西、吉林、黑龙江、安徽、江西、河南、湖南、湖北等省市所括的 656 个县域,西部地区包括内蒙古、广西、四川、贵州、云南、陕西、甘肃、宁夏、重庆等省市所辖的 503 个县域,三个地区共包括 1685 个县域。

## 二、数据来源及处理过程

样本原始数据的来源是《中国统计年鉴》《中国县(市)社会经济统计年鉴》《中国区域经济统计年鉴》以及国家统计局网站在 2012~2016 年的数据。此外在对数据进行补充时还参考了所在市(盟)的市级统计年鉴或县域所在省(市、区)的省级统计年鉴。

原始数据的具体处理过程:

一是处理缺失值:这个过程中的主要参考依据是所在市(盟)的市级统计年鉴或县域所在省(市、区)的统计年鉴,通过以上两部分参考内容补充缺失值,若无法通过以上内容进行完善的部分可以用线性插值法进行填充。

二是处理异常值:对于异常值是通过物理判别法处理的,物理判别法是通过数据的连续性来确定样本观测值的基本取值区间,并将超出该正常取值范围的异常值排出,然后将该取值作为缺失值进行补充或线性插值法处理。在本次取样过程中应选取的时间段是 2012~2017 年,但由于县区的经济发展在新常态下面临新的问题,没有将县样本研究数据的年限更新至最新,实际选取样本时间段是

2011～2016年。将其作为样本选择年限的原因有以下两点：第一，县区划分次数从2016年后变得更加频繁，为尽可能保证中国县域的样本数量只能舍去2017年的样本数据；第二，《中国区域经济统计年鉴》和《中国县域统计年鉴》的指标在2017年后发生了部分变化，因此对补全本书所需要样本指标的过程造成了一定困难。

## 第三节　县域商业网点布局现状分析

### 一、县域商业网点空间布局现状

通过对各省市所辖具有代表性的商业网点进行深入分析，可得到其基本空间分布现状，具体表现在以下几个方面：

（1）从县域的纵向统计来看，各业态商业网点在县城集中分布，向郊区分散，呈现相对集中分布状态。通过本书所研究的样本可以发现县城的商业中心区是县域商业网点的主要分布地区，其空间发展层次一般为三级：县级主商业中心——乡镇级商业中心——重点村商业中心，这三级商业中心从上到下形成金字塔型，通过不同等级的不同职能互相补充。一般来说县级的主要商业中心分布在已建成的交通便利的老城区，历史比较悠久，其商业氛围浓厚，商业基础扎实，经营状况良好，属于商业中心区域，为整个县域提供商业服务，是整个层次中最具活力的商业区域。县级副商业中心一般位于县城的新开发区，是新兴的现代化商业中心，因此其消费目标主要面向新一代的年轻消费者，为整个县域提供多功能的消费空间。乡镇级商业中心一般以乡政府所在街道为商业中心，沿街道扩展，其商业业态完备，为整个乡镇所辖村提供商业服务。重点村级商业中心主要满足日常生活用品的使用，以小商店为主，还可以承担在可达区内农产品的交换。

（2）从县域横向统计来看，各商业网点业态种类空间集聚具有差异性。由于人口聚集的地区居民的购买行为发生次数多且居民的实际需求较多，在该地区的商业网点聚集现象就会更加明显，并且商业中心的功能也会日趋完善。在全国县域范围中，中部和东部地区的人口较密集，因此这部分地区的商业功能较西部地区会更加完善，并且一些新兴的行业和设施也大多会选择这部分地区以获得良好的发展机遇。而西部地区由于经济发展水平比较落后，因此相应的商业网点建成数量较少，其商业网点较为分散。

综合县域的主要商业网点情况可看出，欠发达县域的人口数量规模不大，经济发展较慢，主导产业基本都是农业，大型的购物商场很少，而且全部集中在县城。县城周围的村镇几乎没有比较大的商场和购物超市，如果县城周围的农民想更多消费，也必须到城里去，而且交通并不方便。连锁酒店的数量也都很少，住宿业整体服务设施质量不高。商业网点的分布也比较单一，不能有效覆盖大部分县城及乡村。批发市场的规模不大，管理也不规范，更多地是集市这样的业态。总体发展呈现的特点就是县内自然资源匮乏、龙头企业不多、主导产业经济带动能力不强，商业网点建设落后，布局分散，不能够有效地促进当地经济的增长。

县域经济除了经济发展程度有发达与不发达之分外，其各个县的主导产业也不相同。主导产业可以通过关联其上下游企业以及同类企业发挥其主导作用，进而带动整个地区经济的增长，其先进的技术、制度都可以影响整个产业经济体系。对于商贸流通业来讲，主导产业的辐射带动效应也是不容忽视的。不同的主导产业对应设立的商业网点各不相同。主导产业的带动能力越强，对经济的贡献越大，其辐射的商品流通环节就越多，对应的商业网点数量就越多。根据各个县的主导产业类型，可以大致分为三类：农业主导型、工业主导型、服务业主导型。农业为主导产业的县里都有专门的农产品批发市场，在农业发达的地域周边就会有相应的农产品生产资料供应的市场形成，一些农产品生产资料零售网点、农机农具销售网点以及售后服务的网点就会相对集中一些。工业主导的县由于工业品内销和外销都会设有大型的物流基地和仓储货运站，工业发达的地域周围就会形成物流集聚区，物流网点将会集中发展。服务业为主导的大多是以旅游业为主导产业的县，这些县的旅游文化景点和相关的用品批发市场、门店相对多一些，文化的吸引力带动消费群体增长的同时也会带动整个旅游行业相关的商业经济的发展。综合来看，各个县经济发展水平参差不齐，但是无论是从经济发达程度划分还是按照县域主导产业来划分，商业网点的建设大多是在数量上有不同之处，在整体的商业网点建设以及布局方式上还是有很多的共同点，各个县的问题也是比较集中和突出，县域经济与城市的经济发展相比还是有一定的差距。

## 二、县域商业网点业态结构现状

（1）从商业网点数量方面来看，各县批发零售业和餐饮业为主体。将商业业态进行合理分布是对商业网点进行布局规划的重要原则，因此在布局前要对该县域的具体情况进行深入了解，包括各个街道和各个区域的情况。在对商业网点布局进行规划时应结合各县区的实际情况，对商业业态结构、功能和规模等进行有机分配，从而使商业网点布局更加科学合理。而按全国各县域各类商业网点数量统计情况看，在12类商业网点中，批发零售业、餐饮业和住宿业占比例最大，各省市所辖县域比较分析效果也最明显，因此，从各县的商业网点数量统计业态结构来看，东、中、西部地区各县域均是以批发零售业网点数量占比最大，住宿业占比最小，餐饮业占比居中的业态结构。

（2）从商业网点经济效益来看，各业态种类中批发零售业经济效益最大。根据全国县域商业网点的点位数据可得到其空间分布位置，而在空间上，每一个相同的点都代表着不同的商业网点，其经济规模也不同，通过这些空间位置及网点数量的数据能精确到各类商业网点的多少、分布密度和空间集聚程度，但是不能看出每一类商业网点的实际产生的经济贡献，而利用统计数据能够很好地解决这一问题。通过对各商业业态的销售额进行比较不难发现，批发零售业是销售额最多的商业业态。在对这三类商业网点销售额的结构进行比较时可以发现，中部、东部和西部地区销售额从高到低依次是批发零售业、餐饮业和住宿业。即基于经济效益的业态结构分布要偏态于基于网点数量的业态结构分布，批发零售业的商业网点产生的经济效益规模远大于餐饮业和住宿业。

## 第四节　县域商业网点布局存在的问题

自城镇化建设快速推进以来，我国县域城镇的商贸业空间布局在市场经济和城乡一体化的带动下已取得了巨大成绩，连锁超市、商场、大型集贸中心、购物中心、物流配送、动态集市及电子商务等新型零售业态正在成为县域城镇经济的主流业态，同时，在新型城镇化战略的带动下，中国的城镇化质量正在显著提高。但是，我们应该看到，在县域城镇商业网点空间布局方面目前还存在着诸多需要解决问题。

### 一、商业网点业态结构配置不合理

依据克里斯塔勒的中心地理论，完善的市场商业空间组织结构要由中心地的等级决定，商业网点要有层次性。目前我国多数县级城市中仅有一个商业中心和一些小型的社区商店。从业态结构上看，我国县域商业多以传统百货商店业态为主，新型业态更新缓慢，电子商务发展滞后。一些县级城市商业中心地段没有形成繁华的购物中心，商圈内业态单一，结构不合理，县域连锁经营规模小，辐射范围小，缺少符合县级消费水平的品牌店和专卖店，高档商品的商业零售网点更是严重不足，餐饮、服务业严重短缺，文化娱乐设施发展不完善。商业业态结构的合理高效配置是优化县域商业资源、提升县域城镇化质量、更好地满足消费者日常需求的重要环节。科学合理配置适应现代流通方式的购物中心、百货店、仓储式商场、大型连锁综合超市、便利店、专卖店及批发零售市场等业态，对营造县域商业氛围、跟上我国新型城镇化建设步伐和满足日益转移到县城的居民消费需求有着至关重要的作用。而大多县级城市并不注重业态结构的优化，商业网点建设过程中，未考虑商业设施的现代化程度是否与居民消费水平相符合，盲目建设商业网点，不利于县级城市的整体发展。

与大中型城市相比，大部分县在商业网点数量上以超市、便利店、杂货店等居多，一些商业网点是由沿着几条主要交通道路的沿街门市组成，一些则是将自己沿街的房子进行简单装修就能作为门面房自营或者出租，商住混合的经营模式仍然很普遍。大多数设施很简陋，仅能提供基本服务。大型商业网点的供给有限，专业批发市场整体的发展与当地的经济发展水平也不相匹配，数量少、规模小、管制差的状况使其难以形成规模效应。有些很多年的批发市场由于经营环境的混乱，整个批发市场行业不景气，导致近些年市场内很多商户几近倒闭关门，严重影响了整个县域商贸经济的发展。当前这种商业网点布局散、乱、差现状的情况与县级商业网点规划不完善是分不开的。每个商户都是以个人利益为主，政府又没有站在社会的角度对商业网点布局进行合理引导，这样的布局下只会导致商业网点分散式发展，不能有效集中在一起形成一个完整的商业区，已有的商圈功能和等级不够分明，难以发挥本身的正面效应。

从业态结构上看，对于诸多内陆和西部城市来说，新型业态发展相对滞后，仍以传统百货业态为主，新型业态发展缓慢。此外，一些城市商业黄金地段的大型百货店过于集中，商圈内业态单一，结构不合理，同时受建筑结构等方面限制，改造难度大，业态调整困难。事实上，业态结构的有机配合是优化配置商贸资源、提升城市经营现代化水平、更好地满足居民日常消费需求的非常重要一环。科学配置购物中心、百货商店、连锁超市、专业市场、便利店等业态，对烘托商业氛围、提升城市形象和满足居民消费需求有着至关重要的作用。遗憾的是，很多中等收入水平的城市不注重业态结构的优化，盲目跟风大城市，建设多个超大型的购物中心，这不仅因为分散居民购物消费和商贸设施的现代化程度超过居民消费水平而不利于城市大规模商业的发展，也对原有商业中心的商业氛围带来较大程度的冲击，从而不利于城市商贸业的整体发展。同发达国家相比，中国商业总体规模过小，大型商业所占市场份额很小。

## 二、商业网点布局不合理

由于政府对县级城市商业网点规划管理及引导意识滞后，导致县域商业中心区网点与其他商业区网点建设和发展随意且散乱。主要表现为，县域中心的商业网点规模大数量少、县以下的乡镇数量多且规模偏小，如图3-2所示，图中水平方向表示商业网点规模，竖直方向表示商业网点数量，向右上方倾斜的曲线表示县城商业网点分布情况，向右下方倾斜的曲线表示乡镇商业网点分布情况。从图3-2中可看出，小规模的商业网点在乡镇中数量相对较多，而县城较少；当商业网点达到一定规模时，乡镇中的大规模网点数量接近于零，而县城的大规模商业中心数量则增加，因此县城的商业网点数量与规模的分布呈向右上方倾斜的趋势，而乡镇的网点分布呈向右下方倾斜的趋势。

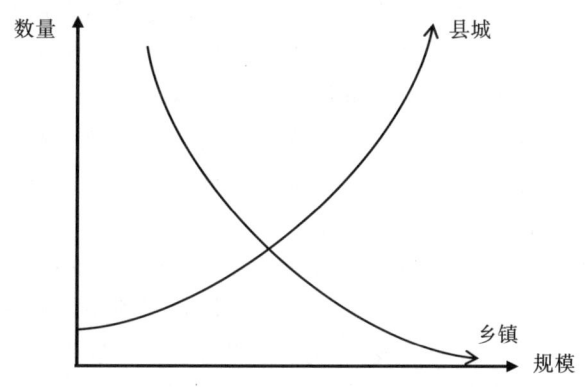

图3-2　乡镇、县城商业网点分布示意图

县城商业网点总体布局比较散乱，商业中心区过于集中，选址不合理，严重影响了交通和环境，市场秩序比较混乱，商业区不完整，没有形成有效的商业模式，不能发挥规模效应和集群优势；在乡镇地带网点分布更是小散乱，不能跟上我国城镇化建设的步伐，不能更好地满足居民需求。

从全国范围来看，西部落后于东部。我国商业网点的布局西部地区明显落后于东部地区。西部地区拥有的零售业网点和人员数量不到全国的一半。每万人拥有的零售网点中西部地区比东部地区低34%，每万人拥有的零售商业人员中西部地区比东部地区低36%。这固然与我国西部地区经济发展水平落后的现状有很大关系，但是经济落后并不等于不需要商业网点建设。我国要进行"西部大开发"必须将商业网点规划纳入西部城市规划中一并实施。"市以城在，城以市兴"。商业是城市的基础。加强西部地区商业网点规划，有利于提高从业人员数量，解决日益严重的就业问题，有利于拉动西部地区经济的发展。在发展前做好规划，更有利于避免目前中东部城市因缺少商业网点规划而出现的问题，减少管理成本。

中东部地区商业网点结构失衡。从全国大中城市商业网点的布局来看，也存在着结构不平衡的问题。多数商业网点建设在城市繁华的商业区，新建居民区商业投资明显不足，小城镇和广大农村的商业网点建设更是长期处于被忽视地位；

食品超市和服装店比比皆是，与居民生活息息相关的维修业、服务业网点却凤毛麟角；一些城市没有进行科学规划，不重视各种业态的比例，导致商业网点建设没有层次性，等等。城市中心区商业网点多，偏僻区网点少，农村商业网点建设长期被忽视。中小型商业企业的固定资产投资低，流动资金筹措灵活，再加上我国一直缺乏对中小商业网点的规划，形成目前城市中心人流比较密集的地区商业企业。相对于近几年国家对大中城市商业网点建设工作的重视，我国广大的农村市场在商业网点建设中一直被忽视了。诚然，在农村商品流通领域，由于经济发展等多种因素的制约和限制，超市等新型业态还没有成为农村商业网点的重要组织形式，我国农村目前的商业网点仍然是以百货店杂货铺为主。但是，我们也应该看到，随着我国经济的发展，中东部的一些农村也富了起来，许多小康村的农村居民甚至也开始追求时尚消费。这就需要我们在这些经济发展比较快的农村进行商业网点规划，满足农民日常生产和生活的需要，同时为那些经济较落后的农村的商业网点发展提供借鉴。

百货工业品商业网点多，与人民群众生活息息相关的维修服务网点结构单一，数量较少。在市场经济的条件下，许多经营者在利益的驱使下，多投资于获利较高的标准型食品超市和服装专卖店、折扣店以及可以谋求高额利润的高档酒店、宾馆等，而利润较少却与居民生活息息相关的维修业、服务业却乏人问津。我们以长春为例来看，在全市商业网点结构比例中，商业占78%，饮食业占15.4%，服务业和维修业仅占6.6%。近几年出现的医药、建材类商品的专卖店、折扣店不仅数量少，而且多分布在繁华地段，并没有深入居民区，社区中存在的只是私人经营的小门店，给居民生活带来了极大的不便。

商业网点建设缺乏层次性。在商业网点的建设中，要考虑到各地的实际情况。对所建商业网点进行层次区分，要形成金字塔形的层次，大规模的业态比例小，中型商业网点次之，小型零售网点比例最大。但是我国的许多城市在进行商业网点建设时忽视了对网点业态的层次性划分，没有考虑自身的实际情况和当地居民的需求，盲目大"建"、建"大"。例如某一地级市，城市人口不足40万人，仅大型零售商场就建了12座，而深入居民区的小便利店却很少，结果没有达到方便群众的目的不说，还造成了市场分流，经营成本增加，销售额不足，最后导致有场无市，经济效益大幅度下降，甚至亏损。

## 三、商业市场发育与网点布局功能不相适应

商业市场发育不足，网点布局功能未能得到充分发挥，不能与城镇化进程中的县域经济相适应。县域各级商业网点市场发育不健全，标准化水平程度较低，商业环境凌乱，市场功能脆弱，缺乏现代化气息。主要表现在：大规模的县城商

业中心区的交通条件较差,过度拥挤现象与商业行为发生矛盾,布局随意,消费品市场、工业品市场、生产资料生产要素市场及农副产品批发市场不能按各类集聚分布,各类商业网点混合分散,大大降低了集聚效应,严重制约了商业功能的发挥;中小规模的乡镇商业区,零售市场多,批发市场少,还有一些随意摆放的"马路市场",机动车乱停乱放,浪费了土地资源,阻碍了交通;重点村庄的商业区,商业设施更是破旧落后,严重影响商业环境。这些都使商业市场的辐射功能、服务功能、推动县域经济发展的促进功能受到制约,使现有的商业网点不能发挥其布局功能,不能更好地满足城镇化进程中县域居民对各级商业网点的需求。

随着城乡居民生活水平的不断提高,城镇和农村居民的收入水平也随之提高,消费能力以及消费欲望都得到不同程度的增强,消费需求也越来越趋向于城市居民,但是县城现有的商业网点所提供的产品和服务已经满足不了人们日益增长的消费需求。目前,黑龙江省各县商业网点普遍还是以传统商业为主,零售业态单一,私人为主体的经营模式仍是县域零售业主要构成部分,内资企业是法人零售企业的构成主体。主要还是以关系民生的日常用品消费行业为主,连锁经营的门店数量有所增长,同类型商业网点盲目追求数量扩张,竞争激烈,但是专业品牌较少,对经济收入高的的人群没有吸引力,对高品质生活要求的中产阶级或者更富裕的群体来说,可供选择消费的场所不多。

商业网点建设本身有其科学性,网点的数量、规模、业态种类有其比例关系。店铺的选址,经营定位也都有其客观规律性。

商业投资盲目,缺乏理性,超大型商业网点的繁荣缺乏购买力支撑。在上海举行的"2004中国商业热点话题高层论坛"上,与会专家已就商业设施投资过热问题发出"预警",指出这种过热会进一步加剧商业网点布局的不合理性,带来更加严重的结构性矛盾,城市商业设施规模超出现实购买力,最终将导致零售领域出现更加激烈的低水平竞争。从笔者对浙江省地级城市商贸业调查来看,超大型商业地产如购物中心、MALL城、购物广场等(有的商业面积达到20万~30万平方米以上)投资成为一种"热潮",按照城市商业网点面积的控制标准(城市人均商业网点面积1~1.1平方米/人),这些城市商业网点面积已经超过了这一控制标准,如何引导这些商贸企业的错位经营、协调发展,是城市商贸业必须面对的课题。现代化的商业必须能够适应现代社会消费水平多层次和消费需求多样化的需要,因而商业网点的设施、装修也要多档次、多样化,其中一些网点拥有高档设施,进行高级装修是必要的,但是要与当地的经济发展情况相适应。目前还是中低档收入和中低档消费者居多,这是市场消费的主体,是商业服务的主要对象。一些城市在建设商业网点时,只重建设,不注意加强市场调研,导致市场定位过高,商品价格过高,只能满足极少数人的需要,并不能获得良好的经济效益。苏南地区一个小镇，投资近3亿元人民币搞了一个颇有气势和功能齐全的大商城。两年多过去了，这个商城内只设有三分之一的摊位，消费者流量也只是功能的三分之一还不到，其经济效益可想而知。

## 四、商业建设基础配套设施不完善

商业建设基础配套设施不完善，县域商品结构有待调整。网点大多集中在交通干线上，拥挤问题层出不穷，造成交通压力大，停车困难，出入不方便。因此，县城商业中心区缺乏配套的停车场。乡镇商业集市建设基础设施不完善，交易的集市缺乏配套的通信设施、信息网络及相应的物流仓储等服务。农村商品种类匮乏，当地产品的销售渠道十分有限，除此之外交易过程中的公平准则缺乏规范性，监管力度较弱，商品没有质量保证，农村商业不能适应当前城镇化建设的需要，商品的供给脱离农民消费习惯。这些都严重影响着整体的县域经济发展。

县域商业网点规划的滞后性导致疏密不均、发展失衡。虽然每个县都有自己的商业网点规划，但是一次商业网点规划的出台期限长达15年，而且道路交通规划在很长时间内是不会发生太大变化的，商业网点规划的程度跟不上当地经济发展的速度，导致很多商业网点的规划与本地经济发展不匹配。城镇化的速度越来越快，但是城镇和城乡周边新兴的居民小区配套商业网点设施却发展缓慢。随着经济的不断发展，人口的不断增加，消费需求日益旺盛，规划范围外的商业网点层出不穷。因此，商业网点布局就会出现疏密不平衡、规模小、布局分散、交通不便等不合理现象。

土地流转制度的不成熟制约着城镇化及商业网点建设。新型城镇化主要是三化：产业化、居民城市化、入城农民市民化，是以人为本的新型城镇化。目前，各县县城内的土地承载几乎满负荷，目前大多数县都在不断开发县城周边的土地，不断将农村的居民吸纳到县城中来实现居民城市化。但是我国农村居民缺乏相应的社会保障，传统观念使得他们对土地的依赖性很大，由此影响了农村劳动力向城镇的转移，影响了农业土地的规模化集约利用，很多空置土地不能得到有效开发，产业布局受到影响，商业网点难以做到均衡发展，不利于整个县域社会经济的发展进程。县域产业布局严重依赖当地资源禀赋，开放程度低。黑龙江省各县的支柱产业特色明显，均与当地的自然资源禀赋紧密相关，依赖性较强。区域协作意识薄弱，很多县的支柱行业都具有同质性，地理位置接近但却缺少协作发展的意识，各自发展，形不成规模效应，例如石家庄的大部分县主导产业都互有交叉。自然资源的稀少或者缺乏、闭塞的地理位置等都限制了很多内陆县的发展。总体来看，大部分县普遍存在商业网点建设和商贸业发展不平衡的现象。即使一个县内有几个大型的商业网点，也存在扎堆现象，特别是县城中心商业区网点过密、业态相近，经营雷同，导致同业低水平过度竞争。大部分县的城镇化水平还不高，农村和县城的差距依然很大，贫富差距也是两极分化很严重。单纯的改善商业网点布局的状况不能从根本上改善当地的经济发展，但是可以在促进商贸流通业发展的基础上加快县域新型城镇化的脚步。

缺乏有效的城市商业网点管理能力，影响城市商业网点布局功能的发挥。商业网点建设涉及商务、规划、建设、土地、交通、环保、消防等多个部门，各个部门的管理，局限于自身的职能权限，如消防关心的是防火设施及措施，环保部门关注的是对环境的影响，难以从整个城市发展的宏观层面上综合考虑网点布局是否合理。如果工作中部门间缺乏沟通与协调，项目的执行和完成就缺乏保障。所以，主管城市商业网点规划和执行的部门必须尽量在城市总体规划、国民经济发展规划、交通与物流规划、其他产业规划的指导与契合下，做到规划具有全局性、前瞻性和科学性，考虑到各个城市职能部门的要求，使商业网点规划能真正落到实处。

## 第五节　本章小结

本章分析了我国现阶段县域商业网点布局存在的问题与突出矛盾，将县域商业网点布局的基本内容、目标和原则作为切入点，统计了全国各省的县域范围，并确定了研究样本数量，即选取全国28个省份所在的1685个县为样本数据，并按东、中、西部划分，东部地区包括河北、辽宁、江苏、浙江、福建、山东、广东、海南等省市所包括的516个县域，中部地区包括山西、吉林、黑龙江、安徽、江西、河南、湖南、湖北等省市所包括的656个县域，西部地区包括内蒙古、广西、四川、贵州、云南、甘肃、宁夏、重庆等省市所辖的513个县域。分析了我国县域商业网点布局的空间分布和业态结构现状，并找出了我国县域商业网点布局存在的问题。

# 第四章　县域商业网点布局特征及影响因素

## 第一节　县域商业网点布局特征

### 一、县域商业网点的等级分类特征

**（一）网点规划指标确定方法**

（1）商业总量确定方法。据有关统计资料显示，早在2004年底，我国县域内陆地国土面积约占全国国土总面积的94%，县域内90%以上居民分散居住在乡镇和村庄。根据县城总体规划，县域城镇体系一般分四级：县城、中心镇、重点镇、一般集镇和中心村，消费群体有城镇居民和农村居民二类，商业设施小、散、乱、低档次。正如一些城市，居民收入水平不同，导致商业中心服务半径的水平、产业结构也不同。县城商业网点的确立，不能简单地依据人口规模和人均商业面积，应确定商业规模总量。①县域商业总量预测方法。当地的经济发展水平应该与县域商业面积的建设规模相适应，商业规模总量合理，对县域经济的良性循环依据是有益的，反之则无益。②县城商业总量预测方法。根据城乡总体规划对于县域经济比重预测，以及上位规划对于本地商业定位及商业比重分析，结合城市本身经济发展的水平，参照其他同类城市的发展经验来进行分析，确定县城商业在整个县城所占的比重，得出县城商业总量。

（2）商业业态分配建筑面积规划方法。县城商业网点业态包括：各类零售商业网点、商业街区、商品交易市场、农副产品批发市场、小商品交易市场、工业品消费品市场、建材市场及物流中心。从业态来看，包括零售、批发、餐饮、住宿及娱乐等，根据不同商业业态的经营面积比例，结合现状商业发展水平对应商业面积和其他同类县城各商业业态发展规模、比例来确定。

（3）规划主要数据确定方法。以统筹城乡发展战略为目标，依据县城总体规划和县国民经济社会发展规划。如果与县人民政府所在地更高层次的发展战略不一致,就存在怎么选择战略发展目标的问题。首先,第三产业目标严重影响商业网点总量,合理确定第三产业比重,可以调整社会经济发展状况,具体操作是设计比较方案,确定县域和部分类型相同的县城生产比例,分析县城和周围城市的发展关系。其次,在省内乃至全国范围进行比较,最终确定第三产业发展目标。

**(二) 模糊综合评价模型构建**

模糊综合评判方法是以模糊数学原理为借助,对"模糊性"事物展开分析与评价的一种系统分析方法。因对复杂系统问题进行处理时,该方法所表现出的优越性,近年被广泛地应用于各项领域。模糊综合评判法涵盖单因素评判、评判集、因数集等三要素。基于单因素评判,开展多因素综合评判。其具体有以下步骤与方法:

(1) 因素集的确定。因素集 $U$ 表示各个对评判对象有影响的因素的集合,可用以下公式表示:

$$U = \{U_1, U_2, U_3, \cdots, U_n\}$$

(2) 权重集的确定。通常而言,在因素集 $U$ 中,各因素发挥的作用不同,以各元素 $U_i$ 的重要性为依据对其权重予以确定,则权重集 $W$ 表示因素集 $U$ 的模糊子集。可用以下公式表示:

$$W = \langle w_1, w_2, w_3, \cdots, w_n \rangle$$

(3) 评价集的确定。评价集的组成是可能给予评判对象的评估结果,可用以下公式表示:

$$V = \{V_1, V_2, V_3, \cdots, V_n\}$$

式中: $V_j$ ($j=1, 2, 3, \cdots, n$) 表示可能出现的若干个评判结果,模糊评判的核心内容就是综合考量评判对象涉及的各个影响因素,以此获取评判集 $V$ 的最佳结果。

(4) 单因素模糊评判。假定依据因素内的 $U_i$ 对评判对象进行评判,$V_j$ 的隶属度为 $R_{ij}$,则可以表示 $U_i$ 的评判结果为:

$$R = \{r_{i1}, r_{i2}, r_{i3}, \cdots, r_{im}\}$$

(5) 模糊综合评判。$R$ 评判矩阵(多因素综合评判)以单因素评判集为基础,即:

$$R = \begin{bmatrix} R_1 \\ \vdots \\ R_n \end{bmatrix} = \begin{bmatrix} r_{11} & \cdots & r_{1m} \\ \vdots & \ddots & \vdots \\ r_{n1} & \cdots & r_{nm} \end{bmatrix}$$

当 $R$ 与 $W$ 均为已知状态,以模糊矩阵的运算方法可得出模糊综合评价集 $B$,也就是:

$$B = W \times R = (b_1, b_2, \cdots, b_m)$$

$b_j(j=1,2,3,\cdots,n)$ 表示模糊综合评判指标，其表示在对全部影响因素进行综合考量的情况下，评判对象对 $V_j$ 的隶属度。从而可知，$B$ 为 $V$ 的模糊子集。

### （三）县域商业网点等级体系评价

商业网点是商品流通环节中综合、辐射及集散能力较强的物流与商流在一定区域内的集散地。商业网点的含义是：第一，一定区域内承担流通组织与商品交换职能的网点；第二，城市内部商业活动的集中地。本书主要对其第二个含义进行探索，也就是商业集中地在区域内部的分布状况。在空间层面上，商业企业的出现大都为群体形式，上述群体被称作是商业网点，它们往往以带状、片状或点状的形式在居民区中分布，且其具有一定的覆盖范围，地域范围内商业网点的组合即为人们所称的商业中心网点。

界定商业中心网点依据的条件主要有以下几条：第一，必须具备一定规模的商业设施或有一定数量的商店，或拥有不低于一个综合性的大型商场；第二，行政区划不会对其范围产生限制；第三，通常其内部的商店布局呈连续状，或组成为职能互补、较短间距的商店群；第四，必须开展服饰、娱乐、餐饮等服务与商品的兼营。

要对商业网点布局展开研究，对其地域归属予以确定，必须对商业中心的等级及地域范围予以先行明确。通常情况下，县域商业中心实行三级架构，也就是若干个重点村小商业中心、数个乡镇级商业中心、一或二个县级商业中心。县级商业中心即一级商业中心，其服务面可以覆盖全县及外地流动人口，是城市生活、文化、经济水平的具体体现，通常不宜设置过多。一般而言，一级商业中心的组成包括发挥核心作用的县域内有较大影响力的大型综合商店、部分综合商店及数十家乃至数百家专业商店，设置在交通便捷、区位适中的主干道上，以服饰、餐饮等高档商品服务作为主要经营范围，豪华商店、专业店、名品店多。乡镇商业中心或区域性商业中心即二级商业中心，其服务面可以覆盖本区居民及部分流动人口，能够一定程度的对一级商业中心予以分流。一般而言，二级商业中心的组成包括发挥核心作用的有较大规模的副食品商店与百货商店以及少数综合商店和数家乃至数十家专业商店。通常设置在乡镇政府所处要道上，大多是集体或全民所有制的中型企业，涉及行业较广，主要经营中高档商品。村级商业中心即三级商业中心，其为周边的乡民提供直接服务，通常设置于街道交叉口或村中心区域。多为个体或集体所有制的中小商店，主要为粮店、百货店、菜市场，经营对象较为大众化，能够提供多样化的服务。

初步区分商业中心等级的具体评价步骤：

1. 样本选取及计算指标

本书根据全国东、中、西部的县域调查统计情况，由于县域数量较大及论文写作篇幅的限制，这里只给出商业中心等级评价的具体步骤。

首先，因素集的选取。在选取研究指标时，先将所选具体县域所在街道进行划分，形成该县域的若干个区域，作为评价模型的因素集。

其次，权重集的选取。在对主要权重指标予以选取时，因数据获取的准确性及调研的实操性等方面的考量，本书选取部分具有确定性、获取便捷却可以对商业中心特点予以大致刻画的且可以从空间布局上影响商业网点分布的指标作为对象展开研究与分析。上述指标具体为商业区内网点数量、居民分布密度、大型购物中心楼层总数、商业网点公交便捷度、主要商场营业面积，如表4-1所示。

表4-1　　　　　　　商业网点布局评价指标

| 目标 | 指标 | 表达式 |
| --- | --- | --- |
| 商业网点布局优化 | 居民分布密度 | 人口/面积 |
|  | 商业网点公交便捷度 | 网点所处干道公交线路 |
|  | 商业区内商业网点数量 | 统计区域内商业网点数量 |
|  | 大型购物中心楼层总数 | 购物中心楼层数 |
|  | 主要商场营业面积 | 商场实际营业面积 |

人口密度会从空间布局上对商业中心的分布产生影响，商业网点公交便捷度是该中心通达情况的体现，主要商场营业面积是对中心规模的体现，大型购物中心或商场的楼层总数与商店数量可以体现出其繁荣程度。

2. 商业中心的初步分类

设定各指标序号 $i=1,2,3,\cdots$，各样本区域序号 $j=1,2,3,\cdots$，因结合具体的调查资料与相关统计资料将系统各指标的原始数据记为 $X_{ij}$，对指标求出平均值 $\overline{X}_j$，由于系统中各指标单位不统一，这样的数据很难进行比较，因此需要对原始数据消除量纲，通过以下公式对数据进行标准化，转换为可比较的序列，从而可得到各个样本的标准化数据。

$$X'_{ij} = \frac{X_{ij} - \overline{X}_j}{S_j} (i=1,2,\cdots,m; j=1,2,\cdots,n)$$

上式中，$\overline{X}_j = \frac{1}{m}\sum_{i=1}^{m} X_{ij}$　　$S_j = \sqrt{\frac{1}{m}\sum_{i=1}^{m}(X_{ij}-\overline{X}_j)^2}$

其中，正向指标为：$X'_{ij} = \frac{X'_{jmax}}{X_{ij}}$ （4-1）

负向指标为：$X'_{ij} = \frac{X'_{jmin}}{X_{ij}}$ （4-2）

由此得到指标样本的标准化数据矩阵：

$$P_{ij} = \{X'_{ij}\}_{mn} (0 \leq X_{ij} \leq 1)$$

### 3. 用变异系数法确定权重

权重应能够反映各指标相对于商业中心的重要性。现阶段，指标权重的确定可选用多种方法，归纳总结可分为客观定权法与主观定权法。然而，不管确定权重选用哪种方法，其在具有合理性的同时均有所欠缺。这是由于权重的设定存在一定的主观性，且权重分配选择的方法不同，其可能获取不同的结果，这会使权重分配存在不确定性，并可能使得不确定性在评价结果中存在。

所以在确定权重的实践中，本书主要通过指标比对法结合变异系数法的方式来评估各指标，变异系数法是一种客观赋值的方法，直接利用各项指标所包含的信息，计算得到指标的权重。为了能够将各指标量纲不同产生的作用予以消除，需借助各指标的变异系数来对其差异程度予以衡量。以下为各指标的变异系数公式：

$$V_i = \frac{\sigma_i}{X_i} (i = 1, 2, \cdots, n) \qquad (4-3)$$

式中：$V_i$ 表示指标 $i$ 的变异系数，$\sigma_i$ 表示指标 $i$ 的标准差；$X_i$ 表示指标 $i$ 的平均值，各指标权重为：

$$W_i = \frac{V_i}{\sum_{i=1}^{n} V_i} (i = 1, 2, \cdots, n) \qquad (4-4)$$

### 4. 商业网点中心区等级划分

采用样本指标数据，利用公式（4-1）（4-2）将数据标准化后，再利用公式（4-3）（4-4）相继求出指标的权重，见表4-2。

表 4-2　　　　　　　　商业网点布局评价指标权重

| 指标 | 人口密度 | 公交线路 | 商店数量 | 购物中心楼层数 | 商场营业面积 |
| --- | --- | --- | --- | --- | --- |
| 权重 | $W_1$ | $W_2$ | $W_3$ | $W_4$ | $W_5$ |

表中：$\sum_{i=1}^{5} W_i = 1$

对各权重指标评估后，使用获取的权重 $W_i$ 并与标准化后的数值相乘，再累加各商业中心的所得值，即能够得出各商业中心的总分值，即综合评判集 $B$。见表4-3。公式为：

$$B_{ij} = W_j \times P_{ij} = (W_1, W_2 \cdots W_j) \times \begin{pmatrix} P_{11} & \cdots & P_{1n} \\ \vdots & \ddots & \vdots \\ P_{m1} & \cdots & P_{mn} \end{pmatrix}$$

式中：$i = 1, 2, \cdots, n$，$j = 1, 2, \cdots, m$

特别地，这里 $j = 1, 2, \cdots, 5$
总得分为：

$$B'_i = \sum_{j=1}^{5} B_{ij}$$

表 4-3　　　　　　　　　　　商业网点分值评价表

| 网点区域 | $U_1$ | $U_2$ | … | $U_n$ |
|---|---|---|---|---|
| 总得分 | $B'_1$ | $B'_2$ | … | $B'_n$ |

按照各个商业网点中心区域的总得分值 $B'_i$，可将所选县域的 $n$ 个商业中心进行商业区的等级划分。划分标准见表 4-4。

表 4-4　　　　　　　　　县域商业网点中心区等级划分

| 商业网点中心区类型 | 分值 | 主要特征 |
|---|---|---|
| 县级主商业中心 | $B'_i \geq 0.8$ | 主要商业中心，为整个县域提供商业服务 |
| 乡镇级商业中心 | $0.5 \leq B'_i \leq 0.8$ | 乡镇政府所在主要交通要道，提供全镇主要商业服务 |
| 重点村商业中心 | $0 \leq B'_i \leq 0.5$ | 满足日用品使用，以小商店为主，承担区内农产品交换 |

由此可以用模糊数学综合评判法对所选商业中心进行等级分类，一般可将整个县域的商业中心分为三个等级：

第一级：分值 $B'_i \geq 0.8$，为县级主商业中心，一般位于已建成的交通便利的老城区，历史比较悠久，其商业氛围浓厚，商业基础扎实，经营状况良好，属于商业中心区域，为整个县域提供商业服务，是整个层次中最具活力的商业区域。也有县域区域面积较大的城区，设有县级副商业中心。

第二级：分值 $0.5 \leq B'_i \leq 0.8$，为乡镇级商业中心，一般以乡政府所在街道为商业中心，沿街道扩展，其商业业态完备，为整个乡镇所辖村提供商业服务。

第三级：分值 $0 \leq B'_i \leq 0.5$，为重点村级商业中心，主要满足日常生活用品的使用，以小商店为主，还可以承担在可达区内农产品的交换。

## 二、县域商业网点布局特征

通过对各省市所辖具有代表性的县域商业网点的情况的研究，可以发现我国县域商业网点的空间分布特征，具体如下：

（1）从县域的纵向统计来看，各业态商业网点在县城集中分布，向郊区分散，呈现相对集中的分布状。通过对样本进行研究，能够看出县城商业中心区域是县域商业网点的主要分布区域，一般显现出县级——乡镇级——重点村商业中心的三级空间发展层次。这三级商业中心自上而下构成等级，相辅相成。县级主商业中心一般位于已建成的交通便利的老城区，历史比较悠久，其商业氛围浓厚，商业基础扎实，经营状况良好，属于商业中心区域，为整个县域提供商业服务，是整个层次中最具活力的商业区域。通常而言，县域副商业中心多为地处县城新开发区域的新兴商业中心，具有较多的现代化、时尚气息，对年轻消费群体有更大的吸引力，为整个县域提供多功能的消费空间。乡镇级商业中心一般以乡政府所在街道为商业中心，沿街道扩展，其商业业态完备，为整个乡镇所辖村提供商业服务。重点村级商业中心主要满足日常生活用品的使用，以小商店为主，还可以承担在可达区内农产品的交换。

（2）从县域横向统计来看，各商业网点业态种类空间集聚具有差异性。在城市传统城区等人口聚集的区域，由于受到居民购物行为与实际需求的影响，逐步有更为完善的商业功能，从而出现商业网点聚集的情况。对于东部与中部地区的县域，由于其自身的商业功能不断健全，加之更为完善与丰富的商业业态影响，使得商业网点大量聚集。而西部地区由于经济发展水平比较落后，一些相应的商业网点建成数量缓慢，其商业网点较为分散。

（3）从商业网点数量方面来看，各县批发零售业和餐饮业为主体。按照商业网点布局规划的相关要求，必须保证商业业态的合理配比，所以需要对县域内各街道、各区域的情况有全面的了解，以其当前的业态为参照有机地对商业网点布局与商业业态配比进行分配，并确保科学有序地功能搭配、大小搭配。而按全国各县域各类商业网点数量统计情况看，所统计的12类商业网点中，批发零售业、餐饮业和住宿业占比例最大，各省市所辖县域比较分析效果也最明显，因此，从各县的商业网点数量统计业态结构来看，东、中、西部地区各县域均是以批发零售业网点数量占比最大，住宿业占比最小，餐饮业占比居中的业态结构。

（4）从商业网点经济效益来看，各业态种类中批发零售业经济效益最大。根据全国县域商业网点的点位数据可知道其空间分布位置。而在空间上，每一个相同的点都代表着不同的商业网点，其经济规模也不同，通过这些空间位置及网点数量的数据能精确到各类商业网点的多少、分布密度和空间集聚程度，但是不能看出每一类商业网点的实际产生的经济贡献，而利用统计资料可以完善上述不足。通过各商业业态具体的经营销售情况可以看出，批发零售业仍然在销售额方面处于领先。通过以上三类商业网点在销售额方面的结构可以看出，批发零售业仍然在东、中、西部各县域中处于领先地位，餐饮业居第二，住宿业居最后，所以以经济效益为基础的业态结构分布要偏态于基于网点数量的业态结构分布，批发零售业的商业网点产生的经济效益规模远大于餐饮业和住宿业。

## 第二节　县域商业网点布局差异的影响因素

### 一、GDP 对商业网点布局的影响

截至 2016 年，中国全部县域有 1897 个，各区域分布处于不同的经济发展水平，且其消费特点、市场特点也存在差异，无法有针对性地对细节内容予以阐述。对于各县域的商业布局而言，人均 GDP 的不同是重要的影响因素。

GDP 与居民的可支配收入有直接关联，而收入的不同则会对市场的规模、数目及类型产生重要影响。若是商业构成及规模不合理会导致其他负面影响及资源浪费。参见图 4-1、图 4-2。

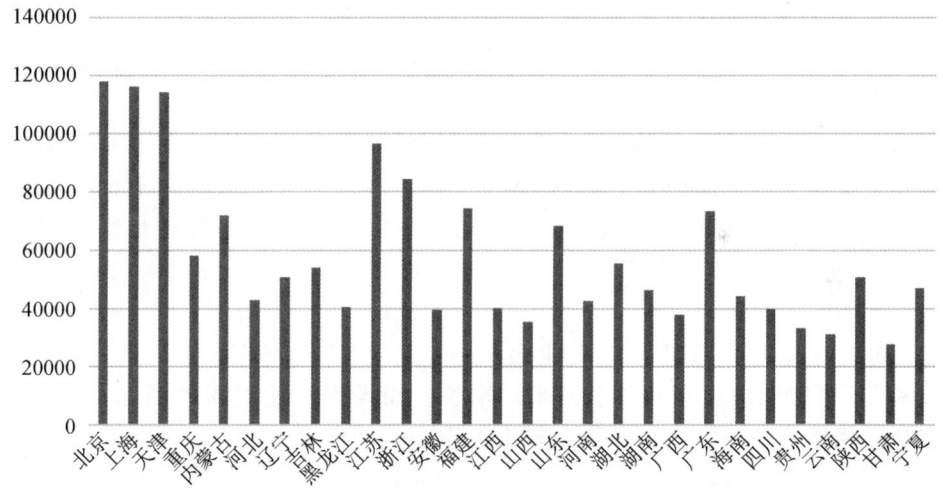

图 4-1　2016 年各省域人均 GDP（元）

从图 4-1 中能够看出，人均 GDP 与人均商业面积大致呈现出相关性。如果按地区分类对上述部分省域进行比较：

东部地区：

江苏：2016 年，共有超过 3200 万平方米的零售商业网点，居民人均有 1.6 平方米的零售商业面积。城镇化率高于全国平均水平，与日本的京都、大阪、东京等主要城市相接近。然而因郊区一定程度上存在的盲目发展零售商业网点的影响，预估江苏省居民在 2020 年将达到人均 2 平方米零售商业面积，相比于其

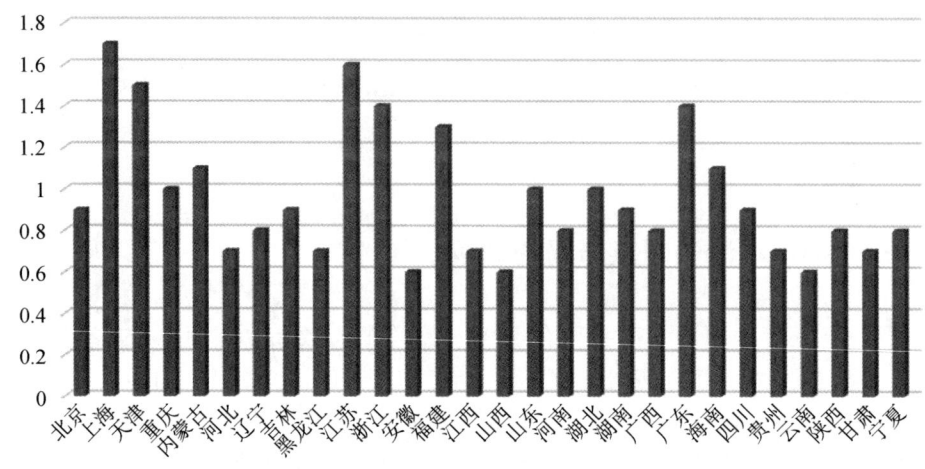

图 4-2　2016 年各省域人均商业面积（平方米）

在 2016 年的单位面积能够获取的 9100 元的产出效益，其在 2020 年的单位面积产出效率将下降为 8800 元。

广东：2016 年，人均有 1.4 平方米的商业面积，其中，1.08 平方米为零售商业面积，0.32 平方米为餐饮商业面积。

辽宁：人均大约具有 0.9 平方米的住宿业网点与商品交易市场营业面积。然而服务与餐饮业营业面积则仅为 0.35 平方米，相对较差。人均营业面积是对商业发达程度与设施规划的体现，相较而言，零售业要超出服务、餐饮业四五倍之多。

中部地区：

吉林：2013 年，吉林人均商业面积为 0.7 平方米，2016 年，该数值为 0.9 平方米，3 年时间内，有 0.2 平方米的增长。而人均商业面积的国际水平为 1.2 平方米，相比较之下，吉林省仍有较大的空间发展商业地产。

江西：服务、餐饮、零售的营业总面积为 86 万平方米，人均为 0.7 平方米。紧密关联居民日常生活的大众早餐店、便利店、维修家政、菜店、物料回收等则大都为微利亏损行业。

湖北：2016 年，人均有 1.0 平方米的商业面积。

西部地区：

云南：城市居民人均有 0.8 平方米的商业面积，而全省范围内人均只有 0.6 平方米的商业面积，与国际平均水平的 1.2 平方米相比，云南的人均商业面积明显过小。因云南经济实力的欠缺，加之城镇化水平的影响，政府在调控、规划方面存在不足，导致缺乏足够的商业物业总量。

通过上述对比能够看出，当前阶段，我国部分地区在自身 GDP 水平仍较低的情况下已然出现商业网点数量过剩的情况,包括部分具有繁荣商业的小城市及发达经济的省域。但是,这并不代表在商业网点上需要减少或停止建设的进度。不仅部分处于欠发达经济状态下的小城市对商业网点有较大需求,部分处于"过度发展"的地区也面临商业业态结构无法适用时代发展需要的情况,不能仅凭数量的多少进行评判。所以,应以人民的生活需求与生活水平作为确定城市商业规模的标准,也就表示密切地关联于居民的人均 GDP 水平。

## 二、人口因素对商业网点布局的影响

人口规模影响商业网点总量。从全国各地区人口规模、人口密度、新增商业网点规模及数量及相应的社会消费品零售总额来看,人口规模越大的地区,会出现越多的新商业网点。再就社会商品零售总额进行对比,越大的人口规模,就会出现越大的社会商品零售总额,相应地商业网点规模也就有更为显著的扩大趋势。

人口密度影响商业网点规模。经过选择东、中、西部地区县域的人口密度(县域人口密度=地区人口总数/县域平方公里数)、相应社会消费品零售总额等数据,笔者发现县域商业网点的布局规模受到人口密度的影响,且成正相关的关系,即有越高人口密度的地区,其相应地就会有越大的商业网点规模。

人口结构会对商业网点布局产生影响。人口结构不仅与经济存在极大关联,且寿命的延长、素质的提升、收入的增加都会极大地改变人口结构,而上述变化也会显著地改变商业网点输出的服务与商品,相应地就会改变商业的业态结构。譬如,在老龄化情况加剧的情况下,老年人占比正在上升,需要与之相适应的医疗保健机构也应当相应增加,提供医疗保健服务的商业网点数量和规模也将呈现上升趋势。

商业的繁荣需要以人为本,人是商业消费的主角,人的活动对商业网点空间布局的影响至关重要。参阅有关商业空间研究的文献,可以发现,无论是国内还是国外的学者在进行商业布局的研究时,都不会忽略消费者需求对于商业布局的影响。当人们的消费需求能够得到极大满足时,商业空间才会焕发出繁荣的活力。由于全球经济萎靡,挖掘居民消费潜力将会成为国家扩大内需的重点,国家明确提出三点要求:一是要增加收入,让群众"能"消费;二要健全社保体系,让群众"敢"消费;三要改善消费环境,让群众"愿"消费。因此,坚持以人为本,切实促进城与乡之间的互补、协调发展,保障县域居民收入稳步增长的同时,努力改善和提升广大县域的生产生活条件,不断释放县域居民的消费需求,成为保障县域商业经济持续健康发展的一大助力。居民的消费需求会随着社会经济的发展产生变化,那么以营利为目的的企业则会在揣摩消费者心理的同时,不断变化所提供的商品和服务，以迎合消费者的口味，为自己网罗更多的顾客，这就促成了商业业态的不断更新与发展，每一类业态的形成都是企业或商家与消费者共同"打造的"。像超市的兴起与发展，就是企业迎合了消费者渴望在同一地方进行自由挑选、一次性购齐、方便实惠的购物需求；同样，不同的消费者有着各自的口味，为了满足这种千差万别的消费需求，专卖店和专业店就应运而生了，它符合了消费者追求个性、名牌的消费心理。这些不同类型的业态，满足了消费者自身的消费需求，而企业与商家则从中获得了利润，二者互惠互利。当某一商业业态能够为消费者提供更多的满足感时（如省时、省力、省钱），那么顾客就会经常来此消费，同时此业态也会吸引更多的消费者。不难发现，一类业态或者一个企业的兴衰在很大程度上都取决于消费者所产生的这种消费需求拉动，需求越大则此类业态或企业的发展越快，需求变小时则此类业态或企业就会面临着衰败。随着社会经济的快速发展，县域居民的生活条件也变得越来越好，人们已不止满足于解决温饱的消费需求，对于日常的吃、穿、住、行也都有了更高的追求，如"吃"讲究健康、口感和新奇；"穿"讲究个性、品牌和时尚；"住"讲究环境、服务和舒适感等，人们的消费观念已发生了翻天覆地的变化，消费需求丰富多样，而商业业态也是花样百出。农村居民消费需求不断释放我国的人口以农村居民为主，虽然消费市场十分广阔，但其消费能力有限且增长缓慢，和城镇居民之间存在着不小的差距。按照政府工作报告表述，2008~2018年我国共转移了近9000万的农村人口，城镇化率由45.9%提高到了53.7%，城镇化进程也进入关键期，尤其是西部地区在未来很长的一段时间内将会处于城镇化深入发展阶段。根据测算，到2018年，近30年间我国城镇居民消费对经济的贡献和拉动作用显著，经济贡献率达到了30.3%，拉动作用则由2.1%上升至3.3%，我国农村居民消费总额达到27495亿元，年均增长率超过10%。每年由城镇化转型实现身份转变的农村居民达2000万~4000万人，可带来800万~2000亿元的消费需求。

## 三、交通因素对商业网点布局的影响

县域交通条件会极大地影响当地居民的消费理念、消费习惯，所以对县域商业网点的布局也将产生巨大的影响。此外，县域地区交通条件的变动也会显著地改变本地区的原有人口密度，在交通便捷的情况下会加剧人口的扩散，也就会改变商业网点的分布，进而极大地影响原有的商业体系，并且可能导致原有的商业中心逐步消亡。就商业中心来说，其发展的关键取决于交通条件，具有较高可达性、便捷性的商业中心往往能够获取更大的竞争优势，能够实现对更多人群、更大范围的辐射，进而获取更多的客流量。所以，交通条件的改善无疑是商业中心的重大利好。

交通状况包括交通条件和空间距离。通常而言，在前往零售单位有越长空间距离的情况下，相应地会减少前往该零售单位购物的家庭数量。若是市场区域具有较好的交通条件，对于消费者而言，则能够使他们出行所花费的空间费用减少、购物消耗的时间缩短；而对于零售单位来说，则会扩大其销售范围，也可能提升区位等级。在英国，若是项目具有较大规模，则都必须进行"顺序测试"。首先，对能否在城市中心区域实施该项目进行考量，若是不行，则移往中心区域的边缘（与中心地区有150公里距离的地区）考虑能否实施该项目，若是依然不行，才会考虑在较为偏远的地区实施该项目。会优先考虑处于车辆、巴士、地铁等的行驶路线上的交通枢纽地区。所以我们往往能够看到，有部分大型商业中心设立在重要交通枢纽的周边。

## 四、其他影响因素

影响县域商业网点布局的因素还有县域空间结构、土地价值因素、县域经济水平、县域人均 GDP 及消费能力与结构等。

县域空间结构是商业网点布局的重要影响因素，通常会在布局的过程中非常重视。由于城市的发展方向要受到地理环境的制约，因此所有商业网点的分布都要体现一个县域的整体规划和相应的发展空间，此时的商业网点布局要充分体现出政府在商业规划布局中的作用。

土地价值会对商业网点的布局产生直接影响。一般来说，城市的发展具有从内向外的趋势，城市中心区域成为商业中心，这里常住人口多、人流量大、基础设施完善、交通便利、人文素质水平高等，拥有最大规模的消费群体，最适合于组织和经验商业活动，商业企业也愿意担负较高的租金来租赁城市中心区域。所以，城市中心区域的土地价值远远高出其他区域，而土地成交价格高的地区通常也布置了更多的商业网点。

县域经济发展水平和县域人均 GDP 同样会对商业网点布局产生影响。通常来说，一个城市的经济水平决定了这座城市的商业繁荣程度，还会对商业网点的布局产生影响，随着县域经济水平的提高，有能力支撑起更大规模的商业体系，因此会建立更多、更密集的商业网点。

消费能力与结构影响商业网点布局。商业网点是面向于消费群体的，也只有具备了大规模的消费群体，才能支撑起现代化的商业网点。因此，居民的消费能力会对商业网点的局部产生影响，强大的消费能力意味着强劲的市场需求，这必然会带动起更多的商业网点。据相关统计，我国许多县域的人均消费性支出不断扩大，同时这些县域的商业网点规模也保持增长态势。此外，居民的消费结构会显著影响商业网点的业态结构,从而间接影响商业网点的布局。在经济学上,我们用恩格尔系数来显示居民消费结构,恩格尔系数越低,意味着该县域的居民消费结构正在发生变化,居民消费能力有所提高,这必然会同步推动商业业态的变化,这些也证明居民的消费结构对商业网点的布局有影响。

## 第三节 本章小结

本章采用模糊综合评价法分析了县域商业网点的等级特征。根据模糊数学综合评价方法,本章将县域商业网点划分成重点村级、乡镇级和县级等三级商业中心,之后依据模型评判等级,说明不同级别的商业网点所具有的不同特征。同时根据商业网点布局的这些特征归纳分析了县域商业网点布局的影响因素,它们分别为:GDP、人口因素、交通因素、土地价值因素、县域空间结构、县域经济水平、县域人均 GDP 及消费能力与结构。

# 第五章　城镇化发展水平与县域商业网点布局的关联分析

## 第一节　城镇化发展水平与县域商业网点布局互动与价值

### 一、城镇化发展水平与县域商业网点布局的关联基础

关联关系是物理学中的计量手段，是指相互影响的两个及以上系统之间存在的互动关系，相关度是对两个及以上系统之间内部作用及影响程度的测度。从系统角度看，城镇化发展水平与县域商业网点布局是社会经济系统的重要部分，两者相互作用彼此影响，而系统相关关系正是对这种相互协调发展作用的度量。县域商业网点布局是商业建设的重要组成部分，是提高城镇化发展水平的有效途径，商业网点布局优化能推动城镇化水平的提升，而城镇化水平的提高也推动着当地人口迁移和商业空间结构的转型，从而提高城镇化水平。一方面，城镇化建设为县域商业网点布局优化提供必要的需求空间。随着城镇化建设的推进，将会导致县域商业网点由原来的布局分散、业态结构不合理及不健全的市场向着与城镇化规模相适应的规模结构转变，城镇化水平的提高为县域商业网点空间布局优化提供基础和保障。另一方面，县域商业网点布局引导县域经济发展，其布局优化能满足县域人口消费需求，促进生活方式转变，作为城镇化建设的动力，能够提升城镇化质量。县域商业空间结构优化是县域经济发展的主要动力，在城镇化进程中的作用越来越突显，尤其是可以成为农村人口向城镇转移的巨大优势。我国的城镇化建设不仅包含数量和规模的增长，更包含质量与功能的提升。因此县域商业网点布局与城镇化水平具有相关性。

## 二、城镇化发展水平与县域商业网点布局的关联价值

从耦合协调理论及系统因子分析出发,县域商业网点布局与城镇化建设存在相互作用,可以形成耦合协调系统,县域商业网点布局与城镇化质量的相关关系是一个动态演化的过程,其协调发展能够给城乡经济带来较大的经济效益,定量测度"商业网点布局—城镇化建设"的相关度,通过系统内部各序参量之间的相互协同作用,演变出系统变化过程中的规律及特征,通过二者之间的互动变化及其动态关系,分析县域商业网点布局与城镇化质量建设之间的作用路径,从而实现县域商业网点布局与城镇化建设的相互协调发展。为判断二者协调发展交互演变的趋势以及系统相互协调的影响因素提供依据。

# 第二节 县域商业网点布局与地区城镇化质量耦合关联实证研究

## 一、系统评价指标构建

根据县城商业网点布局与城镇化发展水平的关联系统的内涵及其特征以及整体性、科学性、条理性等原则,参考相关文献,建立县域商业网点布局与城镇化质量综合测度指标体系。城镇化系统评价参量具有多方面含义,主要包含经济发展、人口迁移、空间转移、生活提高和城镇环境等五个方面。构建了由五个一级评价指标和九个二级评价指标构成的城镇化质量评价指标体系,其中经济发展水平是基础,人口迁移和商业空间扩张是现象,居民生活水平提高和环境生态良好是目标。依次设定经济城镇化、人口城镇化、空间城镇化、功能城镇化和城镇环境的相关评价指标。经济城镇化方面,除了设定人均国内生产总值为评价指标,还设定了评价经济城镇化的一个合适而重要的指标——非农产业产值占比。吉昱华等通过实证研究发现,将第二、第三产业作为一个整体时,商业空间集聚效益才显著。洪银兴认为,非农产业所占比重是反映市场化与社会分工的本质的评价指标,是反映城镇化功能提升的"质"的因素。空间城镇化设定城市人口密度指标,功能城镇化设定城镇居民人均住房面积和每万人拥有医生数两个评价指标。县域商业网点布局的评价主要是从县域商业的集聚水平及发展规模两个维度进行考量。构建了由两个一级指标和两个二级指标构成的县域商业网点布局质量

评价指标体系，其中集聚水平包括产业的区域集聚水平，也包括行业内的社会消费，由商业网点的空间集聚带动相应地区的社会消费品总额的增加，发展规模主要由相应地区的商业社会消费品总额占比来测度，Teller 等认为商业网点集聚现象不论对于管理型的购物中心或是自然型的商业街，各个参与主体都会从集聚中获得的协同效应带来好处。据此，本书从全国各省域和产业层面出发，构建了反映县域商业网点布局质量的集聚水平与发展规模指标体系。具体地，以全国各省县域社消额与相应地区社消额比值来衡量县域商业网点的集聚水平，以县域社消额占相应地区 GDP 之比来测度县域商业网点发展规模。

## 二、数据样本选择

据本书所选指标数据的可得性和完整性，由于西藏、新疆、青海和港澳台地区经济环境和背景与其他地区差异过大，从样本中剔除，本书通过收集 2010 ~ 2015 年中国 28 个省份的县域地区城镇化发展指标数据与县域商业网点布局质量指标数据，对其进行耦合关联关系的实证研究。文章所选取数据均来源于 2011 ~ 2016 年《中国统计年鉴》《中国第三产业统计年鉴》及全国各省统计年鉴及相关统计数据。统计数据包括：各省人均 GDP、第二、第三产业占比、人口城镇化率、三产从业人员占比、城市人口密度、人均住房面积、各省的县域社消额及相应的地区社消额与县域 GDP 等。

## 三、城镇化发展水平指标评价因子分析

因子分析（Factor Analysis）是用少量的因子来表述多个因素的关联性，是典型的多变量分析方法。把相关性强的几个变量归入同一类中，这些变量就是不同的因子，能够保证原资料的信息。采用因子分析法，能够快捷地确定几个变量之间的关联关系以及它们相互协调发展的紧密度。以中国 28 个省份为研究基础，通过统计年鉴计算表 5 - 1 中相关数据，利用 SPSS 相关统计软件，采用因子分析方法对城镇化质量进行分析如下：

经过检验"城镇化质量"各项二级评价指标 Kaiser - Meyer - Olkin 检验值均大于 0.6，显示各变量适宜进行变量消减处理；同时，各年的巴特利特球度检验值都低于 0.05，因此原假设不成立，抽样数据存在明显的线性关系，能够作为因子分析的基础数据。参见表 5 - 2。

因子提取方法选取主成分分析法，经过多次实证每一年的数据均可从"城镇化质量"评价指标体系九个二级指标当中最终提取出 2 个因子。各年因子得分计算结果由公式（5 - 1）得出，其中 $F_{it}$ 表示"城镇化质量"评价的最终得分，$F_{1t}$

表 5-1　　　　　　　"城镇化水平—县域商业网点布局"指标体系

| | 一级指标 | 二级指标 |
|---|---|---|
| 城镇化水平 | A1 经济城镇化 | A11 人均 GDP |
| | | A12 非农产业增加值占 GDP 的比重 |
| | A2 人口城镇化 | A21 人口城镇化率 |
| | | A22 第三产业从业人员比重 |
| | A3 空间城镇化 | A31 城市人口密度 |
| | A4 功能城镇化 | A41 城镇居民人均住房面积 |
| | | A42 每万人拥有医生数 |
| | A5 城镇环境 | A51 城市生活垃圾无害化处理率 |
| | | A52 环保投入占 GDP 的比重 |
| 县域商业网点布局质量 | B1 集聚水平 | 县域社销额与地区社销额之比 |
| | B2 发展规模 | 县域社销额与地区 GDP 之比 |

表 5-2　　　　　　　　　　　相关性检验

| 检验类型 | 2011 年 | 2012 年 | 2013 年 | 2014 年 | 2015 年 |
|---|---|---|---|---|---|
| KMO 检验 | 0.674 | 0.773 | 0.661 | 0.744 | 0.812 |
| 巴特利特球度检验 | 0.044 | 0.031 | 0.009 | 0.071 | 0.083 |

和 $F_{2t}$ 分别表示因子 1 和因子 2 的得分，$a_1$ 和 $a_2$ 分别表示因子 1 和因子 2 的贡献水平或影响系数。以表 5-3 中 2015 年的数据实证结果为例，因子 1 和因子 2 的因子贡献率分别是 38.605% 和 35.024%，二者的二方差累计贡献率为 73.629%，这意味着因子 1 和因子 2 具有代表性，能够反映原资料的大部分信息，只有较少的信息被丢失。由于篇幅原因，2011~2015 年各年数据方差分析和因子得分结果并不逐一在文中呈现，仅对 2015 年实证结果进行列示。

$$F_{it} = a_1 F_{1t} + a_2 F_{2t} \tag{5-1}$$

## 四、县域商业网点布局与城镇化发展水平关联关系分析

根据 2011~2015 年面板数据构建"县域商业网点布局质量"与"城镇化质量"关联关系分析模型。将衡量城镇化质量的因子得分 $F_{it}$ 作为被解释变量，将表示县域商业网点布局质量的变量，"$LS_{it}$ 县域社销额与地区社销额之比,"

和"$LQ_{it}$ 县域社销额与地区 GDP 之比"作为解释变量,构建面板分析结构方程如公式(5-2)所示。式中,$u_{it}$ 表示随机误差项,$α_{it}$ 表示模型的常数项(见表 5-4)。

表 5-3　　　　　　　　　　2015 年数据方差分析结果

| 成分 | 初始特征值 | | | 提取平方和载入 | | | 旋转平方和载入 | | |
| --- | --- | --- | --- | --- | --- | --- | --- | --- | --- |
| | 合计 | 方差(%) | 累计方差(%) | 合计 | 方差(%) | 累计方差(%) | 合计 | 方差(%) | 累计方差(%) |
| 1 | 3.731 | 40.607 | 40.607 | 3.731 | 40.607 | 40.607 | 3.547 | 38.605 | 38.605 |
| 2 | 2.965 | 32.270 | 72.877 | 2.965 | 32.270 | 72.877 | 3.218 | 35.024 | 73.629 |
| 3 | 1.355 | 14.745 | 87.622 | | | | | | |
| 4 | 0.837 | 9.110 | 96.732 | | | | | | |
| 5 | 0.143 | 1.556 | 98.288 | | | | | | |
| 6 | 0.091 | 0.990 | 99.268 | | | | | | |
| 7 | 0.029 | 0.316 | 99.578 | | | | | | |
| 8 | 0.023 | 0.250 | 99.818 | | | | | | |
| 9 | 0.014 | 0.152 | 100.000 | | | | | | |

表 5-4　　　　　　　　　　2015 年数据因子得分

| 序号 | 省份 | $F_{i2015}$ | 因子 1 | 因子 2 | 序号 | 省份 | $F_{i2015}$ | 因子 1 | 因子 2 |
| --- | --- | --- | --- | --- | --- | --- | --- | --- | --- |
| 1 | 上海市 | 3.455 | 0.782 | 2.673 | 15 | 吉林省 | -1.201 | -0.951 | -0.249 |
| 2 | 江苏省 | 2.338 | 0.279 | 2.059 | 16 | 河北省 | -1.202 | -1.520 | 0.319 |
| 3 | 天津市 | 2.244 | 0.990 | 1.255 | 17 | 山西省 | -1.217 | -1.217 | 0.000 |
| 4 | 北京市 | 1.584 | 0.912 | 0.672 | 18 | 四川省 | -1.248 | -1.248 | 0.000 |
| 5 | 浙江省 | 0.143 | -0.069 | 0.212 | 19 | 江西省 | -1.305 | -1.305 | 0.000 |
| 6 | 辽宁省 | -0.242 | -0.490 | 0.247 | 20 | 贵州省 | -1.320 | -1.320 | 0.000 |
| 7 | 福建省 | -0.370 | -0.394 | 0.024 | 21 | 黑龙江省 | -1.381 | -1.380 | -0.001 |
| 8 | 广东省 | -0.407 | -0.407 | 0.000 | 22 | 陕西省 | -1.456 | -1.456 | 0.000 |
| 9 | 山东省 | -0.533 | -0.527 | -0.006 | 23 | 宁夏 | -1.478 | -1.462 | -0.016 |
| 10 | 湖南省 | -0.703 | -0.268 | -0.436 | 24 | 广西 | -1.512 | -1.512 | 0.000 |
| 11 | 重庆市 | -0.928 | -0.928 | 0.000 | 25 | 内蒙古 | -1.527 | -1.484 | -0.044 |
| 12 | 湖北省 | -0.986 | -0.987 | 0.001 | 26 | 海南省 | -1.695 | -1.695 | 0.000 |
| 13 | 安徽省 | -1.078 | -1.078 | 0.000 | 27 | 云南省 | -1.724 | -1.724 | 0.000 |
| 14 | 河南省 | -1.080 | -1.376 | 0.295 | 28 | 甘肃省 | -1.822 | -1.822 | 0.000 |

$$F_{ut} = \alpha_{it} + \beta_{it}^1 LS_{it} + \beta_{it}^2 LQ_{it} + u_{it} \quad i = 1, 2, \cdots, 28; \quad t = 1, 2, \cdots, 5 \quad (5-2)$$

首先，对面板数据模型当中各变量的平稳性和协整状况进行分析，然后，进一步对模型估计结果进行单位根和协整检验，用以证实面板数据模型估计不会出现"伪回归"现象。相关检验结果汇总于表5-5。

表 5-5　　　　　　　　面板数据模型估计单位根检验结果

| 变量 | LLC 检验概率 | PROB 检验概率 | PROB 检验概率 | PROB 检验概率 |
| --- | --- | --- | --- | --- |
| $F_{it}$ | 0.0135 | 0.0000 | 0.0006 | 0.0000 |
| $LS_{it}$ | 0.0591<br>(0.0004) | 0.6341<br>(0.0013) | 0.9335<br>(0.0382) | 0.3614<br>(0.0117) |
| $LQ_{it}$ | 0.0016 | 0.0043 | 0.0587<br>(0.0075) | 0.0525<br>(0.0000) |

分析可知，$F_{it}$ 变量的单位根检验概率全部通过了 0.01 置信水平检验，意味着它们是平稳的时间序列；而 $LQ_{it}$、$LS_{it}$ 等变量没有通过 0.01 置信水平检验，证实它们是非平稳序列，但它们的一阶差分（括号内为变量一阶差分变量的检验概率）均通过了 0.01 置信水平水平单位根检验，由此可知以上三个变量是 $I(1)$ 的，即是存在一阶单整关系的。

在对模型进行估计时，需要分析通过协方差分析检验计算的 $F$ 统计量，然后设定选用的形式。我们用 $N$ 表示界面成员数量、$T$ 表示界面数据时期、$k$ 表示解释变量个数，相关的检验结果汇总于表 5-6。

表 5-6　　　　　　　　协方差分析检验 F 统计量计算结果

| $N$ | 28 | $T$ | 5 | $k$ | 2 |
| --- | --- | --- | --- | --- | --- |
| $S_1$ | 1.100545 | $S_2$ | 3.178475 | $S_3$ | 4.152962 |
| $F_2$ 统计量 | 1.0577 | F(81, 56)<br>各置信水平<br>临界值 | $F_{0.1}(81, 56)$<br>1.38 | $F_{0.05}(81, 56)$<br>1.52 | $F_{0.01}(81, 56)$<br>1.81 |
| $F_1$ 统计量 | 11.3382 | F(12, 4)<br>各置信水平<br>临界值 | $F_{0.1}(54, 56)$<br>1.42 | $F_{0.05}(54, 56)$<br>1.56 | $F_{0.01}(54, 56)$<br>1.88 |

由表 5-6 可知，$F_2$ 值小于 0.01，0.05 和 0.1 各个置信水平检验的临界值接受原假设，说明样本数据适宜进行不变系数模型估计。参数估计及部分检验结果如表 5-7。

表 5-7　　面板数据模型估计参数及部分检验结果

| 变量 | 系数 | $t$ 检验概率 |
| --- | --- | --- |
| $LS_{it}$ | 0.8731 | 0.0380 |
| $LQ_{it}$ | 0.5604 | 0.0274 |
| $\alpha_{it}$ | -0.3388 | 0.0229 |
| $R^2$ | 调整 $R^2$ | |
| 0.6571 | 0.6089 | |

分析可知，回归模型和解释变量系数都通过了 0.05 置信水平的假设检验，证实二者存在良好地显著性。另外，$R^2$ 和调整 $R^2$ 值都高于 0.6，表明具有较好的拟合效果。因此，数据回归模型可以进一步表示为如下形式：

$$F_{ut} = -0.3388 + 0.8731 LS_{it} + 0.5604 LQ_{it} \quad i = 1,2,\cdots,28;\ t = 1,2,\cdots,5 \quad (5-3)$$

我们可以得出结论：县域商业网点布局质量的提高对于地区城镇化质量的提高有着重要的影响作用，"$LS_{it}$，县域社销额与地区社销额之比"和"$LQ_{it}$，县域社销额与地区 GDP 之比"均与"$F_{it}$，地区城镇化质量水平"呈现显著的正相关关系。每当县域社会消费品零售总额与地区社会消费品零售总额之比提高 1 个百分点则地区城镇化质量则相应提高 0.8731 个百分点，若县域社会消费品零售总额与地区生产总值之比提高 1 个百分点则地区城镇化质量则相应提高 0.5604 个百分点。

## 五、实证分析结果

县域商业网点布局质量与城镇化发展的良性关联发展是地区商业可持续发展的前提，这是因为它们具有强烈的关联性，只有协调好二者的关系，形成良性互动机制，才能助力于县域的工业化、城镇化。本章依据因子分析及关联关系分析方法及相关理论，建立了"城镇化发展水平—县域商业网点布局质量"系统耦合关联发展的指标体系，根据 2011~2015 年面板数据，结合中国 28 个省份实际情况进行实证分析了城镇化质量与县域商业网点布局的互动发展的状况，研究结果表明，县域商业网点布局质量与城镇化质量之间存在着显著的正相关关系。本书通过实证研究分析得到如下主要结论：

（1）城镇化发展与县域商业网点布局质量之间的关联程度具有较大的地区差异。商业网点分布的优化与集中更倾向于在 GDP 和居民平均收入较高的地区集聚。而我国中西部地区的经济社会发展水平明显落后于东部地区，促使在城镇化质量与县域商业网点布局的耦合关联互动方面，东部地区领先于中部地区，而中部地区领先于西部地区。从相关指标的综合角度来分析，中西部地区的城镇化质量与县域商业网点的布局质量还没能建立起良性的、活跃的协同效果，二者的关联性差，造成这种情况的原因，早期是因为中西部县域的城镇化程度低，经过多年的发展，这一原因转变为县域商业网点布局的滞后，东部地区主要是由于近年来县域商业网点布局优化发展滞后于城镇化进程所致。目前，中国城镇化质量与县域商业网点布局质量的互动并不很理想，二者在耦合关联发展中还处于磨合阶段。

（2）城镇化、县域商业网点布局质量及其关联程度在研究时期内均有一定程度的提升，其中二者关联程度上升幅度较大。2011~2015年县域商业网点布局与城镇化质量关联度呈现出东高西低的空间趋势。以上研究成果是在一类单一指标测度下发现的，这些为后续研究更为细致地刻画两者之间的联动机制。

（3）城镇化水平与县域商业网点布局质量的关联互动还会"时空变迁"，某些县域初步打造出协同互动的态势。在发展的初期，受到多种因素的限制和影响，多数县域的城镇化水平与县域商业网点布局质量的关联互动关系较弱，这强烈影响县域的城镇化建设和商业网点布局的发展。在后续发展中，各县域的城镇化质量不断提升，同时县域商业网点布局也得以优化，因此二者的联动关系有所加强和改善，整体上表现出"时变性"。另外，以上所述的发展形势还表现出空间分布的不平衡特征，整体上表现出由北向南、由西向东的发展格局。在城镇化质量与县域商业网点布局互动发展的同时，二者在各地区逐渐形成越来越强的关联度。

## 第三节 本章小结

本章运用因子分析法的主成分分析法分析了中国28个省份的县域城镇化水平与商业网点布局的关联性，得出可靠的分析结果。分析了城镇化水平与县域商业网点布局之间互动与关联价值；应用因子分析法实证分析了城镇化发展水平指标评价，并对县域商业网点布局与城镇化发展水平做了关联分析，得出结论：县域商业网点布局质量的提高对于地区城镇化质量的提高有着重要的影响作用，"$LS_{it}$，县域社销额与地区社销额之比"和"$LQ_{it}$，县域社销额与地区GDP之比"均与"$F_{it}$，地区城镇化质量水平"呈现显著的正相关关系。每当县域社会消费品零售总额与地区社会消费品零售总额之比提高1个百分点则地区城镇化质量则相应提高0.8731个百分点，若县域社会消费品零售总额与地区生产总值之比提高1个百分点则地区城镇化质量则相应提高0.5604个百分点。据此可知，不同地区的县域商业网点布局质量与该地区的城镇化发展水平之间的关联程度存在较大地差别；城镇化、县域商业网点布局质量及其关联程度在研究时期内均有一定程度的提升，其中二者关联程度上升幅度较大；此外，城镇化发展水平与县域商业网点布局质量的关联互动表现出"时空变迁"的特征，一些省份基本出现协同互动的态势。

# 第六章　县域商业网点的总量控制和微观布局优化研究

## 第一节　县域商业网点的总量控制研究

通过前面对我国县域商业网点布局现状及问题的相关研究，可以看到目前县域商业网点布局存在许多不合理之处。本章将采用指标评价方法来评估全国 28 个省县域商业网点的总量，并验证中国现行商业网点布局总量存在的问题，便于提出优化县域商业网点布局结构的建议，对县域商业网点布局总量控制的实证分析与研究对商业网点布局优化具有十分重要的意义。本章以 2016 年全国 28 个省的县域商业网点为研究对象，选用模糊综合评价法对商业网点布局的总量控制进行数量分析，进而提出地区县域商业网点合适数量。

### 一、总量指标体系的构建

要构建出县域商业网点布局总量的指标体系，所选取的指标必须具有合理性、代表性，这是确定商业网点数量的前提，指标选取必须依据县域商业网点布局的直接影响因素，并且能够恰当地反映县域商业网点总量的布局状况，选取时尽量使各指标易于得到并被广泛使用。因此本书从地区经济水平、消费能力和结构、人口因素、交通因素这四个主要方面对全国县域商业网点数量进行研究和实证。

地区经济水平主要预选指标有人均 GDP、GDP 增长率、区域居民可支配收入、规模以上商业企业数、社会消费品零售总额以及区域内土地平均单价；消费能力和结构预选指标为区域居民人均消费支出、食品支出占总支出比重及城乡居民储蓄增长率；人口因素预选指标为地区人口总量、人口增长率以及人口密度；交通因素预选指标为客运量及旅客周转量。初步选取指标如表 6-1 所示。

表 6-1　　　　　　商业网点布局总量控制预选指标体系

| 一级指标 | | 二级指标 |
|---|---|---|
| 商业网点布局总量 | $A_1$ 地区经济水平 | $A_{11}$ 人均 GDP |
| | | $A_{12}$ GDP 增长率 |
| | | $A_{13}$ 区域居民人均可支配收入 |
| | | $A_{14}$ 规模以上商业企业数量 |
| | | $A_{15}$ 社会消费品零售总额 |
| | | $A_{16}$ 区域内土地平均单价 |
| | $B_1$ 消费能力和结构 | $B_{11}$ 区域居民人均消费支出 |
| | | $B_{12}$ 食品支出占总支出比重 |
| | | $B_{13}$ 城乡居民储蓄增长率 |
| | $C_1$ 人口因素 | $C_{11}$ 地区内人口总量 |
| | | $C_{12}$ 人口增长率 |
| | | $C_{13}$ 人口密度 |
| | $D_1$ 交通因素 | $D_{11}$ 客运量 |
| | | $D_{12}$ 旅客周转量 |

## 二、指标的相关性分析

县域商业网点布局的总量控制的各指标间也可能会有小幅度的联系，存在相关性，这样会使指标所说明的问题和信息出现重叠性或不准确性，不能更好地得出县域商业网点布局的总体数量控制状况。因此，本书研究中为了消除所选指标的相关性对县域商业网点布局总量控制的最终评价体系产生的影响，要对上述所选指标做出相应的相关性分析，得出各指标间的相关性系数，从而剔除相关性较强的指标，最终得到综合评价指标体系，本部分运用 SPSS20.0 软件做因子分析，选出主因子。

### （一）地区经济水平因子分析

地区经济水平（用 $A_1$ 表示），主要考察人均 GDP（用 $A_{11}$ 表示）、GDP 增长率（用 $A_{12}$ 表示）、区域居民人均可支配收入（用 $A_{13}$ 表示）、规模以上商业企业数（用 $A_{14}$ 表示）、社会消费品零售总额（用 $A_{15}$ 表示）以及区域内土地平均单价（用 $A_{16}$ 表示）等指标的相关性。从表 6-2 中可以看出，只有人均 GDP 和 GDP 增长率两个因子的特征值大于 1，而且这两个因子的特征值之和占总特征值的

83.268%，因此，提取前两个因子作为主因子，所以选用这两个指标来代表地区经济水平因素。参见表6-2。

表6-2　　　　　　　　　地区经济水平因子贡献率表

| 成分 | 初始特征值 | | | 提取平方和载入 | | |
| --- | --- | --- | --- | --- | --- | --- |
| | 合计 | 方差的（%） | 累积的（%） | 合计 | 方差的（%） | 累积的（%） |
| A11 | 4.653 | 65.800 | 65.800 | 4.653 | 65.800 | 65.800 |
| A12 | 2.135 | 15.469 | 83.268 | 2.135 | 15.469 | 83.268 |
| A13 | 0.955 | 12.872 | 96.421 | | | |
| A14 | 0.326 | 3.144 | 98.205 | | | |
| A15 | 0.076 | 0.971 | 99.417 | | | |
| A16 | 0.057 | 0.836 | 100.00 | | | |

提取方法：主成分分析

（2）消费能力和结构

消费能力和结构（用 $B_1$ 表示）主要考察区域居民人均消费支出（用 $B_{11}$ 表示）、食品支出占总支出比重（用 $B_{12}$ 表示）、城乡居民储蓄增长率（用 $B_{13}$ 表示）这三个指标之间的相关性。从表6-3中可以看出，城乡居民储蓄增长率与区域居民人均消费相关度较高，而另外两个指标及与其他指标的相关性均小于0.5，因此消费能力和结构指标选取可用区域居民人均消费支出和食品支出占总支出的比重来代表。

表6-3　　　　　　　消费能力和结构因素相关性分析表

| | $B_{11}$ | $B_{12}$ | $B_{13}$ |
| --- | --- | --- | --- |
| B11 | 1.0000 | | |
| B12 | 0.4217 | 1.0000 | |
| B13 | -0.7134 | -0.3712 | 1.0000 |

（3）人口因素和交通因素因子分析

人口因素（用 $C_1$ 表示）主要考察地区内人口总量（用 $C_{11}$ 表示）、人口增长率（用 $C_{12}$ 表示）及人口密度（用 $C_{13}$ 表示）这三项指标的相关性。交通因素（用 $D_1$ 表示）主要考察客运量（用 $D_{11}$ 表示）和旅客周转量（用 $D_{12}$ 表示）两项指标的相关性。其考察方法与表6-3相同，此处不再赘述，结果显示人口因素指标之间相关性均小于0.6，三项指标均可以代表人口因素。交通因素指标之间相关性为0.25，相关性较小，因此，可以选取客运量和旅客周转量这两个指标来代表交通因素。

## 三、指标体系及样本描述

由上小节对所选取指标的相关性描述与分析，可以最终确定县域商业网点布局问题控制的指标体系。如表 6-4 所示。

表 6-4　　　　　　　商业网点布局总量控制指标体系

| | 一级指标 | 二级指标 |
|---|---|---|
| 商业网点布局总量 | 地区经济水平 | 人均 GDP |
| | | GDP 增长率 |
| | 消费能力和结构 | 区域居民人均消费支出 |
| | | 食品支出占总支出的比重 |
| | 人口因素 | 地区内人口总量 |
| | | 人口增长率 |
| | | 人口密度 |
| | 交通因素 | 客运量 |
| | | 旅客周转量 |

由于一些地区数据的缺失，因此在指标选取时剔除了新疆、青海和西藏地区的县域，本书选取了 2016 年全国 28 个省区的 1685 个县域为研究样本，数据来源于《中国统计年鉴》《中国商务年鉴》及《中国县域统计年鉴》。从表 6-5 中可能看出，各指标间差距比较大。全国各地区的人均 GDP 有很大差距，其中北京、上海和天津的人均 GDP 超过了 11 万元，而甘肃的人均 GDP 最低为 2.76 万元，黑龙江的人均 GDP 为 4.05 万元，两个地区均低于全国平均水平（为 5.38 万元）。GDP 增速指标中，全国增速最低为山西是 1.27%，增速最高的是重庆和贵州，分别为 11.72% 和 11.73%。其他各项指标均可以说明全国贫富差距较大，东、中、西部发展不均衡，将会导致全国各省及其所辖县域的商业网点布局存在比较大的差异性。

表 6-5　　　　　　　　指标样本描述性统计

| 指标 | 单位 | 最小值 | 最大值 | 平均值 | 标准差 |
|---|---|---|---|---|---|
| 人均 GDP | 万元 | 2.76 | 11.8 | 5.38 | 4.35 |
| GDP 增长率 | % | 1.27 | 11.73 | 7.99 | 6.87 |
| 人均消费支出 | 万元 | 0.88 | 3.75 | 1.71 | 1.38 |
| 食品支出占总支出比重 | % | 28 | 45 | 35 | 31 |

续表

| 指标 | 单位 | 最小值 | 最大值 | 平均值 | 标准差 |
| --- | --- | --- | --- | --- | --- |
| 地区内人口总量 | 万人 | 310.00 | 14230.00 | 4379.20 | 2937.83 |
| 人口增长率 | % | 0.43 | 11.25 | 5.56 | 2.97 |
| 人口密度 | 人/平方公里 | 2.54 | 3768.57 | 467.32 | 687.50 |
| 客运量 | 万人 | 9786 | 546218 | 136408 | 10672.27 |
| 旅客周转量 | 亿人×公里 | 34.30 | 3405.30 | 896.52 | 654.80 |

数据来源：《中国统计年鉴2017》及国家统计局网站数据。

## 四、指标权重的测度

对县域商业网点布局的总量控制的评价中，各项指标对商业网点总量都有着不同的含义，而且对各商业网点布局的影响程度也是存在差异的。而这种差异性要得以体现，则必须要对所选取的各项指标赋以权重的测度，从而使所列各项指标对县域商业网点布局总量的影响程度得以体现，如果对各项指标不做权重测度，将会使评价模型得出的结果与现实情况不相符，且偏差较大，甚至会与实际经济情况完全背离。因此，指标权重测度尤为重要。采用熵权法测度权重能够把所选取的多个指标决策中的各个方案的信息和决策者的主观判断信息进行定量并做系统判断，得出指标集中的各项目基于熵的相对优异性量化评价指数。因此本书选用熵权法对县域商业网点总量控制指标的权重进行测度。

### （一）熵权确定权重公式

构建样本的指标特征值矩阵 $X$，（如公式 6-1 所示）。

$$X = (x_{ij}) = \begin{bmatrix} x_{11} & \cdots & x_{1n} \\ \vdots & \ddots & \vdots \\ x_{m1} & \cdots & x_{mn} \end{bmatrix} \quad (6-1)$$

式中：$n$ 表示样本数，$m$ 表示指标数。

在模糊综合评价的研究中，由于所选指标的数量级单位都是不一致的，这样会使每个指标之间存在着不可同时相比和使用性，这种指标的数值及单位之间的不同会给最终的综合评价对结果造成影响，因此，要剔除这些影响，就要对各项指标进行无量纲化处理，通常选用阈值法，如公式6-2和公式6-3所示。

正向指标：

$$x_i = \frac{x_{ij} - x_{jmin}}{x_{jmax} - x_{jmin}} \quad (6-2)$$

负向指标：

$$x_i = \frac{x_{jmax} - x_{ij}}{x_{jmax} - x_{jmin}} \quad (6-3)$$

接下来测算第 $j$ 个指标下的第 $i$ 个地区的指标值在该指标中所占的比重：

$$f_{ij} = \frac{x_{ij}}{\sum_{i=1}^{m} x_{ij}} (i \in [1,m], j \in [1,n]) \quad (6-4)$$

再测算第 $j$ 个指标的熵值：

$$H_j = \frac{\sum_{i=1}^{m} f_{ij} \ln f_{ij}}{\ln(n)} (H_j \geq 0, i \in [1,m], j \in [1,n]) \quad (6-5)$$

特别地，当 $f_{ij} = 0$，那么 $\lim_{i \to 0, j \to 0} f_{ij} \ln f_{ij} \to 0$，最后，对第 $j$ 个指标的差异性系数和权重进行测算。对于第 $j$ 个指标，指标值的差异越大，对方案的评价作用就越大，熵值就越小。定义第 $j$ 个指标的差异性系数 $g_j = 1 - H_j$，则第 $j$ 个指标的权重：

$$w_j = \frac{g_j}{\sum_{j=1}^{n} g_j} \quad (6-6)$$

式中，$j \in [1,n]$

**（二）对指标数据进行标准化处理**

为研究方便，本书设定人均 GDP（$x_1$）、GDP 增长率（$x_2$）、区域居民人均消费支出（$x_3$）、食品支出占总支出的比重（$x_4$）、地区内人口总量（$x_5$）、人口增长率（$x_6$）、人口密度（$x_7$）、客运量（$x_8$）和旅客周转量（$x_9$）。根据公式（6-2）和（6-3），对上述相关指标做无量纲标准化处理，结果如表6-6所示。

**（三）熵值确定和计算熵权**

首先根据公式（6-4）计算 $f_{ij}$（见表6-7），然后由公式（6-5）计算熵值 $h_j$，得出结果：$h_j$ =（0.9078, 0.9234, 0.9123, 0.9421, 0.9371, 0.8277, 0.9657, 0.8873, 0.9166）。

最终由公式（6-6）计算得出熵权系数为：$\omega$ =（$x_1, x_2, x_3, x_4, x_5, x_6, x_7, x_8, x_9$）=（0.1158, 0.0623, 0.1672, 0.0574, 0.0831, 0.0547, 0.2563, 0.1054, 0.0978）。从表6-8能够看到，人均 GDP、居民人均消费支出和人口密度这三个指标的权重系数比较大，表中所得数据说明人均 GDP、居民人均消费支出和人口密度指标对县域商业网点布局总量问题存在较大的影响。符合现实情况，比如人均 GDP，县域商业网点数量在很大程度上与地区商业的空间和经营效益相关，当一个县域的 GDP 越大时，其经济发展水平就越高，从而居民手中财富就越多，对当地的商业来说就越发达，从而该地区的商业网点数量也就越多。

表 6-6　　　　　　　　　商业网点布局总量指标标准化结果

| | | $x_1$ | $x_2$ | $x_3$ | $x_4$ | $x_5$ | $x_6$ | $x_7$ | $x_8$ | $x_9$ |
|---|---|---|---|---|---|---|---|---|---|---|
| 东部地区 | 北京 | 0.287 | 0.000 | 0.387 | 0.299 | 0.214 | 0.251 | 0.307 | 0.265 | 0.183 |
| | 天津 | 0.197 | 1.000 | 0.097 | 0.164 | 0.124 | 0.089 | 0.265 | 0.057 | 0.117 |
| | 河北 | 0.374 | 0.326 | 0.398 | 0.141 | 0.670 | 0.530 | 0.124 | 0.176 | 0.542 |
| | 辽宁 | 0.401 | 0.458 | 0.372 | 0.135 | 0.397 | 0.000 | 0.092 | 0.211 | 0.423 |
| | 上海 | 0.376 | 0.000 | 0.354 | 0.328 | 0.182 | 0.169 | 0.877 | 0.008 | 0.086 |
| | 江苏 | 0.899 | 0.342 | 0.564 | 0.322 | 0.675 | 0.310 | 0.212 | 0.467 | 0.754 |
| | 浙江 | 0.601 | 0.231 | 0.566 | 0.341 | 0.498 | 0.476 | 0.167 | 0.576 | 0.569 |
| | 福建 | 0.340 | 0.512 | 0.229 | 0.213 | 0.339 | 0.590 | 0.069 | 0.146 | 0.225 |
| | 山东 | 0.862 | 0.218 | 0.507 | 0.181 | 0.907 | 0.486 | 0.197 | 0.532 | 0.662 |
| | 广东 | 1.000 | 0.234 | 0.997 | 0.267 | 1.000 | 0.656 | 0.168 | 0.966 | 1.000 |
| | 海南 | 0.037 | 0.798 | 0.079 | 0.996 | 0.067 | 0.866 | 0.075 | 0.070 | 0.048 |
| 中部地区 | 山西 | 0.187 | 0.505 | 0.254 | 0.096 | 0.342 | 0.512 | 0.059 | 0.069 | 0.176 |
| | 吉林 | 0.187 | 0.523 | 0.141 | 0.000 | 0.234 | 0.162 | 0.065 | 0.142 | 0.197 |
| | 黑龙江 | 0.221 | 0.367 | 0.200 | 0.332 | 0.241 | 0.342 | 0.006 | 0.042 | 0.157 |
| | 安徽 | 0.257 | 0.597 | 0.217 | 0.245 | 0.516 | 0.689 | 0.170 | 0.347 | 0.677 |
| | 江西 | 0.221 | 0.507 | 0.171 | 0.457 | 0.412 | 0.715 | 0.072 | 0.175 | 0.376 |
| | 河南 | 0.512 | 0.447 | 0.342 | 0.151 | 0.850 | 0.449 | 0.167 | 0.535 | 0.824 |
| | 湖北 | 0.339 | 0.564 | 0.237 | 0.427 | 0.567 | 0.387 | 0.093 | 0.253 | 0.449 |
| | 湖南 | 0.351 | 0.566 | 0.236 | 0.191 | 0.662 | 0.509 | 0.084 | 0.339 | 0.630 |
| 西部地区 | 内蒙古 | 0.287 | 0.652 | 0.115 | 0.309 | 0.255 | 0.367 | 0.005 | 0.054 | 0.181 |
| | 广西 | 0.211 | 0.553 | 0.154 | 0.558 | 0.532 | 0.850 | 0.056 | 0.158 | 0.412 |
| | 四川 | 0.375 | 0.764 | 0.339 | 0.312 | 0.675 | 0.191 | 0.065 | 0.533 | 0.390 |
| | 贵州 | 0.102 | 0.344 | 0.089 | 0.497 | 0.325 | 0.768 | 0.042 | 0.157 | 0.211 |
| | 云南 | 0.183 | 0.229 | 0.137 | 0.319 | 0.332 | 0.553 | 0.043 | 0.077 | 0.219 |
| | 陕西 | 0.221 | 0.560 | 0.197 | 0.345 | 0.288 | 0.365 | 0.051 | 0.190 | 0.329 |
| | 甘肃 | 0.098 | 0.223 | 0.122 | 0.381 | 0.229 | 0.563 | 0.017 | 0.098 | 0.256 |
| | 宁夏 | 0.024 | 0.462 | 0.037 | 0.453 | 0.035 | 0.785 | 0.027 | 0.017 | 0.035 |
| | 重庆 | 0.181 | 0.945 | 0.186 | 0.263 | 0.255 | 0.208 | 0.102 | 0.535 | 0.187 |

表 6-7　　　　　　　　　　　中间指标的确定

| 地区 | 省份 | $x_1$ | $x_2$ | $x_3$ | $x_4$ | $x_5$ | $x_6$ | $x_7$ | $x_8$ | $x_9$ |
|---|---|---|---|---|---|---|---|---|---|---|
| 东部地区 | 北京 | 0.037 | 0.000 | 0.057 | 0.039 | 0.014 | 0.031 | 0.047 | 0.065 | 0.013 |
|  | 天津 | 0.017 | 0.067 | 0.027 | 0.034 | 0.024 | 0.089 | 0.025 | 0.057 | 0.017 |
|  | 河北 | 0.014 | 0.026 | 0.038 | 0.041 | 0.020 | 0.053 | 0.024 | 0.016 | 0.002 |
|  | 辽宁 | 0.041 | 0.058 | 0.032 | 0.015 | 0.027 | 0.012 | 0.092 | 0.011 | 0.023 |
|  | 上海 | 0.046 | 0.008 | 0.054 | 0.028 | 0.012 | 0.019 | 0.047 | 0.008 | 0.056 |
|  | 江苏 | 0.039 | 0.042 | 0.024 | 0.022 | 0.035 | 0.010 | 0.012 | 0.067 | 0.054 |
|  | 浙江 | 0.021 | 0.031 | 0.026 | 0.041 | 0.038 | 0.046 | 0.017 | 0.006 | 0.029 |
|  | 福建 | 0.040 | 0.012 | 0.029 | 0.013 | 0.039 | 0.050 | 0.069 | 0.046 | 0.025 |
|  | 山东 | 0.022 | 0.018 | 0.007 | 0.021 | 0.027 | 0.016 | 0.027 | 0.012 | 0.032 |
|  | 广东 | 0.107 | 0.034 | 0.197 | 0.026 | 0.072 | 0.056 | 0.037 | 0.150 | 0.091 |
|  | 海南 | 0.007 | 0.058 | 0.009 | 0.096 | 0.067 | 0.016 | 0.075 | 0.017 | 0.018 |
| 中部地区 | 山西 | 0.027 | 0.005 | 0.024 | 0.096 | 0.042 | 0.012 | 0.059 | 0.069 | 0.036 |
|  | 吉林 | 0.017 | 0.023 | 0.041 | 0.005 | 0.034 | 0.012 | 0.065 | 0.042 | 0.017 |
|  | 黑龙江 | 0.021 | 0.037 | 0.020 | 0.032 | 0.031 | 0.042 | 0.006 | 0.042 | 0.057 |
|  | 安徽 | 0.057 | 0.017 | 0.007 | 0.045 | 0.016 | 0.089 | 0.070 | 0.047 | 0.037 |
|  | 江西 | 0.021 | 0.027 | 0.011 | 0.012 | 0.022 | 0.015 | 0.072 | 0.075 | 0.036 |
|  | 河南 | 0.012 | 0.047 | 0.042 | 0.051 | 0.050 | 0.019 | 0.073 | 0.035 | 0.024 |
|  | 湖北 | 0.039 | 0.024 | 0.037 | 0.027 | 0037 | 0.027 | 0.033 | 0.053 | 0.049 |
|  | 湖南 | 0.051 | 0.036 | 0.016 | 0.031 | 0.062 | 0.009 | 0.084 | 0.039 | 0.030 |
| 西部地区 | 内蒙古 | 0.017 | 0.052 | 0.015 | 0.009 | 0.055 | 0.037 | 0.005 | 0.054 | 0.016 |
|  | 广西 | 0.011 | 0.053 | 0.024 | 0.018 | 0.032 | 0.050 | 0.056 | 0.038 | 0.012 |
|  | 四川 | 0.075 | 0.021 | 0.026 | 0.023 | 0.043 | 0.031 | 0.065 | 0.033 | 0.090 |
|  | 贵州 | 0.020 | 0.044 | 0.010 | 0.047 | 0.025 | 0.018 | 0.042 | 0.037 | 0.011 |
|  | 云南 | 0.023 | 0.029 | 0.037 | 0.019 | 0.032 | 0.053 | 0.043 | 0.077 | 0.019 |
|  | 陕西 | 0.021 | 0.015 | 0.017 | 0.045 | 0.028 | 0.035 | 0.051 | 0.019 | 0.032 |
|  | 甘肃 | 0.048 | 0.023 | 0.022 | 0.031 | 0.029 | 0.036 | 0.017 | 0.028 | 0.025 |
|  | 宁夏 | 0.024 | 0.027 | 0.037 | 0.053 | 0.035 | 0.085 | 0.027 | 0.017 | 0.035 |
|  | 重庆 | 0.032 | 0.043 | 0.086 | 0.026 | 0.055 | 0.023 | 0.021 | 0.035 | 0.027 |

表 6-8　　　　　　　　　商业网点布局指标权重测算

| 一级指标 | 二级指标 | 指标权重 |
| --- | --- | --- |
| 地区经济水平 | 人均 GDP | 11.58 |
|  | GDP 增长率 | 6.23 |
| 消费能力和结构 | 区域居民人均消费支出 | 16.72 |
|  | 食品支出占总支出的比重 | 5.74 |
| 人口因素 | 地区内人口总量 | 8.31 |
|  | 人口增长率 | 5.47 |
|  | 人口密度 | 25.63 |
| 交通因素 | 客运量 | 10.54 |
|  | 旅客周转量 | 9.78 |

## 五、模糊综合评价

模糊综合评价操作流程见图 6-1。

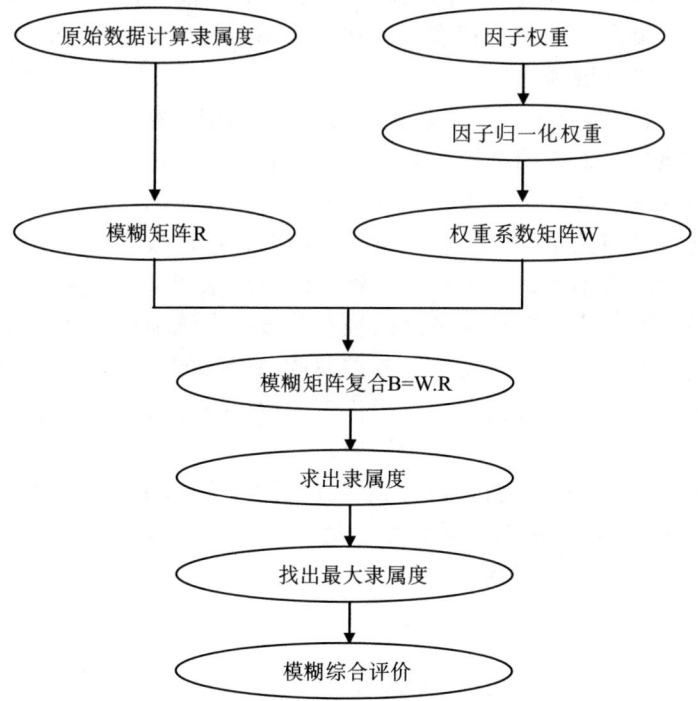

图 6-1　模糊综合评价操作流程示意图

模糊综合评价模型用模糊数学为基础理论,将"非此即彼"二值数学逻辑加以扩充,得到"亦此亦彼"的多值可能的模糊逻辑。模糊综合评价大致由两大步骤组成:一是对单个因素进行单独评价;二是对所有因素进行综合评价。具体操作流程见图6-1。本书探讨了中国县域商业网点的影响因素及这些因素之间的关系对县域商业网点布局的影响程度,从而有利于对中国各省县域商业网点布局的总量控制进行模糊综合评价研究。

### (一) 建立模糊评价集

根据表6-4得出的商业网点布局总量控制的指标体系,设9个指标的特征值代表商业网点总量控制情况,则由这9个指标构成的评价对象的因素域为$U$,即公式(6-7)所示。本书研究对象对全国28个省区的县域,共取28个样本,因此构成特征值矩阵$X$,即公式(6-8)所示。

$$U = \{u_1, u_2, u_3, \cdots, u_9\} \tag{6-7}$$

$$X = (x_{ij}) = \begin{bmatrix} x_{11} & \cdots & x_{1n} \\ \vdots & \ddots & \vdots \\ x_{m1} & \cdots & x_{mn} \end{bmatrix} \tag{6-8}$$

式中:$n = 28$,$m = 9$。

本书参考国内外学者对商业网点总量的研究,将商业网点的总量控制的评价分为五个评价等级,分别为{很多,较多,合适,较少,很少},即商业网点布局总量的评价等级论域为:

$$V = \{v_1, v_2, v_3, v_4, v_5\} = \{很多, 较多, 合适, 较少, 很少\} \tag{6-9}$$

本书用上述公式来说明全国各县域地区商业网点总量的合理程度。依据商业网点数量由多到少分为五个等级:一级代表该地区商业网点数量很多,集聚程度高,易出现网点之间关系复杂,服务重叠等问题,这样极大地增加了各类商业网点的成本,资源配置不能达到最优化,资源浪费现象严重;二级代表该地区商业网点数量较多,网点密度等要比一级的轻;三级代表该地区商业网点数量是合适的,该地区各类商业网点数量适中,各类商业网点都能最大化其效用,发挥其最大功能,有效利用该地区的资源;四级代表该地区商业网点数量较少,网点密集度相对较低,未能合理利用该地区的资源,有很大发展潜力,可以增加网点建设,充分利用资源;五级代表该地区商业网点数量很少,网点密集度很低,极大程度上未能合理利用该地区的资源,发展潜力巨大,应多设立网点,充分利用资源。

由公式(6-9)可得评价集矩阵如下:

$$R = (r_{ij}) = \begin{bmatrix} r_{11} & \cdots & r_{15} \\ \vdots & \ddots & \vdots \\ r_{m1} & \cdots & r_{m5} \end{bmatrix} \tag{6-10}$$

式中,$m = 9$,$r_{ij}$代表第$i$个指标第$j$个等级下的标准特征值。用此矩阵及隶属度函数可得出各地区的单因素模糊评判矩阵。公式（6-11）是以黑龙江省数据为例得出的模糊矩阵，这样可以得出 28 个研究区域的单因素模糊评判矩阵，进而可以得到评价对象的各项指标对于商业网点总量等级的隶属度。本书选取黑龙江省县域数据进行分析，人均 GDP 指标相对于较多和合适的隶属度是 0.6716、0.3284，GDP 增长率相对于合适和较少的隶属度是 0.57、0.43，区域居民人均消费支出和食品支出占总支出比重这两项指标相对于较多和合适的隶属度分别是 0.67、0.33 和 0.3518、0.6482，地区人口总量指标和旅客周转量是相对于很多和较多的隶属度，而人口增长率、人口密度和客运量三项指标均是相对于很多的隶属度。由此可知，黑龙江省县域商业网点数量多数因素处在很多和较多的状态，相关部门应根据城镇化发展程度合理规划商业网点的数量，合理配置现有商业资源，以达到资源充分利用的目标。

$$R_{黑龙江} = \begin{bmatrix} 0 & 0.6716 & 0.3284 & 0 & 0 \\ 0 & 0 & 0.57 & 0.43 & 0 \\ 0 & 0.67 & 0.33 & 0 & 0 \\ 0 & 0.3518 & 0.6482 & 0 & 0 \\ 0.3655 & 0.6345 & 0 & 0 & 0 \\ 1 & 0 & 0 & 0 & 0 \\ 1 & 0 & 0 & 0 & 0 \\ 1 & 0 & 0 & 0 & 0 \\ 0.4218 & 0.5782 & 0 & 0 & 0 \end{bmatrix} \quad (6-11)$$

**（二）综合评价**

将上一节中运用熵权法所得出的指标权重数值与上述公式（6-11）中所得的各地区的模糊评判矩阵代入模糊综合评价模型公式（6-12）中，得到：

$$B = \omega \times R = \omega \times \begin{bmatrix} r_{11} & \cdots & r_{15} \\ \vdots & \ddots & \vdots \\ r_{m1} & \cdots & r_{m5} \end{bmatrix} \quad (6-12)$$

运用模糊评判能够明显体现权数的作用，运用相关统计软件对全国 28 个地区进行模糊合成运算，运算过程以黑龙江为例，如公式（6-13）所示，所得结果见表 6-9。

$$B_{（黑龙江）} = \omega \times R_{（黑龙江）} = (0.4656, 0.2846, 0.1682, 0.0816, 0) \quad (6-13)$$

由此可得到全国 28 个省区县域商业网点数量五个等级的隶属度。根据隶属度最大的原则，选择最大值的数量级别作为该地区评价商业网点总量的最终标准。以公式（6-13）为例，黑龙江省对五个数量等级的隶属度分别为 0.4656、0.2846、0.1682、0.0816、0，五项隶属度最大的是 0.4656，因此，黑龙江省商业网点分布数量等级为很多，依此可得全国各地区县域商业网点分布数量等级评价，见表6-9所示。表中数据显示了全国各地区在2016年县域商业网点总量分布是否合理的问题。从总体看，全国只有湖南、湖北、山东三个地区商业网点总量目前是合理的，而河南、安徽、江苏、宁夏四个地区县域商业网点分布数量很少，贵州、河北、浙江、甘肃、云南五个地区县域商业网点数量分布数量较少，辽宁、陕西、江西、福建、广西五个地区的县域商业网点分布数量较多，而北京、天津、上海、重庆、山西、黑龙江、吉林、内蒙古、四川、广东和海南等11个地区的县域商业网点分布数量很多。由此可以看出全国各地区商业网点数量分布不合理，从而不能发挥各类商业网点的相应功能以满足人民生活的需要，因此应该对商业网点总量加以控制和优化，采取迁址、合并等措施。在当前城镇化不断推进的过程中，应合理优化县域商业网点总量布局，加快实现乡村振兴战略。

表6-9　　　　各地区县域商业网点数量五个等级的隶属度

| | | 很多 | 较多 | 合适 | 较少 | 很少 | 评价 |
|---|---|---|---|---|---|---|---|
| 东部地区 | 北京 | 0.3644 | 0.1607 | 0.2819 | 0.1387 | 0.0543 | 很多 |
| | 天津 | 0.5585 | 0.2138 | 0.0522 | 0.0710 | 0.1045 | 很多 |
| | 河北 | 0.0622 | 0.2190 | 0.1948 | 0.2891 | 0.2349 | 较少 |
| | 辽宁 | 0.2450 | 0.3090 | 0.215 | 0.1868 | 0.0442 | 较多 |
| | 上海 | 0.5169 | 0.0963 | 0.1659 | 0.1363 | 0.0847 | 很多 |
| | 江苏 | 0.2313 | 0.0645 | 0.1461 | 0.2422 | 0.3159 | 很少 |
| | 浙江 | 0.0390 | 0.1134 | 0.1807 | 0.3385 | 0.3284 | 较少 |
| | 福建 | 0.1706 | 0.3258 | 0.1841 | 0.0882 | 0.2313 | 较多 |
| | 山东 | 0.0390 | 0.0816 | 0.5880 | 0.1578 | 0.1336 | 合适 |
| | 广东 | 0.7011 | 0.0707 | 0.1399 | 0.0884 | 0 | 很多 |
| | 海南 | 0.5261 | 0.0674 | 0.039 | 0.0390 | 0.3285 | 很多 |
| 中部地区 | 山西 | 0.2931 | 0.2669 | 0.1204 | 0.0882 | 0.2313 | 很多 |
| | 吉林 | 0.5332 | 0.2956 | 0.0466 | 0.0856 | 0.039 | 很多 |
| | 黑龙江 | 0.4656 | 0.2846 | 0.1682 | 0.0816 | 0 | 很多 |
| | 安徽 | 0.0390 | 0.2150 | 0.3143 | 0.1052 | 0.3265 | 很少 |
| | 江西 | 0.1414 | 0.3540 | 0.1774 | 0.0960 | 0.2313 | 较多 |
| | 河南 | 0.0390 | 0.0938 | 0.2617 | 0.2155 | 0.3899 | 很少 |
| | 湖北 | 0.0467 | 0.2859 | 0.4665 | 0.1413 | 0.0597 | 合适 |
| | 湖南 | 0.0463 | 0.1423 | 0.3655 | 0.1412 | 0.3048 | 合适 |
| 西部地区 | 内蒙古 | 0.6093 | 0.1457 | 0.1151 | 0.0649 | 0.0649 | 很多 |
| | 广西 | 0.1674 | 0.327 | 0.1631 | 0.1060 | 0.2365 | 较多 |
| | 四川 | 0.2647 | 0.0659 | 0.2345 | 0.2613 | 0.1736 | 很多 |
| | 贵州 | 0.1954 | 0.3981 | 0.1015 | 0.0737 | 0.2313 | 较少 |
| | 云南 | 0.0745 | 0.2642 | 0.1045 | 0.3256 | 0.2313 | 较少 |
| | 陕西 | 0.3073 | 0.3938 | 0.169 | 0.0753 | 0.0545 | 较多 |
| | 甘肃 | 0.0390 | 0.1306 | 0.1249 | 0.4742 | 0.2313 | 较少 |
| | 宁夏 | 0.2313 | 0.0390 | 0.0854 | 0.0898 | 0.5545 | 很少 |
| | 重庆 | 0.3798 | 0.345 | 0.1455 | 0.0390 | 0.0908 | 很多 |

从表 6-10 中可以看出，16 个地区县域出现商业网点分布数量多。而 9 个地区县域出现商业网点分布数量少的现象，全国只有 3 个地区县域商业网点数量分布是合适的，这说明我国大部分地区县域商业网点的布局在数量是不合理的，多和少两极分化严重。东部地区大多网点分布数量偏多，这主要是由于东部地区的经济发展水平较高及城镇化建设进程较之其他地区要快，各方面发展已相对成熟，网点数量达到超饱和状态，而西部地区及东北地区的经济发展水平低于东部，人均 GDP 不高，居民消费能力也较弱，人口密度也相对较小，则不需要设置过多的商业网点，在商业网点配置中应该更注重配置效率和经营效益，商业网点的服务功能的提升等。中部地区的商业网点数量配置相对较为合适。比如，浙江、江苏等经济较发达地区，县域商业网点数量却相对较少，其居民对商业的需求不能得到充分满足，应该合理设置各类功能性商业网点以满足居民消费需求。

表 6-10　　　　　　　　　全国各地区商业网点数量比较

| | 数量等级 | 地区个数 | 各地区 |
|---|---|---|---|
| 商业网点数量 | 很多 | 11 | 北京、天津、上海、重庆、山西、黑龙江、吉林、内蒙古、四川、海南、广东 |
| | 较多 | 5 | 辽宁、陕西、江西、福建、广西 |
| | 合适 | 3 | 湖北、湖南、山东 |
| | 较少 | 5 | 贵州、河北、浙江、甘肃、云南 |
| | 很少 | 4 | 河南、安徽、江苏、宁夏 |

## 第二节　县域商业网点的微观结构布局

随着我国城镇化建设的推进，在全国各地区的县域空间都发生着翻天覆地的变化，撤乡并镇、村村合并等正在全国的县及县以下的乡镇不断地进行着，这就给我国的县级商业网点规划布局提出的更高的要求，加之电子商务和信息化不断深入乡村，县域居民对商业的需求结构在不断地提高，这给县域商业网点的布局结构提出了更高的要求，基于此，本部分内容选取县级商业中心、批发市场、物流基地和县级商业街的微观布局对当前城镇化进程中的县域商业网点的结构布局加以说明。

# 一、县域商业中心的布局

本书第四章运用综合评价法将县域商业中心分成了三个等级，即县级主商业中心、乡镇极商业中心和重点村商业中心。商业中心即一地区的中央商业区，分别位于县、镇、村的几何中心位置，其功能单位齐全，企业规模较大，商业吸引力较大，营业额较高。在规划商业中心的微观布局上就本着规划新的商业中心和提升已有的商业中心，合理设置，科学选址，优化布局县域商业网点。

## （一）县级主商业中心布局

按照"提升老城区，发展新城区"的指导思想，依县域商业网点规划"多中心式"商业空间发展模式设置两处县级商业中心，以打造具有现代气息的现代性县级城市。由于位于老城区的商业中心已经建成，所以对于老城区的规划主要目标应在传统商业街区基础上进行整治提升，完善各类配套公共设施，整治街道空间，形成既有传统韵味又有现代商业气息、以商品零售业为特色的老城区商业中心。而对于新兴的商业中心首先需要进行选址分析，然后集中建设高档商业服务中心，并可形成一定的环境优良、尺度宜人的步行商业街区，是代表城市未来风貌核心的综合商业中心。

县域老城区商业中心是该地区的老商业中心，一般位于商业网点集聚区，属于升级改造的县级商业中心，网点齐全，主要经营服装、鞋类、大型百货、超市、家电、餐饮、农贸市场、家居建材、装饰等。以县城中心商业街为轴线，以大型购物连锁超市为支撑，在原有商业网点的基础上着重对老城区的商业网点进行提升，积极促进各个区域融合对接，打造规模适当、层次高档、辐射能力强的商业中心区。商品主要以服装等生活类商品为主，形式主要为大型超市及步行街，鼓励设置中型购物中心、百货店、大型专业店、便利店、小商品市场、专卖店、专业特色街等。引导设置超市、便利店、折扣店、餐饮网点、生活服务网点、美容健身保健等。限制设置仓储会员店、废品回收处、农贸市场、批发市场等，即为避免影响交通和城市形象等而对面积、位置、业态或规模有一定限制的商业载体。

县域新兴商业中心也可称为县级副商业中心，多位于人流量大、交通便利、占地面积广阔地区，此类商业中心的经营会受到消费距离、通行效率、区位面积等因素的影响。根据中心地理论，当超过一定的区域范围时，购买者就会转移到其他地方进行消费，所以实际的需求人口和分布锁定了新兴商业中心的规划范围是在县域次中心城区；同时，除了对交通便利性的考虑，区位和面积起着关键性作用。

## (二) 乡镇级商业中心布局

乡镇级商业中心多位于乡镇政府所在街道附近，其商业沿街道向外围扩展，所经营商业类型有少量餐饮业以及烟酒门店、小型商店、药店、中低档服装店、理发店等等。全国大部分县域具有乡镇级商业中心十几个，但在发展过程中，商业网点数量、业态种类、商业规模均存在较大的差异。因此，随着商业的不断发展，同一等级的商业中心将会出现分化，分为重点乡镇商业中心和一般乡镇商业中心两级。处在区位条件越有利的重点乡镇商业中心，商品种类越多，服务范围越广。这样大小不等的两级乡镇商业中心相互设置，相互联结，不仅实现了各商业中心之间的特定关联，而且体现了商业中心的层次性。

随着社会的发展，县域及乡镇的生产力得到了很大的发展，乡镇居民生活水平逐年提高，电子商务和信息化网络开始深入乡镇及农村，市场体系发生了一系列变化，如市场供求关系的变化，农民从单纯的消费者转变为买方和卖方的双重身份。乡镇市场体系的发展向着具有竞争性的、开放式的以及注重质量的新型市场结构转变。农民的消费行为从原有的自给性消费转变为商业性消费。农民消费由温饱型消费转变为小康型消费。由于消费观念的转变和购买力水平的提高，乡镇消费者开始追求家庭生活的享受，例如对家用电器、舒适家居用品、服饰的追求等。各乡镇居民对商品的需求档次逐渐由低档向中档、中高档发展，乡镇商业中心缺乏相应消费需求的商品。因此，乡镇商业发展趋势应向着商品种类多元化发展，从而满足人们的消费需求。乡镇商业区的布局变化，是乡镇居民需求变化的晴雨表。在行业结构比例上应体现方便广大消费者的共性需求，又要照顾中高档层次人们的需求欲望。位于商业中心序列中的城镇商业区，其商业服务设施在行业结构上的占比，理论上为68%（商业）；14%（饮食业）；15%（服务业）；4%（修理业）。据此情况，城镇商业布局结构，在政策允许的范围内，在地区财力、物力、人力可能的情况下，在改建原有商业设施的同时，应增建、扩建为广大普通消费者服务的营业点，适当调整饮食业、服务业、修理业的占比。

## (三) 重点村商业的布局

我国农村人口分散，且全国各地区分布不均匀，其消费能力普遍低于城镇，县级主商业中心虽然辐射整个县域，但由于农村距离县域较远，主商业中心对农村的辐射能力有限，重点村级商业中心主要弥补了县级商业中心和乡镇商业中心所不能辐射的地区。同时为附近居民的日常生活提供便利。村级商业中心主要的服务对象是附近的农民，以满足村及周围村农民日常生活的需要。

随着电子商务和信息网络不断进入农村，对农村商业网点的布局提出了新的要求，也发生着变化，商业业态由原有的日用百货店、小商品店及生产资料批发店等，增加了更多的线上交易的相关商业业态，比如物流业、快递业、仓储业等相关业态逐渐布局于农村，可以改善农民对种子等生产资料而长途跋涉的艰难。

另外农村家家户户种植农副产品,重点村商业中心还可以为农民提供一个随时可以交易的农副产品的市场,如农副产品批发部等。

## 二、批发市场的布局

批发市场主要对商贸商品以较低价钱进行成批成组交易,以适应现代流通业发展的趋势。结合群众的消费观和县城商品贸易网点中产业的布局特征以及所在地区社会经济中的位置,建设新型批发市场,建成具有高效率、分布合理的消费品分销系统和跨区域的专业性生产资料系统;推动同一种类的市场集聚拓宽,推动现有的商品贸易交流网点迅速联合,规划有国际竞争力、功能齐全、辐射面广、富有特色批发市场群,促进批发市场健康有序和规范发展。应集中布局批发市场,以特色为区域形成较为专业的贸易市场,提高土地使用效率,缓解交通。批发市场一方面应对现在存在的批发市场进行保留、改造、优化等方式布局;另一方面以物流基地的建设作为背景增量布局,借助其交通优势,完善的配套设施,引导搬迁或新建的批发市场,建设批发市场群,布局批发市场圈层。

（1）内圈层——控制发展区:内圈层是指县城中心主城区,是批发市场的控制展区,以后不允许新建批发市场。对于现在分布在内圈层的批发市场,伴随主城区的发展,不同业态的提升,范围会越来越小。县级商业网点规划把不适合在主城区运营的批发市场逐层地搬迁出去。需要保留优化改革的批发市场进行功能性重组,将大型物流批发和小型的物流批发分开分布,进行业态业种的分类提升。

（2）外圈层——引导发展区:外圈层指主城区以外的地区。外圈层现在存在的大中型批发市场规模比较小,但是有很大的提升空间。同时土地较多,可利用率较高,不足之处在于交通不是很便利。所以结合批发市场的升级,把物流基地的建设作为重点,整合提升专业的大型批发市场,建立批发市场群。

（3）乡镇层——适度发展区:乡镇批发市场一般位于乡镇中心区域,以经营低档商品为主,种类以日常百货为主。乡镇级批发市场的辐射范围是整个乡镇的居民,乡镇批发市场一旦形成,将为当地居民提供流通和交换的需要。同时也为当地农村居民提供销售农产品的渠道。

## 三、物流基地的布局

物流园区大都布局在城市中心区边缘、交通条件较好、用地充足的地方。为吸引物流中心、配送中心等物流企业在此集聚,物流园区在空间布局时还需考虑物流市场需求、地价、交通设施、劳动力成本、环境等经济、社会、自然等多方面因素。物流园区规划的影响因素主要归结为三个大类、四个环节和八个主要方面。三个大类分别是社会效益、经济效益、技术效能；四个环节依次是城市交通布局、城市产业商业的布局及供应链、专业化市场的需要、城市发展规划；八个主要方面依次是社会环境、生态环境、自然环境、经营环境、投资环境、功能设计、布局规划、建设规模等，其中社会环境、生态环境、自然环境归属于社会效益类，经营环境、投资环境归属于经济效益类，功能设计、布局规划、建设规模归属于技术效能类。物流园区及其配套的物流中心和配送中心两端分别连接着区域的宏观物流、微观物流，解决区域物流最基本的模式为"物流园区，物流中心，配送中心"，这种模式能组成多层次物流服务体系，是一种较为合理的系统。物流园区是多种类型物流中心的集合地，相对集中管理某一地域的货物集散，充分利用公共基础设施、物流信息资源共享的优势，协调物流中心间的物流工作。从严格意义上讲，物流园区下面应该分设集散中心、配送中心、转运中心、储调中心和加工中心等，但是由于配送中心与物流中心的功能相似，并且配送中心除以配送为主外，也兼有部分加工、储存、集散、转运等功能。因此，区域物流园区的层次结构可以简化为图6-2所示。

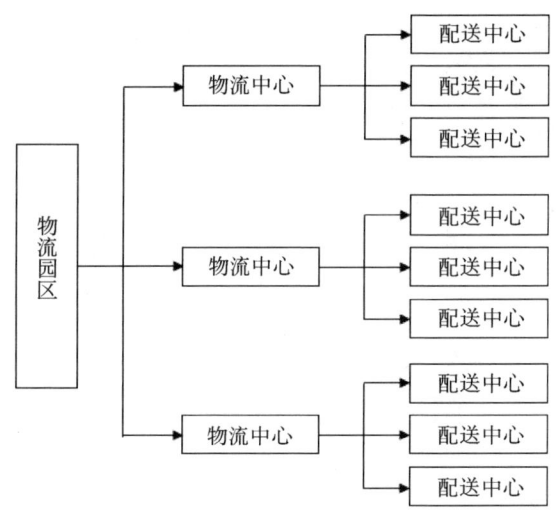

图6-2　经过简化的区域物流园区层次结构示意图

## 第三节　本章小结

本章用模糊综合评价法科学合理地对我国28个地区县域商业网点总量进行了评价，并验证了中国县域商业网点布局总量存在的问题和不足，为优化我国县域商业网点布局提供了依据。选取 2016 年全国 28 个省区为研究对象,用人均 GDP、GDP 增长率、区域居民人均消费支出、食品支出占总支出的比重、区域人口总量、人口增长率、人口密度、客运量和旅客周转量作为评价县域商业网点布局总量控制的指标;用熵权法对商业网点总量控制指标权重进行测度,得出熵权系数 $\omega = (x_1, x_2, x_3, x_4, x_5, x_6, x_7, x_8, x_9) = (0.1158, 0.0623, 0.1672, 0.0574, 0.0831, 0.0547, 0.2563, 0.1054, 0.0978)$,其中人口密度、人均消费支出和人均 GDP 的权重系数较大,在评价过程中起重要作用;运用模糊综合评价方法得出全国各地区对县域商业网点布局的五个等级的隶属度;再根据隶属度最大的原则,得出 11 个地区县域商业网点总量很多,5 个地区网点数量较多,3 个地区合适,5 个地区较少,4 个地区很少。全国各地区中,东部地区和西部地区均存在商业网点数量不合理现象。同时本章根据实际县域发展情况,对县域商业中心、批发市场和物流基地的微观结构布局进行了简要分析。

# 第七章 黑龙江省县域商业网点空间布局分析

## 第一节 黑龙江省县域商业网点空间布局现状

### 一、ArcGIS 空间计量方法介绍

地理信息系统（Geographical Information System，GIS）是将计算机软件、硬件、数据和不同方法进行组合的系统，用来支持空间数据的采集、管理、处理、分析、建模、显示。在构成上，GIS 除了具备强大的软硬件系统，用以支撑各种应用工具之外，还要包括管理操作人员和地理空间数据等。

表 7-1　　　　国内外 ArcGIS 软件空间分析功能比较

| 功能 | 名称 | ArcGIS | MGE | MapInfo | MapGIS | GeoStar | SuperMap |
|---|---|---|---|---|---|---|---|
| 空间查询与量算 | 空间查询 | ◎ | ◎ | ⊙ | ⊙ | ⊙ | ⊙ |
|  | 空间量算 | ◎ | ◎ | ⊙ | ⊙ | ◎ | ⊙ |
| 缓冲区分析 | 点缓冲 | ● | ◎ | ⊙ | ⊙ | ◎ | ⊙ |
|  | 线/弧 | ● | ◎ | ⊙ | ⊙ | ◎ | ⊙ |
|  | 面/多边形 | ● | ◎ | ⊙ | ⊙ | ◎ | ⊙ |
|  | 加权 | ● | ◎ | ⊙ | ⊙ | ◎ | ⊙ |
| 叠置分析 | 点与多边形 | ● | ◎ | ⊙ | ⊙ | ◎ | ⊙ |
|  | 线与多边形 | ● | ◎ | ⊙ | ⊙ | ◎ | ⊙ |
|  | 多边形与多边形 | ● | ◎ | ⊙ | ⊙ | ◎ | ⊙ |

续表

| 功能 | 名称 | ArcGIS | MGE | MapInfo | MapGIS | GeoStar | SuperMap |
|---|---|---|---|---|---|---|---|
| 网络分析 | 最短路径 | ◎ | ◎ | ⊙ | △ | △ | △ |
| | 网络属性累积 | ◎ | ◎ | ⊙ | △ | △ | △ |
| | 路由分配 | ◎ | ◎ | ⊙ | △ | △ | △ |
| | 空间邻接搜索 | ◎ | ◎ | △ | △ | △ | △ |
| | 最近邻搜索 | ◎ | ◎ | △ | △ | △ | △ |
| | 地址分配 | ◎ | ◎ | △ | △ | △ | △ |
| 其他分析 | 拓扑分析 | ◎ | ◎ | ⊙ | ⊙ | ⊙ | ⊙ |
| | 邻近分析 | ● | ◎ | ⊙ | ⊙ | ⊙ | ⊙ |
| | 复合分析 | △ | △ | ⊙ | △ | △ | △ |
| 空间统计 | 统计图表分析 | ⊙ | △ | △ | △ | △ | △ |
| 分类分析 | 主成分分析 | ⊙ | △ | △ | △ | △ | △ |
| | 层析分析 | ⊙ | △ | △ | △ | △ | △ |

● 表示最强　　◎ 表示强　　⊙ 表示较强　　△ 表示较弱

地理信息系统主要包括：①数据采集、输入、编辑、存储；②空间分析；③专题制图和数据可视化功能，用来解决包括位置、条件、变化趋势和模型的问题。地理信息系统可以将不同形式的信息，不同来源的信息，以数字的形式呈现出来。将地理数据信息整合在一起，方便用户系统地分析。并且，GIS 还有一套完整的制图模块，可以为用户提供全面的多方式的数据表现形式，方便用户需求。表 6-1 给出了常用 Arc GIS 平台空间分析功能比较，ESRI 的 Arc GIS 表现出了强大的空间分析能力，特别是在缓冲区分析和叠置分析方面有着突出表现。Arc GIS 软件可以为用户提供一套完整的解决方案，所以本章就是在运用 Arc GIS 软件的基础上，分析研究黑龙江省县域商业网点的空间布局特征。

本章根据黑龙江省所辖 15 个地市区商业网点数据，阐述了不同地区商业网点位置空间集聚与分异的定量分析过程，并用平均最近邻指数分析法、核密度分析法等对黑龙江省商业网点的空间集聚特征进行综合分析与评价。

平均最近邻指数法（ANNI）是利用商业网点空间数据，分析邻近点数据的空间平均距离的方法。在商业空间集聚应用中，平均最近邻指数（ANNI）用于找出商业网点的在空间分布上的集聚程度存在差异的地区。其中，数值小于 1 时，空间点分布特征为集聚度高；反之，如果指数大于 1，则空间点分布模式为离散；近邻指数等于 1 时，空间样本点为随机分布。即指数越小，空间点集聚程度越大。公式如下：

$$ANNI = \frac{D_0}{D_e} \tag{7-1}$$

式中：$D_0$表示平均最近邻距离，数值为每个商业网点到其他所有网点的最短距离的平均数，如式（7-2）所示：

$$D_0 = \frac{\sum_{i=1}^{n} d_i}{n} \tag{7-2}$$

式中：$D_e$表示平均最近邻距离的期望值，其取值如下：

$$D_e = \frac{0.5}{\sqrt{n/A_u}} \tag{7-3}$$

式中：$n$表示研究区的商业网点数量，$A_u$表示研究区域的面积。一般采用$Z$检验，来检验结果的可靠性，$Z$得分越高或越低，集聚程度就越高，如果$z$得分接近零，则表示不存在明显的集聚，为正表示高值的集聚，为负表示低值的集聚。

核密度估计法是一种非参数估计方法，经常用于空间计量分析，能够求解出待测变量在其周围区域内的密度大小。核密度估计法首先选定一个特定要素点，并将其界定为中心点，中心点的密度最大，而随着与中心点的间距增加，密度也不断降低，并在极限位置减小到0。可通过核密度函数$k(x)$来确定衰减方式，对于独立分布的点，属性值为1，通过求算区域内每个要素点，即可获知区域内该要素的分布密度。

设定$x_1$，$x_2$，$\cdots x_n$是核密度函数$f$的总体中抽取的独立分布样本，点$x$处的估计值等于：

$$f_n(x) = \frac{1}{nh} \sum_{i=1}^{n} k\left(\frac{x - x_i}{h}\right) \tag{7-4}$$

式中：$k(x)$表示核函数，$h>0$表示带宽，$x-x_i$表示估计点$x$与样本点$x_i$的间距。以下将采用核密度估计法，对黑龙江省餐饮住宿业、批发零售业及其他服务业大型商业网点进行分析，用以确定商业网点的空间集聚特征。

## 二、样本来源及数据整理

### （一）数据样本来源

黑龙江省下辖15个市区，66个县域，总面积约为47.3万平方千米，县域总面积27.6万平方千米，超过全省总面积的50%，近年来全省县域GDP占全省生产总值的比重逐年增加，由2012年的46.3%上升到2016年的50.7%。黑龙江省是中国重要的工业基地、商品粮基地，其商业空间活动历史悠久，发展商业活动是黑龙江省经济发展的新动力。其省会哈尔滨市交通网络发达，新增高速铁路站，市区内地铁已开通两条线路，带动全省商业活动的发展。进入21世纪以来，在改革开放的推动下，商业经济经过近20年的发展，获得了巨大的成就，商业活动增加，商业的服务功能日渐发达。由于与俄罗斯毗邻的独特优势，对俄贸易大举增加，带动全省商业规模迅速提升，新兴业态发展迅速。商业经济的提升是黑龙江省经济保持持续发展的创新动力，2016 年，黑龙江省社销零售总额 8402.5 亿元，比上年增长 10%，全年外贸进出口总额 165.4 美元，其中对俄贸易 91.9 亿美元，占全省进出口总额的 55.6%。

本书的研究范围是选取黑龙江省及下辖 15 个地区县域的网点，商业网点研究数据来自《黑龙江统计年鉴》、黑龙江省统计局网站、《黑龙江商务统计年鉴》及黑龙江省商业经济研究所 2016 年的商业网点普查调研数据，采用数据挖掘技术从地图平台获取黑龙江省各类商业网点地理信息，精确显示各类商业网点的分布位置，将所获取数据及网点相应空间信息用地现状图、图像和数据处理采用 ArcGIS 10 等空间计量分析软件进行综合分析整合数据。

（二）数据整理

黑龙江省县域商业网点基础数据主要包括以下 8 个方面：商业网点数量（见图 7-1）、各类型商业网点就业人数（见图 7-2）、各类型商业网点营业面积（见图 7-3）、各类型商业网点资产总额（见图 7-4）、各类型商业网点营业收入（见图 7-5）、各类型商业网点营业利润（见图 7-6）及各类型商业网点纳税额（见图 7-7）。

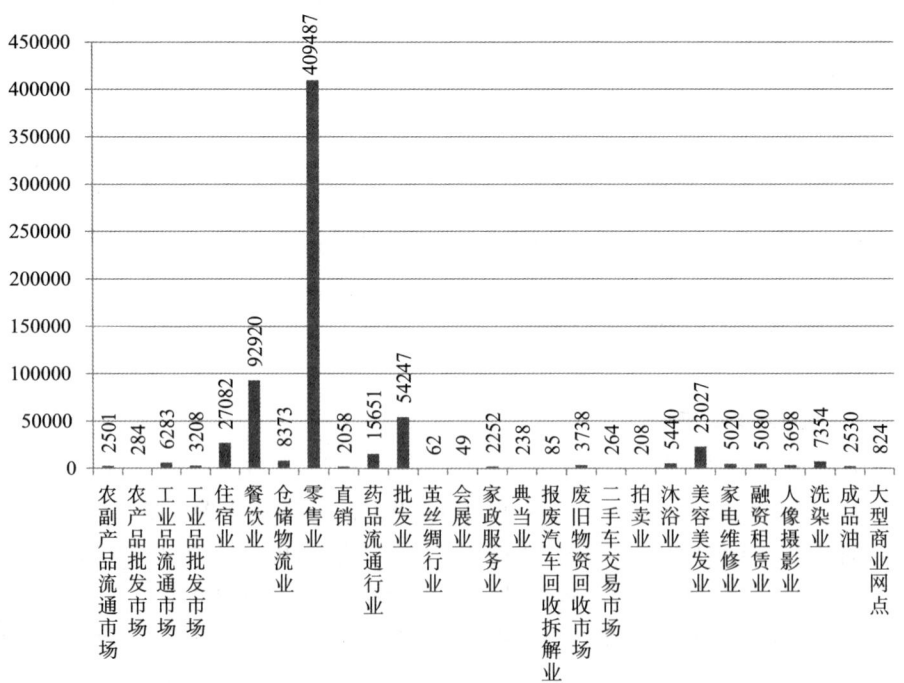

图 7-1　各类商业网点数量（个）

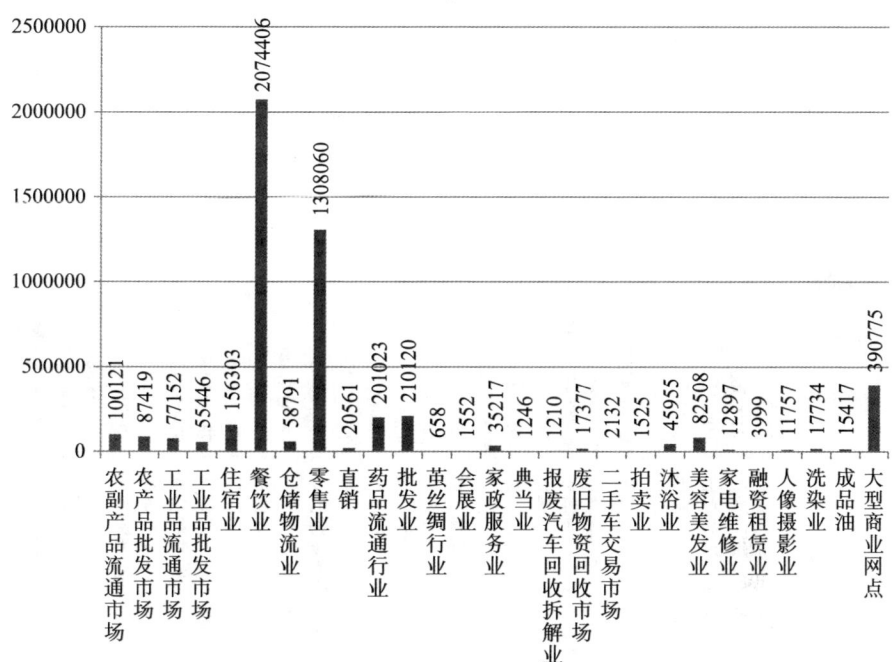

图 7-2 各类商业网点从业人数（人）

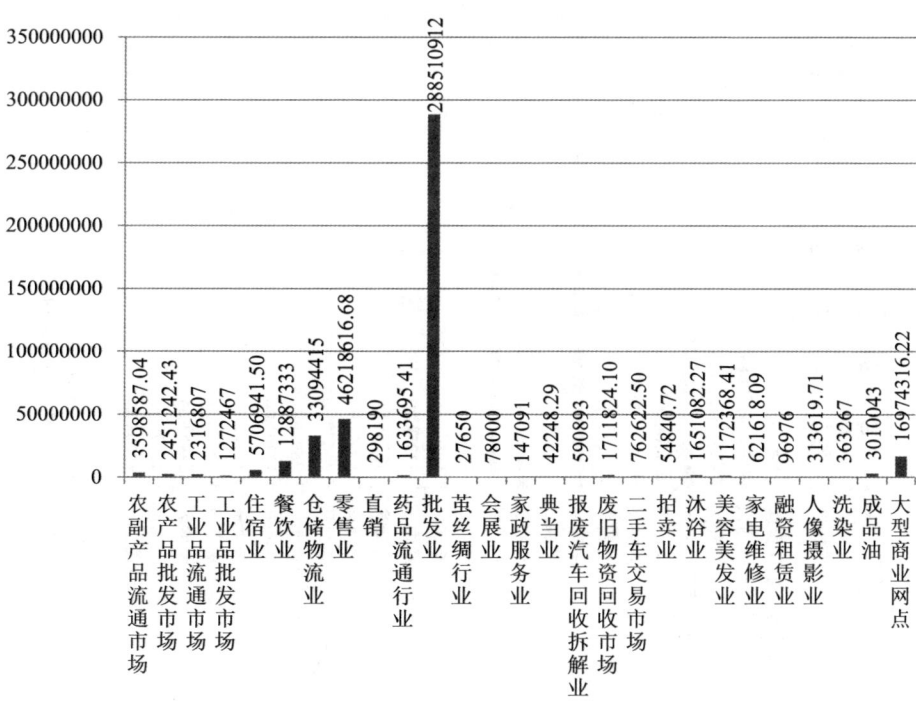

图 7-3 各类商业网点营业面积（平方米）

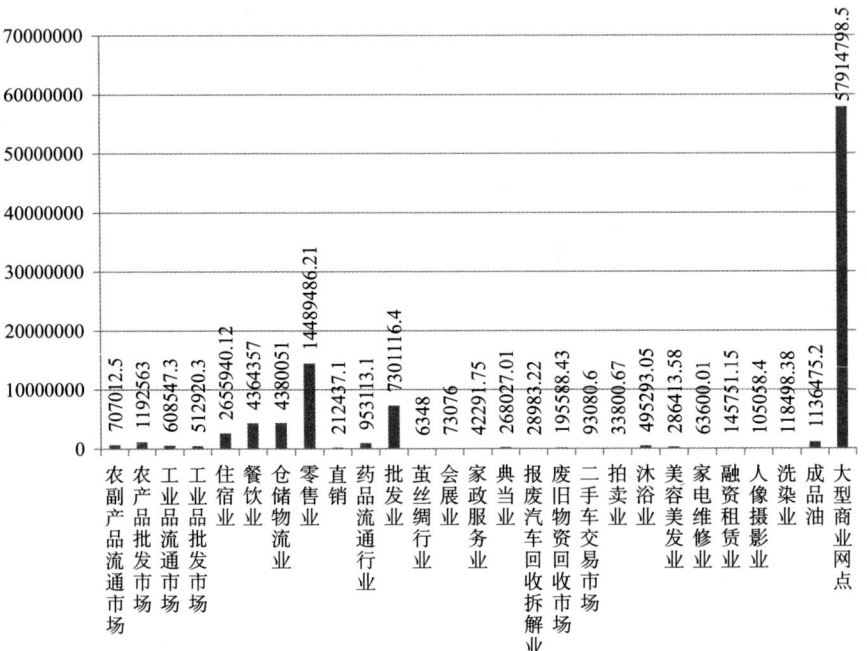

图 7-4　各类商业网点资产总额（万元）

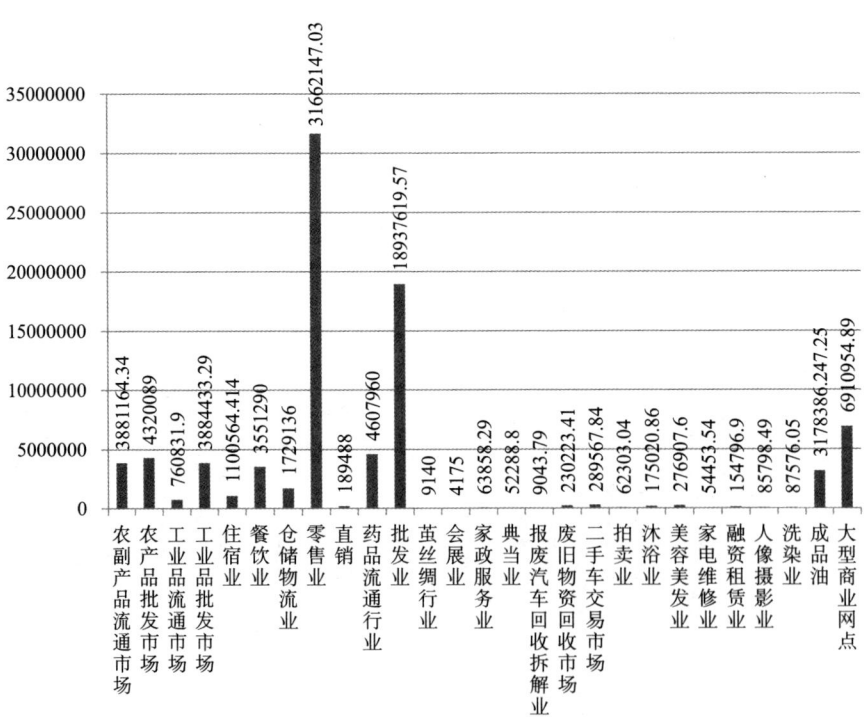

图 7-5　各类商业网点营业收入（万元）

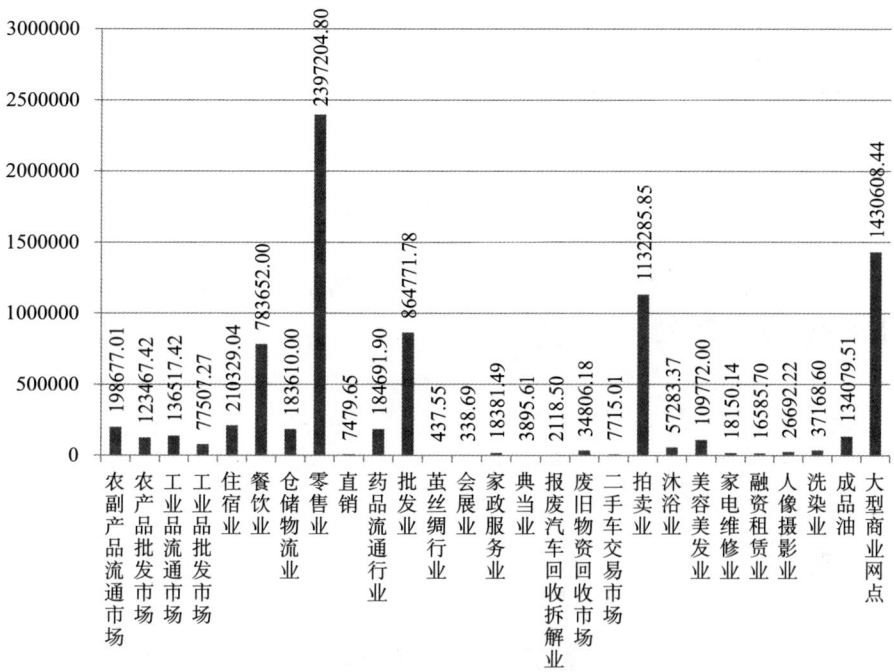

图 7-6  各类商业网点营业利润（万元）

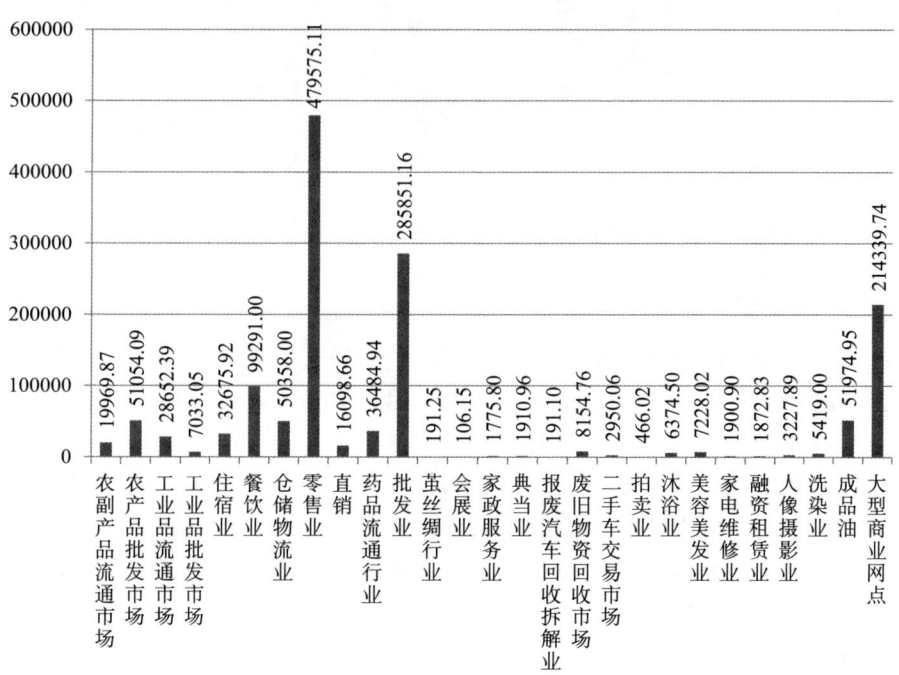

图 7-7  各类商业网点纳税额（万元）

## 三、黑龙江省县域商业网点现状

### (一) 批发业

批发业主要包含工业品批发市场、农产品批发市场及其他各类批发市场从图7-8可以发现,黑龙江省整体的商业中心等级体系分布特征与批发业商业网点的分布特征是相似的,主要有省会哈尔滨及大庆两个地区高峰值区域,这意味着二者存在强烈的关联性。

图7-8 批发业网点分布密度

### (二) 零售业

零售业是商业网点中数量最多的类型,由于各县域获取所有零售业网点数据比较多且复杂,获取其空间点位数据困难,因此本章中零售业的网点布局主要采取各地区的大型商业网点数据采用 ArcGIS 软分析其分布密度 (见图7-9)。省会哈尔滨的县域聚集了万达商厦、远大购物中心和一些同等级别的超市,普通居民构成了最大的消费群体,他们最热衷于商业中心,偏好于品牌专卖店、专业店等实体店,可是,县域地区的商业设施有待完善,拥堵无序的交通状况也影响了居民的出行。此外,区级内较少形成商业中心,现有的超市、商场等业存在布局不合理的问题 (见图7-9)。

图 7-9 大型商业网点分布密度

(三) 餐饮业和住宿业

县级商业中心区域分布着主要的餐饮、住宿类的商业网点,而且主要建设在主干道或大路附近,占比高于 30% (见图 7-10)。此外,哈尔滨、大庆、牡丹江区域是此类商业网点最为集中的区域,这是因为这些区域已经建立起较为完善的商业设施 (见图 7-11),同时拥有丰富的餐饮娱乐,因此能够吸引更多的消费者,形成联动效果。

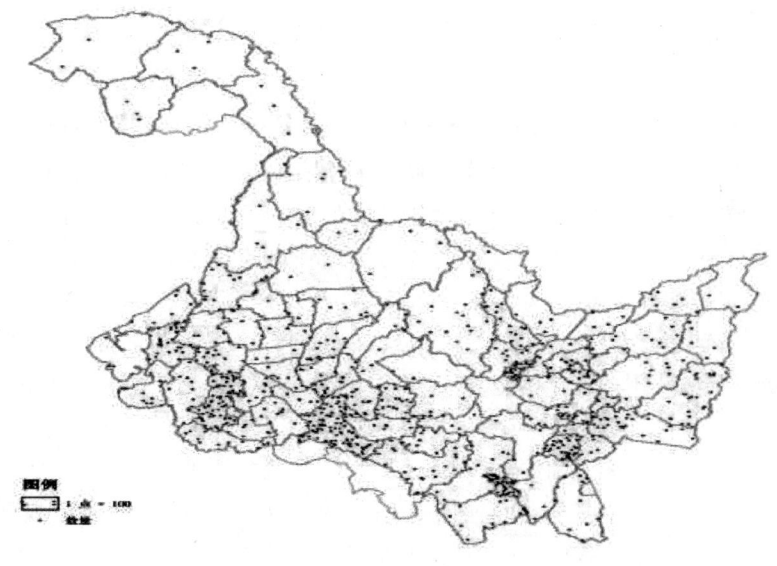

图 7-10 餐饮业商业网点分布密度

图 7-11 住宿业商业网点分布密度

# 第二节 黑龙江省县域商业网点空间布局特征

## 一、黑龙江省县域商业网点布局空间集聚特征

（一）从省域看，自省会哈尔滨沿西南走向分布，呈现相对集中分布格局

从黑龙江省商业网点核密度分析来看，从省域看，黑龙江省商业网点的空间布局情况整体呈西南集聚明显和东北分散的形势，各地市也表现出在城市中心城区集聚与向外围逐渐离散的特点。全省各类商业网点在空间布局上出现多个中心分布态势，其中集聚高值区主要有 2 个：①哈大齐地区，分布在哈尔滨、大庆、齐齐哈尔经济区的各类商业网点总数为 332619 个，占全省总数的 48.8%；②牡佳伊沿线地区，即牡丹江、佳木斯、伊春沿线，该区域的各类商业网点数量为 159580 个，点全省总数的 23.4%。从网点数量来看，黑龙江省商业网点总量为 681963 个，其中批发零售业网点 465792 个，点全省总商业网点数量的 68.3%；住宿业网点 27082 个，占全省商业网点总数的 3.97%；餐饮业网点数量为 92920 个，占全省商业网点总数的 13.6%；大型商业网点数量为 824 个，占全省商业网点总数的 0.12%。各地市的批发零售业与餐饮住宿业网点在数量上虽然有比较大

的不同，但是在集聚程度高的地区的分布特征却存在着相对的一致性。

**（二）从市域看，各地市各商业业态类型网点空间集聚具有差异**

本研究中选取平均最近邻指数法分析，对黑龙江省各地区县域各类商业网点的空间分布的集聚特征进行检验（参见表7－2）。结果显示，黑龙江省各地区县域批发零售业、住宿业、餐饮业和大型商业网点的最近邻指数均小于1，Z检验值均小于－2.58，在1%显著性水平下通过检验，具有明显的集聚性。在分析的各类商业网点中，批发零售业的平均最近邻指数最小，其商业网点的空间集聚最明显；而大型商业网点的平均最近邻指数最大，说明5000平方米以上大型商业网点数量相对较少，但空间分布呈现均衡分布状态。

表7－2　　　　　　　　黑龙江省商业网点最近邻分析

| 城市 | 业态类型 | | | |
| --- | --- | --- | --- | --- |
| | 批发零售业 | 住宿业 | 餐饮业 | 大型商业网点 |
| 哈尔滨市 | 0.1634 | 0.3202 | 0.1597 | 0.4305 |
| 齐齐哈尔市 | 0.1680 | 0.2901 | 0.1672 | 0.4709 |
| 鸡西市 | 0.1557 | 0.2706 | 0.1699 | 0.6112 |
| 鹤岗市 | 0.1407 | 0.2671 | 0.1726 | 0.6098 |
| 双鸭山市 | 0.1493 | 0.2460 | 0.1865 | 0.6175 |
| 大庆市 | 0.1658 | 0.2970 | 0.1327 | 0.4507 |
| 伊春市 | 0.1525 | 0.3107 | 0.1745 | 0.5122 |
| 佳木斯市 | 0.1502 | 0.2591 | 0.1789 | 0.4618 |
| 七台河市 | 0.1125 | 0.2312 | 0.1908 | 0.5910 |
| 牡丹江市 | 0.1427 | 0.2605 | 0.1807 | 0.4877 |
| 黑河市 | 0.1379 | 0.2170 | 0.1713 | 0.5276 |
| 绥化市 | 0.1097 | 0.1973 | 0.1427 | 0.5778 |
| 大兴安岭地区 | 0.1321 | 0.3078 | 0.1820 | 0.5945 |
| 农垦总局 | 0.1937 | 0.3507 | 0.1952 | 0.6290 |
| 森工总局 | 0.1876 | 0.3492 | 0.1970 | 0.6187 |

在批发零售业业态中，全省各地市的平均最近邻指数差异并不大。七台河市和绥化市批发零售业态网点的平均最近邻指数最小，亦即集聚程度最为明显，而农垦总局和森工总局、哈尔滨、大庆和齐齐哈尔的批发零售业态网点的平均最近邻指数较大，分布相对集中。住宿业态中，各地区平均最近邻指数存在比较大的不同，商业网点集聚分布程度存在差异，绥化市的指数最小，网点空间集聚度最

高,农垦总局的平均最近邻指数最大,其住宿业网点空间分布较为分散。餐饮业态中,平均最近邻指数较小的是大庆市,指数较大的是森工总局。大型商业网点中,平均最近邻指数相对较大,其在指数最小的是哈尔滨市,最大的是农垦总局。

## 二、黑龙江省县域商业网点布局业态结构特征

本书根据黑龙江商务厅2016年统计数据,《黑龙江商务年鉴2016》显示,黑龙江省商业网点共有681963个,共12大类型商业网点,所统计的12类商业网点中,批发零售业、餐饮业和住宿业占比例最大,各地市比较分析效果也最明显,因此,以下对网点数量和对应销售额的业态结构分析均选取批发零售业、餐饮业和住宿业这三种业态类型。

### (一)从商业网点数量方面来看,批发零售业和餐饮业为主体

黑龙江省批发零售业、餐饮业和住宿业这三类商业网点数量的比例关系为79.4:15.9:4.7,全省商业网点数量业态结构呈现以批发零售业独大的现象。从各地市的商业网点数量业态结构来看,表7-3中数据依次代表批发零售业、餐饮业和住宿业三种业态,各市均是以批发零售业网点数量占比最大,住宿业占比最小,餐饮业占比居中的业态结构,但全省各城市不同类型的商业网点数量所占比例存在差异。其中伊春市批发零售业网点数量在全省占比在15个城市中最小,而餐饮业和住宿业占比都最大,说明伊春市三类商业业态在全省来看相对比较均衡,大庆市的批发零售类网点数量占比在15个城市中最大,其住宿业占比较小,大兴安岭地区餐饮业占比最小,这表明大庆和大兴安岭地区的各类商业业态发展存在较大差异。

表7-3 黑龙江省城市商业业态结构

| 城市 | 基于网点数量的业态结构 | 基于销售额的业态结构 |
| --- | --- | --- |
| 哈尔滨市 | 82.0:14.0:4 | 96:2.6:1.4 |
| 齐齐哈尔市 | 81.6:14.8:3.6 | 96:3.5:0.5 |
| 鸡西市 | 76.8:21.0:2.2 | 56.7:35.3:8.0 |
| 鹤岗市 | 69.8:25.5:4.7 | 59.5:31.6.0 |
| 双鸭山市 | 82.5:15.3:2.2 | 88.2:9.9:1.9 |
| 大庆市 | 83.2:13.4:3.4 | 96:2.4:1.6 |
| 伊春市 | 25:40.2:34.8 | 41.6:57.5:0.9 |
| 佳木斯市 | 74.9:19.7:5.4 | 80:12.7:7.3 |
| 七台河市 | 77.1:18.5:4.4 | 72:21:7.0 |

续表

| 城市 | 基于网点数量的业态结构 | 基于销售额的业态结构 |
| --- | --- | --- |
| 牡丹江市 | 76.3:18.3:5.4 | 95:3.5:1.5 |
| 黑河市 | 80.2:13.9:5.9 | 73:20.1:6.9 |
| 绥化市 | 79.5:15.8:4.7 | 80.2:16.3:3.5 |
| 大兴安岭地区 | 79:12.8:8.2 | 77:8.6:14.4 |
| 农垦总局 | 68:20.7:11.3 | 72.2:22.7:5.1 |
| 森工总局 | 62.3:26.6:11.1 | 54.1:32:13.9 |

### （二）从商业网点经济效益来看，各业态中批发零售业经济效益最大

根据黑龙江省商业网点的点位数据得到其空间分布位置，而在空间上，每一个相同的点都代表着不同的商业网点，其经济规模也不同，通过这些空间位置及网点数量的数据能精确到各类商业网点的多少、分布密度和空间集聚程度，但是不能看出每一类商业网点的实际产生的经济贡献，而利用统计数据能够弥补上述的不足。从各种商业业态的经营销售额来看，黑龙江省的批发零售业销售额50599766.5万元，餐饮业销售额3551290万元，住宿业销售额1100565.414万元，批发零售业、餐饮业和住宿业三种业态销售额比是91.5:6.4:2.1，批发零售业销售额占总社销额的比例为91.5%，在销售额上呈现以批发零售业最多的状况。从全省各地市的三类商业网点销售额的业态结构来看（见表6-3），各地市仍然是批发零售业独大，依次是餐饮业，最小的是住宿业，但是15个地市中有7个城市的批发零售业的销售额占比都在80%以上，其餐饮业和住宿业占比都较低，因此基于经济效益的业态结构分布要偏态于基于网点数量的业态结构分布，批发零售业的商业网点产生的经济效益远大于餐饮业和住宿业，哈尔滨市、大庆市和齐齐哈尔市的批发零售业的销售额占比较大，伊春市占比最小；餐饮业的销售额占比情况是伊春市最大，大庆市最小；住宿业的销售额占比情况是大兴安岭地区和森工总局较大，而伊春市和齐齐哈尔市较小。

## 第三节 黑龙江省县域商业网点布局差异的影响因素分析

### 一、影响因素构成

依据商业网点空间集聚相关文献及黑龙江省发展情况，其商业网点空间集聚

程度差异的影响因素构成有：居民人均可支配收入、地区生产总值、人口规模、第三产业产值比重以及城市交通可达性。

（1）人均可支配收入。居民的人均可支配收入是地区居民购买力的代表因素，各类业态商业网点在空间上集聚首先选择在人均可支配收入水平较高的区域，商业网点密度明显高于收入水平低的地区。

（2）地区生产总值。一地区商业的发展水平一定会受到该地区经济发展水平的影响，因此地区生产总值代表着地区的经济环境，必然会影响相应地区的商业网点空间集聚程度。在地区生产总值的高值区域哈大齐等地区的商业网点密度明显高于其他地区。

（3）人口规模。一定数量和规模和人口分布密度是商业网点空间集聚的重要依托，一地区各类商业网点的空间布局与人口规模和分布存在着相互吸引的效应，地区常住人口的规模越大，密度越高，相应的商业网点空间集聚程度就越高。相反，网点空间分布则越分散。

（4）第三产业产值比重。商业是第三产业的重要组成部分，城市的第三产业产值比重越大，表明该地区的商业发展水平越高，其商业业态的网点空间集聚现象也就越明显。

（5）城市交通可达性。城市无论是内部还是对外的道路交通可达性不仅能保证城市区域内一定的人口规模，而且也是联系顾客和商业网点的重要载体，同时也吸引城市以外的消费者，也为实现畅通的人流、物流提供必要条件，城市的便捷的交通条件是商业空间高度集聚的重要支撑。

## 二、各影响因素在不同业态间的比较

对不同类型的商业网点，上述5个影响因素的作用大小各不相同。批发零售业网点随着居民人均可支配收入、地区生产总值、人口规模和交通可达性的变大，倾向在各城市的中心布局，其空间分布聚集程度高，这表明批发零售业网点的空间集聚对居民收入、人口密集和城市道路交通具有较强的依赖性，尤其是居民人均可支配收入，对批发零售业的网点集聚影响程度最为明显。餐饮业网点的空间集聚特征和业态结构特征受居民人均可支配收入、人口规模、地区生产总值和三大产业产值比重的影响程度较大，尤其是对居民可支配收入和人口规模的依赖性较强，说明地区居民的消费能力、人口数量对餐饮业网点的空间分布影响作用最为显著，而受城市的交通可达性影响程度较小。住宿业网点随着对居民人均可支配收入、第三产业产值比重、地区生产总值和城市交通条件具有显著的依赖性，说明流动人口规模对住宿业网点的空间集聚具有较高的影响度。

## 第四节　本章小结

　　本章以黑龙江省为例，分析了黑龙江县域商业网点布局的现状、特征及影响因素，介绍了 ArcGIS 空间计量方法的使用及其数据构成。统计了黑龙江省县域商业网点数量、各类型商业网点就业人数、各类型商业网点营业面积、各类型商业网点资产总额、各类型商业网点营业收入、各类型商业网点营业利润及各类型商业网点纳税额等相关数据。用空间计量方法测度了黑龙江省县域商业布局的两大方面特征，一方面是商业网点布局的空间集聚特征，另一方面是商业网点布局的业态结构特征。发现黑龙江各县域商业网点布局存在在特征差异，并分析了造成这些差异的影响因素。

# 第八章 城镇化进程中县域商业网点布局优化对策

## 第一节 城镇化进程中县域商业网点布局优化的指导思想和原则

### 一、指导思想

遵循党的十九大精神,把科学发展观落实到县域发展中,有序开展产业转型和结构调整,走差异化发展的道路,坚持县域的城镇化建设,积极参与新一轮的区域竞争,优先构建高效、有序、良性的商品市场体系,用以强化县域经济的市场竞争力,在竞争中谋取优势地位;推动"城市现代化,城乡一体化"发展,注意城市建设中的环境问题,打造园林式的城市风貌;支持现代流通业的发展,提高市场流转效率,适应性调整市场结构,优化配置市场资源;提高商业服务能力,以市场需求为导向,为公众提供优质产品与服务,并借此实现自身发展。

### 二、优化原则

由于县域的格局、经济水平、行政地位、消费基础等于城市存在明显差异,因此与其适配的商业体系也具有特色。通过文献分析,本书提出了城镇化进程中县域商业网点布局优化的基本原则,具体列述如下:

(一)协调性原则

县域的市场特点、消费水平、交通建设、消费流向、商业资源及旅游开发等指标,共同构成了县域的综合发展水平,这对于县域商业网点的发展具有奠基作用,尤其在优化布局县域商业网点的过程中,应当做到与县域综合发展水平相协调。此外,在县域经济的发展中,容易受到主观能动因素的影响,而且县域周边区域的市场活力、商业水平和市场需求等也处于动态变化之中，因此在布局零售商业网点时要做到科学合理，这样才能更好地服务于县域及周边居民，并助力于城市的综合发展，整体上形成全面协调发展的局面。

（二）实践性原则

对县域商业网点的布局优化需要对实际情况的全面了解，需要严格遵循实践性原则。概括来讲，应当了解县域的区位优势，知晓县域的空间结构，综合分析县域内的交通、人口、环境、资源、政策、文化等各类要素，继而规划出多个等级的商业区域，实现资源的优化配置。这样看来，数据统计、信息分析就变得十分重要。第一步是充分调查县域商业网点的基础信息，例如从业人数、营业额、网点数量、运营模式等，还可以向相关职能部门申领本地区的官方统计资料，从而掌握更丰富的基础资料；第二步是立足于县域的发展现状，定量分析县域商业网点的发展水平，在优化布局的过程中，预留出未来发展空间，积极构建特色县域商业体系，实现协作互补的发展格局。

（三）预见性原则

其实，县域商业网点布局的变革需要一定的现实基础，例如人口数量、人民生活水平等，因此，只要获悉这些指标的发展趋势，就能够合理预见县域商业网点的未来布局。遵循这一原则，在对县域商业网点进行布局时，应当做到超前效果，即除了要保证商业网点服务于当下，还要争取商业网点的布局不会影响其未来发展，这就需要妥善处理业态结构、商业网点数量和零售环境等指标的关系，从而支持商业体系的动态发展。此外，县域商业网点的运营离不开强大的商贸流通行业的支持，而商贸流动业是县级城市总体规划的重要内容，这就要求对二者进行整合规划，规范城镇化进程中县域商业业态的发展标准，以市场需求为导向，快速调整布局状态。

（四）利民性原则

无论从社会需求还是经济规律来说，城镇化进程中的县域商业网点优化布局都要注意服务于民的原则，除了要考虑网络文化格局、层次性等问题，还应当注意商业网点的人性化设计和便利性特征。可以说，商业网点是人民对物质文化要求不断提高的结果，因此，对县域商业网点的布局问题必须融入县域商业体系的建设中来，增强服务功能，改善服务质量，为广大居民提供更优质的服务，逐渐营造出更好地县域商业环境。在未来发展中，还应当跟上城市环境整治的步伐，本着提高居民生活质量的原则，对县域商业网点的布局进行规划，优化调整业态结构，逐步增加营业量，为广大民众提供优质的消费环境，解决市场的短板问题。

# 第二节　城镇化进程中县域商业网点布局优化对策

县域商业网点空间布局与城镇化具有正相关关系，合理优化县域商业网点空间布局有助于城镇化水平的提升。随着中国城镇化进程的推进，城市和乡村交通条件及网络覆盖日趋完善，居民生活水平也进一步提高，而其县域商业网点在空间布局和业态结构方面都制约着城镇化水平的提升，作者针对县域商业网点布局特征及存在的问题，积极探索适合于中国城镇化进程中的县域商业网点布局的方针政策，提出优化设计黑龙江省县域商业网点布局的四点对策。

## 一、加强政府在商业网点布局规划中的指导作用

政府会对本区域的商业网点进行宏观规划，这对于本地区的经济发展和商业网点建设具有重要的指导价值，尤其在布局县域商业网点时，更应当参考政府的指导意见，不能背向而驰。就彼此的关系来讲，商业网点规划是地区商业网点建设的重要依据，也是政府调控和指导商业网点建设布局的重要手段。决策部门在编制商业网点规划时，应根据地区经济发展水平、人口规模及产业构成，确定当地商业规模总量。合理的县域商业网点布局有利于实现县域内商品最大化的流通，扩大县域商业网点服务范围，为县域城镇化水平的提升提供质量保证。黑龙江省是农业大省，县域人口布局分散，县城及乡镇人口集中，农村人口分布不均，而城镇人口的消费能力远高于农村，因此应该根据地区人口规模及收入水平设置不同级别的商业中心，县域地区多位于所在省份的非核心区域，特殊的地理造成了交通不便，影响商品的流通速率。因此，出台商业网点规划时也要着重考虑县域交通因素带来的影响。

在建立县域商业网点体系时，为了能够为县域居民服务，提高城镇化，自上而下设立商业网点的不同等级，县域商业网点体系应以三级商业等级划分为依据，一级商业中心以县城为中心，辐射整个县域，随着辐射力的减弱，再设立二级商业中心，即乡镇级商业中心，辅助中心增加其商业体系的辐射力。辅中心一般可选择乡镇商业中心，辐射整个乡镇，这样一个县域可由一个主商业中心加多个辅助中心来全面覆盖。在商业中心所不能辐射的偏远地区设置集市，应设立重点村商业中心，应将集市体系体现在县域商业网点体系中。由于电子商务和现代新兴业态的出现，也应在县域商业网点设置中增加物流和快递业的网点，使快递网点深入城镇和乡村，从而让偏远地区的居民也能够享受到现代物流体系的优质服务。

## 二、建立县域商业网点多元化渠道和总量控制体系

商业网点的总量控制应从实体渠道、虚拟渠道的数量建设出发，而不仅仅局限于实体网点的数量层面。其中，实体渠道是商业网点建设最重要的传统渠道。虚拟渠道则主要包括网上交易、物流配送网点等。随着城镇化进程的推进和县及县以下农村消费需求的改变，商业网点布局建设越来越呈现多元化的趋势。通过不同种类的渠道，商业网点可以营销自己的产品和服务，也可以获取客户在多种需求方面的信息。

实现县域商业网点网络的优化。实体商业网点的布局应该做好以下几方面工作：一是对县域商业网点进行分类。即把商业网点的经营同当地资源紧密结合起来，将网点划分为不同的类别，通过网点分类管理明确不同类型网点的服务重点和进行差别化建设，保证商业网点的专业化水准和服务层次，避免过分多元化和综合化产生的种种低效。二是撤并效益低下及布局重叠的网点，同时按照市场的经济潜力逐步调整，安排商业网点的地点类型和分布密度，围绕提高商业网点对顾客的便捷性，大力发展现代化新兴商业网点，商业网点应从服务便利性方面进行内部环境改造。随着经济的发展，信息网络已经深入县城及农村，就优化商业网点的布局结构，在县域地区建设多功能商业网点以满足县域居民日益增长的物质需要。

近年来，随着移动互联网等新一代信息技术的加速发展，技术驱动下的商业模式创新层出不穷，线上线下互动成为最具活力的经济形态之一，成为促进消费的新途径和商贸流通创新发展的新亮点。农村商业网点和县城商业网点以及市级商业网点之间存在脱节现象，农村商业网点无论在档次、规模还是互联网技术运用上均落后于城镇商业网点。政府应当鼓励商业企业利用互联网逆向整合各类生产要素资源，按照消费需求打造个性化产品。优化商业网点布局，协调发展城乡商业网点。通过互联网技术将城市商业网点和农村商业网点结合起来，将电子商务纳入城镇商业网点建设中去，推动"互联网+流通"，大力发展电子商务和现代物流，增加物流网点以及电商平台的建设，增加城镇高品质商品和服务的网点供给建设，增加农村基础性商品和服务网点的建设。通过引进电子商务的方式，将城市内批发零售业的连锁商业品牌逐渐渗透到农村，增加品牌商业网点的建设，同时增强企业信息交互、在线交易的功能，提升线下商品的真实体验、物流配送及售后服务等功能。从而达到县域城乡商业网点布局优化、资源集聚协同发展的目的。

商业网点应从多类型进行整合来控制总量。随着我国城镇化的推进，撤乡并村战略的实施，以及信息网络化的发展，对县域商业网点布局提出了更高的要

求，对商业网点数量和布局要进行整合。按照东中西部县域的城镇化水平合理布局县域商业网点。相关部门应根据我国人口城镇化数据、县域商业网点数据对前面所得出的网点分布不合理的地区进行整合和控制。同时建立一套促进城镇化建设的县域商业网点布局总量控制体系。

## 三、按照商业网点业态种类合理布局

在布置县域商业网点时，需要综合分析商业网点等级和业态种类，实现分级建设，而业态种类和商业规模是依据人口规模和人均收入水平而定的。

### （一）商业分级

针对我国县域的区域特点和经济水平，本书认为可以依据人口指标，在县域地区内设定三级商业区，具体来说：如果人口数量低于15万人，可以建设3级商业区，包括村级商业中心（集市）、乡镇级商业中心、县级商业中心；如果人口数量高于15万人，可以建设3级主商业区，同时增设一些辅商业区，其中，主商业区包括村级商业中心、乡镇级辅商业中心和县级商业中心，而辅商业中心可以设在县城和乡镇的新开发地区。

对于不同等级的商业网点，其硬件设施的规模、质量、完善度等存在明显差别，因此服务功能、服务半径、消费群体、配套行业等也存在较大差别。具体来说，县级商业中心通常位于县城核心区或闹市区，发挥着核心的服务功能，主要面向于高层次消费者，提供高档消费服务，标志县域的最高消费水平；辅商业中心通常位于县城周边区域，主要功能是弥补县级商业中心无法覆盖周边区域的问题，主要提供中低档服务，能够消化一定规模的购买力，同时为广大社区提供基础服务，带有强烈地便民特点。概括来说，首先，主中心和辅中心商业网点都具有良好的发展势态，可是业态档次与城市发展需求不相符合，这成为后续管理的重点内容，可遵循市场调节机制对其进行筛选，摒弃落后商业网点，优化调整业态结构，增加大中型商业网点的数量，提高服务档次，改善服务质量；其次，无论何种级别的商业网点，都应当重视自身的商业信誉，并培育良好地企业形象，制定出新型经营策略，为民众提供优质服务，从而扩大自身的目标客户数量。最后，县城以外的商业网点存在数量不足、总量不多、业态结构不合理的问题，针对于此，必须立足实际，适时扩充商业网点的数量，满足市场需求，同时优化调整业态结构，改善服务效果，全面推动县域商业网点的建设与发展。

### （二）零售业网点布局

零售业是县域经济体系的重要内容，具有明显的社会属性，满足了民众的消费需求，因此零售业网点的建设是县域商业网点建设的重要部分。在老城区，住宅密集度低，居民分散，混杂分布着居民住宅和公共机构，对商业街产生了强烈的依赖，这是他们获取生活质量的主要路径。但是，在新城区的开发中，住宅密度大幅提高，基本形成了居住区集中化趋势，这就为社区商业中心的建设提供了现实基础，而社区商业中心的建设能够满足民众的消费需求，为民众生活提供保障，从而有利于构建新型的生活模式。当下，需要持续改善社区零售体系，根据市场需求，建设新的业态，从而强化服务功能，改善服务效果。在布局社区零售商业网点时，应当综合考虑多种影响因素，例如，社区的空间形态、社区居民消费层次和交通网络状况等。此外，其他更高层级的商业网点，会对社区零售商业网点的运营产生重要影响，因此还要注意二者的间距，一般来说，消费群体在1.5万~2.0万人，与县级、区级商业中心的间距大于1公里的居住区，能够支撑起一个综合性的、面积在4000平方米左右的社区商业中心。此外，参照政府县级总体规划，综合分析社区位置、社区人口等设定社区商业中心的等级并合理到商业形态，建成不同规模的便利店、食品超市、餐饮店、专业店、菜市场、娱乐场所等，逐步构建起多重功能复合的社区商业体系。

（三）大型商业网点布局

中心城区的人口众多，消费能力强，能够支持大中型零售商业网点，在网点中存在着众多的品牌店、专卖店。在对大型商业网点进行布局设计时，应当综合分析当前的经济水平、人口数量、消费能力等，同时注意多个大型零售商业网点的间距，合理界定一个大型零售商业网点的有效辐射范围，避免过度竞争和扎堆经营。依据相关规定，大型综合超市的服务人口数3万~5万人，服务半径是1000米；中型超市的服务人口是1万~3万人，服务半径是500米；而大型百货店通常着落在综合性商业街，其服务人口5万~10万人，服务半径是3000米。从发展的眼光来看，人们的消费需求会越来越强烈，商业网点将朝向大店化的趋势发展。在未来，应当保证每5万人拥有一处大型商业零售网点，需要保证发达的交通服务；营业面积不低于2000平方米，需要做好通道设计、内部结构设计；可提供2万余种的各类商品，需要做好品种分类工作。

## 四、优化县域商业网点空间布局，提高县域商业网点经营的现代化水平

遵循规律，合理规划，优化布局，推动县域商业网点的现代化经营。县域商业网点在空间分布上呈现出只有几个经济带空间高度集聚，其他经济发展水平较弱地区分布局散乱，县域及乡镇的商业现代化水平较低，辐射能力弱，严重制约城镇化建设的步伐。因此，应该根据当地经济文化、居民数量、历史环境、消费习惯及未来前景等条件来设定县域商业中心的层次。不同级别的商业中心拥有不同规模的硬件配套设施，因此其服务能力、辐射范围、业态类型等都有所不同，

一般来说，一级商业中心要能够服务整个县域，为县城与乡镇中高收入消费人群及外来游客服务，二级商业中心和三级商业中心往下依次类推，从而打造出一套全覆盖的商业网点体系。为了适应未来发展需求，应当在县域商业网点经营中引用信息化技术，建立强大的信息管理平台，积极引进物流管理、供应链管理等策略，加快资源流通速度，积极推行电子商务等新兴商业业态。

### （一）优化县域商业网点空间布局

政府对商业网点的空间布局进行科学规划，包括投资份额、网点规模、区域分布等，通过制度建设确定管理权限，建立有效的审批程序，禁止商业组织自发、盲目布局；政府应当鼓励商业网点向周边区域发展，构造立体化的商业体系，为民众提供全方位服务。概括来讲，政府应当重视对大型零售网点空间布局的规范、引导和调控，从而弥补"市场缺陷"，可以通过公关调控或者制度管理等手段，优化设计各级商业网点的空间布局。

### （二）提高县域商业网点的现代化水平

提高县域商业网点的现代化水平，应当在县域商业网点经营中引用信息化技术，建立强大的信息管理平台；积极引进物流管理、供应链管理等科学方法，加快资源流通速度；积极推行电子商务等新兴商业业态，保证商业网点拥有高超的硬件基础，为商业网点的运营提供支持。在确定商业网点的层次时，需要综合分析经济、环境、消费群体、阶层、人文、购买能力、基础设施等多种因素，分析它们的内在关系，然后明确自身的功能定位、服务范围、业态类型、营业规模等，同时配合二三级商业群，建立起县域范围内的商业体系，并将更大资本投入到现代化建设中，增强自身的竞争力。

## 五、调整业态结构促进县域商业网点互补性发展

业态结构是影响县域商业网点布局的重要因素，在优化县域商业网点空间结构的同时要注意优化业态结构。县域商业网点业态结构表现出两个显著的特征，即商业网点数量上，批发零售业和餐饮业为主体；商业网点经济效益上，各业态中批发零售业经济效益最大。因此从商业网点业态结构上看，应该加快建设中小型商业网点，并与大型零售商业网点形成互补，这类网点包括便民店、专营店和特色店等，通常在传统商业的基础上，掺杂了现代商业的要素，从而能更好地提供消费服务，受到民众的欢迎。还应增加连锁经营、物流配送及电子商务等县域商业网点业态形式，提高商业流通效率；电子商务作为一种新兴的商业模式，在县域及乡镇应积极推广，鼓励开展网上商店及交易，使新兴业态的经济效益迅速增加，促进县域商业网点业态结构均衡

## (一) 研究定位网点业态

合理的商业定位是有效经营的前提。客观来讲，不同的业态拥有自身特点，适应于不同消费者的需求，同时需要采用特定的管理方式进行管理，所以，企业必须综合考虑自身实力、运营环境、行业规律、业态需求等多个要素，最终实现业态定位。关于业态发展的问题，首先要完善中心商业区，区域内分布有专卖店、购物中心、大型超市等实体店，主要提供高端消费服务；其次是建设更多的社区型商业区，区域内包括以日用品、食品为主的大型超市，具有运营时间长、方便快捷的优势；最后是在城乡接合部建设一批仓储会员店，为城区周边的居民提供服务，可供应基本的生活资料。

## (二) 探索新兴业态，调整业态结构

随着市场环境的变化，应当动态调整商业网点的业态结构，可行的办法是：其一，借助于政府下发的宏观政策进行调节，主要用于解决过度集中化、同质化等问题，还能适当提高准入门槛，从而优化市场环境，优化业态结构；其二，借助于市场竞争，形成良性的市场规律，对业态结构发挥"反逼"作用，推动业态结构的适应性调整。结合我国的情况来说，本书认为首先要优先发展大型百货商店，变革期业态结构，强化服务功能，主要面向中高档消费者；建设一批集功能性和特色化的专卖店，推动专业服务的扩展；在城郊建设更多地仓储式商场，实现县域商业网点的全面发展。

## (三) 促进业态融合，实现业态间优势互补

为了满足人民不断提高的消费需求，必须推动零售业态的融合，实现业态间的优势互补。对于大型零售企业来说，可通过外延型融合或者内涵型融合来达成业态融合的目的。从更广泛的角度来说，企业应当认清自己的实力，洞悉经济环境的变化，集成多种零售业态，实现多种业态的融合、互补、协同，发挥出"集合商圈"的效果，从而为消费者提供多层次的服务。

## (四) 深入调整业态结构，实践业态混合经营模式

许多大型商业网点开始尝试多业态混合经营模式，这成为当下最具创新力的发展路径。业态混合经营模式适用于市场资源不足的情况，通过整合多种相近的业态，增强多个业态之间的互补效应，实际上扩大了客户群体。

## (五) 加快适应新兴业态发展的综合管理建设

新兴业态具有发展活力，适应了新的消费群体，但是新兴业态依赖于综合化、先进的管理手段，才能得以确立和健康发展。对此，第一步就是建规立制，构建起完善的制度体系，为新兴业态的管理提供制度保障，并引导其走向法制管理的方向；第二步就是推动信息化建设，引用前沿科技对新兴业态进行管理，充分利用市场信息，辅助进行科学决策，保障新兴业态的健康发展。

### (六) 加快人才培养

无论是业态结构的调整,还是新兴业态的管理,以及各级商业网点的经营,都需要各类人才的参与。例如,需要管理型人才统筹各类工作,需要外语专业的人才对外沟通,需要计算机人才构建信息系统,需要技术型人才负责日常维护,需要经营性人才作出发展决策,需要物流专业人才搭建物流网络等,必须重视人才培训,如此才能为我国县域商业网点的可持续发展提供充足的人力储备。

县域商业网点布局主要是进行城镇和农村的商业网点布局规划,改善农村消费环境、提高农村居民生活服务水平,转变农村居民的生活消费理念,从而更好地适应城市的生活环境,逐步实现真正的人的城镇化。目前,黑龙江省很多县里都有各自的主导产业,随着主导产业的知名度与生产销售范围的不断扩大,主导产业对当地经济发展的贡献远远超过了一般产业对经济增长的贡献,产品特色越明显、知名度越高、流通范围越广,其对周边农村经济辐射带动的作用就越大。在新型城镇化的过程中,通过对农村土地、人口等资源的整合,涌现出了一批合并后的乡镇,人口集中度随之增加,这些主导产业为这些农民提供了大量的就业岗位。就业人数的增加有利于促进企业的生产和分工,有利于提高企业的运行效率,形成规模经济或者范围经济。随着人口的发展和集聚,主导产业中的这些企业可以继续扩大生产规模,不断丰富产品品种,实现批量的生产和采购,降低了生产成本,提高了经济效益。因此,在这些拥有主导产业或者特色产业的乡镇应当建立与企业生产规模相匹配的专业批发市场以及零售批发的门店,比如在农业占主导地位的乡镇可以建立大型的农产品生产资料批发市场、特色农产品展销厅以及特色农产品销售门店等,实现采购、生产、销售、咨询一站式服务,充分利用商业网点作为商品流通枢纽的功能发挥当地产业优势,同时依靠优势产业的不断发展壮大,带动乡镇经济快速发展,基础公共设施服务不断完善,人民收入水平不断提高,从而逐渐实现人的城镇化。

# 第三节 本章小结

本章根据第五章分析,即县域商业网点空间布局与城镇化发展具有正相关关系,得到合理优化县域商业网点空间布局有助于城镇化水平的提升的结论。随着中国城镇化进程的推进,城市和乡村交通条件及网络覆盖日趋完善,居民生活水平也进一步提高,而其县域商业网点在空间布局和业态结构方面都制约着城镇化水平的提升,针对县域商业网点布局特征及存在的问题,积极探索适合于中国城镇化进程中的县域商业网点布局的方针政策，并提出了四点优化措施：其一，重视政府商业网点规划，用以指导布局工作；第二，按照商业网点业态种类合理布局；第三，优化县域商业网点空间布局，提高县域商业网点经营的现代化水平；第四，调整业态结构促进县域商业网点互补性发展。

# 本书总结

本书在梳理国内外关于城镇化进程中县域商业网点布局的相关研究文献和概念理论的基础上,对县域商业网点布局的现状及存在的问题、县域商业网点的布局特征及其影响因素进行了深入的研究,同时用因子分析法实证分析了城镇化发展水平与县域商业网点布局的相关性,并以黑龙江省县域商业网点布局进行了举例研究。最后针对城镇化进程中我国县域商业网点布局提出了相应的优化对策。具体总结如下:

(1) 介绍了城镇化进程中县域商业网点布局的现状,归纳了现存的主要问题,表述了县域商业网点布局的原则、目标和基本内容,并对我国县域发展现状进行了对2007~2016这10年来我国县城变化情况进行了统计,并确定了本书研究的数据样本为不包括新疆、西藏、青海和港澳台地区的28个省份的县域数据。同时分析了县域商业网点布局的现状,即从县域的纵向统计来看,各业态商业网点在县城集中分布,向郊区分散,呈现相对集中分布态势;从县域横向统计来看,各商业网点业态种类空间集聚具有差异;从商业网点数量方面来看,各县批发零售业和餐饮业为主体;从商业网点经济效益来看,各业态种类中批发零售业经济效益最大。同时分析了我国县域商业网点布局存在的问题。

(2) 在对县域商业网点布局的特征和影响因素分析中,本章采用模糊数学综合评判分析法分析了县域商业网点的等级特征,根据模糊综合评判方法,可以将县域商业网点分为三个等级,即县级主商业中心、乡镇级商业中心和重点村商业中心三级商业中心,并且根据模型评判等级说明不同级别的商业网点相应的且有不同的特征。同时根据商业网点布局的这些特征归纳分析了县域商业网点布局的影响因素。分别为:GDP、人口因素、交通因素、土地价值因素、县域空间结构、县域经济水平、县域人均GDP及消费能力与结构。

(3) 在对城镇化发展与县域商业网点布局的关联关系分析中,运用因子分析法的主成分分析法分析了中国28个省份县域地区的城镇化发展水平与商业网点布局的关系,并得出结论。分析了城镇化发展水平与县域商业网点布局之间互动与关联价值;应用因子分析法实证分析了城镇化发展水平指标评价,并对县域商业网点布局与城镇化发展做了关联分析,得出结论:县域商业网点布局质量的提高对于地区城镇化质量的提高有着重要的影响作用,"$LS_{it}$,县域社销额与地区社销额之比"和"LQit,县域社销额与地区 GDP 之比"均与"Fit,地区城镇化质量水平"呈现显著的正相关关系。每当县域社会消费品零售总额与地区社会消费品零售总额之比提高 1 个百分点则地区城镇化质量则相应提高 0.8731 个百分点,若县域社会消费品零售总额与地区生产总值之比提高 1 个百分点则地区城镇化质量则相应提高 0.5604 个百分点。分析结果显示:城镇化发展与县域商业网点布局质量之间的关联程度具有较大的地区差异;城镇化、县域商业网点布局质量及其关联程度在研究时期内均有一定程度的提升,其中二者关联程度上升幅度较大;城镇化发展水平与县域商业网点布局质量的关联互动具有时空变迁的特点,且少数省份已逐渐呈现协同互动的发展局面。

(4)以黑龙江省为例,分析了黑龙江县域商业网点布局的现状、特征及影响因素,介绍了 ArcGIS 空间计量方法的使用及其数据构成。首先本部分统计了黑龙江省县域商业网点数量、各类型商业网点就业人数、各类型商业网点营业面积、各类型商业网点资产总额、各类型商业网点营业收入、各类型商业网点营业利润及各类型商业网点纳税额等相关数据。用空间计量方法测度了黑龙江省县域商业布局的两大方面特征,一方面是商业网点布局的空间集聚特征,另一方面是商业网点布局的业态结构特征。发现黑龙江省各县域商业网点布局存在特征差异,并分析了造成这些差异的影响因素。

(5)用模糊综合评价法对我国 28 个省份的县域商业网点总量进行了评价,并验证了中国县域商业网点布局总量存在的问题和不足,为优化我国县域商业网点布局提供了依据。选取 2016 年全国 28 个省份为研究对象,用人均 GDP、GDP 增长率、区域居民人均消费支出、食品支出占总支出的比重、区域人口总量、人口增长率、人口密度、客运量和旅客周转量作为评价县域商业网点布局总量控制的指标;用熵权法对商业网点总量控制指标权重进行测度,得出熵权系数 ω = $(x_1, x_2, x_3, x_4, x_5, x_6, x_7, x_8, x_9)$ = (0.1158, 0.0623, 0.1672, 0.0574, 0.0831, 0.0547, 0.2563, 0.1054, 0.0978),其中人口密度、人均均消费支出和人均 GDP 的权重系数较大,在评价过程中起重要作用;运用模糊综合评价方法得出全国各地区对县域商业网点布局的五个等级的隶属度;再根据隶属度最大的原则,得出 11 个地区县域商业网点总量很多,5 个地区网点数量较多,3 个地区合适,5 个地区较少,4 个地区很少。全国各地区中,东部地区和西部地区均存在商业网点数量不合理现象。同时本章根据实际县域发展情况,对县域商业中心、批发市场和物流基地的微观结构布局做出简要研究。

(6)根据因子分析结果,县域商业网点空间布局与城镇化发展的相关关系,两者之间具有正相关关系,得到合理优化县域商业网点空间布局有助于城镇化水平的提升。随着中国城镇化进程的推进,城市和乡村交通条件及网络覆盖日趋完善,居民生活水平也进一步提高,而其县域商业网点在空间布局和业态结构方面都制约着城镇化水平的提升,针对县域商业网点布局特征及存在的问题,积极探索适合于中国城镇化进程中的县域商业网点布局的方针政策,并提出了四点优化措施:其一,重视政府商业网点规划,用以指导布局工作;第二,按照商业网点业态种类合理布局;第三,优化县域商业网点空间布局,提高县域商业网点经营的现代化水平;第四,调整业态结构促进县域商业网点互补性发展。

# 附录

表1　　　　　　　　　　31个省份人均GDP　　　　　　　　　　单位：元

| 省份 | 2010年 | 2011年 | 2012年 | 2013年 | 2014年 | 2015年 | 2016年 |
|---|---|---|---|---|---|---|---|
| 北京市 | 73856 | 81658 | 87475 | 93213 | 100855 | 106751 | 118128 |
| 上海市 | 76074 | 82560 | 85373 | 90092 | 97561 | 102919 | 116441 |
| 天津市 | 72994 | 85213 | 93173 | 99607 | 106810 | 109032 | 114503 |
| 重庆市 | 27596 | 34500 | 38914 | 42795 | 48032 | 52549 | 58204 |
| 内蒙古自治区 | 47347 | 57974 | 63886 | 67498 | 71135 | 71992 | 71937 |
| 河北省 | 28668 | 33969 | 36584 | 38716 | 40122 | 40367 | 42932 |
| 辽宁省 | 42355 | 50760 | 56649 | 61686 | 65209 | 65453 | 50815 |
| 吉林省 | 31599 | 38460 | 43415 | 47191 | 50177 | 51851 | 54068 |
| 黑龙江省 | 27076 | 32819 | 35711 | 37509 | 39216 | 39352 | 40500 |
| 江苏省 | 52840 | 62290 | 68347 | 74607 | 81986 | 88085 | 96747 |
| 浙江省 | 51711 | 59249 | 63374 | 68462 | 73033 | 77862 | 84528 |
| 安徽省 | 20888 | 25659 | 28792 | 31684 | 34575 | 36176 | 39392 |
| 福建省 | 40025 | 47377 | 52763 | 57856 | 63741 | 68260 | 74369 |
| 江西省 | 21253 | 26150 | 28800 | 31771 | 34738 | 36819 | 40285 |
| 山西省 | 26283 | 31357 | 33628 | 34983 | 35151 | 35094 | 35444 |
| 山东省 | 41106 | 47335 | 51768 | 56323 | 61057 | 64358 | 68387 |
| 河南省 | 24446 | 28661 | 34174 | 34174 | 37118 | 39222 | 42459 |
| 湖北省 | 27906 | 34197 | 38572 | 42613 | 47193 | 50808 | 55506 |
| 湖南省 | 24719 | 29880 | 33480 | 36763 | 40425 | 43114 | 46249 |
| 广西壮族自治区 | 20219 | 25326 | 27952 | 30588 | 33212 | 35345 | 37862 |
| 广东省 | 44736 | 50807 | 54095 | 58540 | 63691 | 67896 | 73511 |
| 海南省 | 23831 | 28898 | 32377 | 35317 | 39114 | 40983 | 44200 |
| 四川省 | 21182 | 26133 | 29608 | 32454 | 35200 | 36980 | 39862 |
| 贵州省 | 13119 | 16413 | 19710 | 22922 | 26416 | 29938 | 33127 |
| 云南省 | 15752 | 19256 | 22195 | 25083 | 27341 | 29100 | 30996 |
| 陕西省 | 27133 | 33464 | 38564 | 42692 | 46998 | 48135 | 50877 |
| 甘肃省 | 16113 | 19595 | 21978 | 24296 | 26473 | 26209 | 27588 |
| 青海省 | 24115 | 29522 | 33181 | 36510 | 39812 | 41428 | 43381 |
| 宁夏回族自治区 | 26860 | 33043 | 36394 | 39420 | 42081 | 44015 | 46942 |
| 新疆维吾尔自治区 | 25034 | 30087 | 33796 | 37181 | 40919 | 40569 | 40240 |

表 2　　　　　　　　　　　31 个省份城镇化率　　　　　　　　　单位:%

| 省份 | 2015 年 | 2014 年 | 2013 年 | 2012 年 | 2011 年 | 2010 年 |
|---|---|---|---|---|---|---|
| 北京市 | 86 | 86 | 86 | 86 | 86 | 85 |
| 天津市 | 83 | 82 | 82 | 81 | 80 | 79 |
| 河北省 | 51 | 49 | 48 | 47 | 45 | 44 |
| 山西省 | 55 | 54 | 52 | 51 | 49 | 48 |
| 内蒙古自治区 | 60 | 59 | 58 | 57 | 56 | 55 |
| 辽宁省 | 67 | 67 | 66 | 65 | 64 | 62 |
| 吉林省 | 55 | 54 | 54 | 53 | 53 | 53 |
| 黑龙江省 | 59 | 58 | 57 | 56 | 56 | 55 |
| 上海市 | 89 | 89 | 89 | 89 | 89 | 89 |
| 江苏省 | 66 | 65 | 64 | 63 | 62 | 60 |
| 浙江省 | 66 | 65 | 64 | 63 | 62 | 61 |
| 安徽省 | 51 | 49 | 47 | 46 | 44 | 43 |
| 福建省 | 63 | 61 | 60 | 59 | 58 | 57 |
| 江西省 | 52 | 50 | 48 | 47 | 45 | 44 |
| 山东省 | 57 | 55 | 54 | 52 | 50 | 49 |
| 河南省 | 47 | 45 | 44 | 42 | 40 | 38 |
| 湖北省 | 57 | 55 | 54 | 53 | 51 | 49 |
| 湖南省 | 50 | 49 | 48 | 46 | 45 | 43 |
| 广东省 | 69 | 68 | 67 | 67 | 66 | 66 |
| 广西壮族自治区 | 47 | 46 | 45 | 43 | 41 | 40 |
| 海南省 | 55 | 54 | 53 | 51 | 50 | 49 |
| 重庆市 | 61 | 59 | 58 | 57 | 55 | 53 |
| 四川省 | 48 | 46 | 44 | 43 | 41 | 40 |
| 贵州省 | 42 | 40 | 38 | 36 | 35 | 33 |
| 云南省 | 43 | 41 | 40 | 39 | 37 | 34 |
| 西藏自治区 | 26 | 25 | 23 | 22 | 22 | 22 |
| 陕西省 | 54 | 52 | 51 | 50 | 47 | 45 |
| 甘肃省 | 43 | 41 | 40 | 38 | 37 | 36 |
| 青海省 | 50 | 49 | 48 | 47 | 46 | 44 |
| 宁夏回族自治区 | 55 | 53 | 52 | 50 | 49 | 47 |
| 新疆维吾尔自治区 | 47 | 46 | 44 | 43 | 43 | 43 |

表 3　　30个省份城市人口密度　　单位：人/平方千米

| 省份 | 2015年 | 2014年 | 2013年 | 2012年 | 2011年 | 2010年 |
| --- | --- | --- | --- | --- | --- | --- |
| 北京市 | 1541 | 1525 | 1498 | 1464 | 1428 | 1383 |
| 天津市 | 3492 | 3328 | 2843 | 2782 | 2636 | 2752 |
| 河北省 | 2646 | 2540 | 2483 | 2411 | 2362 | 2354 |
| 山西省 | 3920 | 3974 | 3526 | 3028 | 2977 | 2890 |
| 内蒙古自治区 | 1629 | 1291 | 1059 | 1032 | 764 | 981 |
| 辽宁省 | 1590 | 1615 | 1663 | 1624 | 1712 | 1814 |
| 吉林省 | 3193 | 3171 | 3135 | 2878 | 2371 | 1449 |
| 黑龙江省 | 5504 | 4946 | 4922 | 5054 | 5146 | 5239 |
| 上海市 | 3809 | 3826 | 3809 | 3754 | 3702 | 3630 |
| 江苏省 | 2034 | 2038 | 2016 | 2002 | 2013 | 2027 |
| 浙江省 | 1914 | 1828 | 1818 | 1786 | 1741 | 1773 |
| 安徽省 | 2458 | 2416 | 2359 | 2401 | 2265 | 2469 |
| 福建省 | 2704 | 2627 | 2570 | 2388 | 2306 | 2290 |
| 江西省 | 4822 | 4671 | 4542 | 4663 | 4527 | 4786 |
| 山东省 | 1452 | 1426 | 1361 | 1349 | 1389 | 1389 |
| 河南省 | 5155 | 5149 | 4982 | 4964 | 5124 | 5178 |
| 湖北省 | 2430 | 2448 | 2505 | 2004 | 1969 | 1929 |
| 湖南省 | 3261 | 3402 | 3317 | 3030 | 2908 | 2992 |
| 广东省 | 3060 | 2999 | 3066 | 2927 | 2637 | 2428 |
| 广西壮族自治区 | 1823 | 1684 | 1543 | 1528 | 1569 | 1498 |
| 海南省 | 2045 | 2069 | 1946 | 2079 | 2639 | 2739 |
| 重庆市 | 1904 | 1872 | 1847 | 1832 | 1830 | 1860 |
| 四川省 | 1902 | 3068 | 2900 | 2866 | 2782 | 2743 |
| 贵州省 | 2396 | 2393 | 3406 | 3324 | 3502 | 3266 |
| 云南省 | 2943 | 2853 | 2415 | 4029 | 3811 | 3795 |
| 陕西省 | 4031 | 5474 | 5541 | 5483 | 5821 | 5506 |
| 甘肃省 | 4049 | 3682 | 3916 | 4369 | 3824 | 3793 |
| 青海省 | 2692 | 2604 | 2924 | 2674 | 2487 | 2320 |
| 宁夏回族自治区 | 1336 | 1295 | 1253 | 1251 | 1147 | 1093 |
| 新疆维吾尔自治区 | 2557 | 4280 | 4361 | 4312 | 4563 | 4977 |

表 4　　30 个省份第三产业从业人员比重　　单位:%

| 省份 | 2010 年 | 2011 年 | 2012 年 | 2013 年 | 2014 年 | 2015 年 |
| --- | --- | --- | --- | --- | --- | --- |
| 北京市 | 74.1 | 74.0 | 75.6 | 76.7 | 77.3 | 78.8 |
| 天津市 | 44.4 | 49.0 | 49.9 | 50.1 | 53.4 | 56.9 |
| 河北省 | 28.0 | 30.4 | 30.8 | 32.06 | 32.5 | 32.93 |
| 山西省 | 34.2 | 35.7 | 36.5 | 36.57 | 37.31 | 38.15 |
| 内蒙古自治区 | 34.4 | 36.4 | 37.2 | 39.96 | 42.55 | 43.84 |
| 辽宁省 | 42.5 | 43.1 | 44.5 | 44.1 | 45.4 | 45 |
| 吉林省 | 36.6 | 36.9 | 38.0 | 38.31 | 39.34 | 41.38 |
| 黑龙江省 | 36.2 | 36.4 | 37.6 | 39.3 | 43.7 | 42.5 |
| 上海市 | 58.5 | 56.3 | 56.5 | 56.7 | 61.8 | 62.85 |
| 江苏省 | 36.1 | 36.1 | 36.5 | 37 | 37.7 | 38.6 |
| 浙江省 | 36.1 | 34.6 | 34.9 | 36.36 | 36.78 | 38.48 |
| 安徽省 | 30.6 | 36.0 | 37.3 | 38.3 | 39.1 | 39.5 |
| 福建省 | 33.4 | 35.9 | 36.2 | 36.8 | 38.6 | 40.6 |
| 江西省 | 32.7 | 35.5 | 36.1 | 36.1 | 39 | 37.1 |
| 山东省 | 32.0 | 32.2 | 32.7 | 33.8 | 34.6 | 35.2 |
| 河南省 | 26.1 | 27.0 | 27.7 | 28 | 28.7 | 30.2 |
| 湖北省 | 41.3 | 33.3 | 34.7 | 35.65 | 37.05 | 38.82 |
| 湖南省 | 31.8 | 34.8 | 34.9 | 35.1 | 35.5 | 35.8 |
| 广东省 | 39.4 | 33.2 | 34.2 | 35.1 | 36.2 | 36.9 |
| 广西壮族自治区 | 25.6 | 19.1 | 27.7 | 27.86 | 27.06 | 31.21 |
| 海南省 | 38.2 | 39.1 | 40.1 | 44.09 | 44.79 | 46.09 |
| 重庆市 | 37.8 | 37.2 | 37.8 | 38.6 | 39.9 | 41.4 |
| 四川省 | 34.1 | 31.2 | 32.8 | 33.4 | 34.1 | 34.8 |
| 贵州省 | 38.5 | 21.3 | 21.8 | 22.54 | 23.42 | 24.13 |
| 云南省 | 27.0 | 27.5 | 29.7 | 31.3 | 33.1 | 33.4 |
| 陕西省 | 31.2 | 31.6 | 29.5 | 23.08 | 25.54 | 29.7 |
| 甘肃省 | 33.8 | 23.3 | 23.9 | 24.69 | 25.88 | 26.83 |
| 青海省 | 35.5 | 36.7 | 39.0 | 39.7 | 40.5 | 41.2 |
| 宁夏回族自治区 | 34.2 | 34.7 | 35.0 | 35.2 | 35.5 | 37.6 |
| 新疆维吾尔自治区 | 34.8 | 35.7 | 35.7 | 37.52 | 38.65 | 40.76 |

| 表5 | | | 30个省份非农产业占GDP比重 | | | 单位:% | |
|---|---|---|---|---|---|---|---|
| 省份 | 2010年 | 2011年 | 2012年 | 2013年 | 2014年 | 2015年 |
|---|---|---|---|---|---|---|
| 北京市 | 99 | 99 | 99 | 99 | 99 | 99 |
| 天津市 | 98 | 98 | 98 | 98 | 98 | 98 |
| 河北省 | 87 | 88 | 88 | 88 | 88 | 88 |
| 山西省 | 93 | 94 | 94 | 94 | 93 | 93 |
| 内蒙古自治区 | 90 | 90 | 91 | 90 | 90 | 91 |
| 辽宁省 | 91 | 91 | 91 | 91 | 92 | 92 |
| 吉林省 | 87 | 87 | 88 | 88 | 88 | 88 |
| 黑龙江省 | 87 | 86 | 84 | 82 | 82 | 82 |
| 上海市 | 99 | 99 | 99 | 99 | 99 | 99 |
| 江苏省 | 93 | 93 | 93 | 94 | 94 | 94 |
| 浙江省 | 95 | 95 | 95 | 95 | 95 | 95 |
| 安徽省 | 86 | 86 | 87 | 88 | 88 | 88 |
| 福建省 | 90 | 90 | 90 | 91 | 91 | 91 |
| 江西省 | 87 | 88 | 88 | 88 | 89 | 89 |
| 山东省 | 90 | 91 | 91 | 91 | 91 | 92 |
| 河南省 | 85 | 86 | 87 | 87 | 88 | 88 |
| 湖北省 | 86 | 86 | 87 | 87 | 88 | 88 |
| 湖南省 | 85 | 85 | 86 | 87 | 88 | 88 |
| 广东省 | 95 | 94 | 95 | 95 | 95 | 95 |
| 广西壮族自治区 | 82 | 82 | 83 | 84 | 84 | 84 |
| 海南省 | 73 | 73 | 75 | 76 | 76 | 76 |
| 重庆市 | 91 | 91 | 91 | 92 | 92 | 92 |
| 四川省 | 85 | 85 | 86 | 87 | 87 | 87 |
| 贵州省 | 86 | 87 | 86 | 87 | 86 | 84 |
| 云南省 | 84 | 84 | 83 | 84 | 84 | 84 |
| 陕西省 | 90 | 90 | 90 | 90 | 91 | 91 |
| 甘肃省 | 85 | 86 | 86 | 86 | 86 | 85 |
| 青海省 | 90 | 90 | 90 | 90 | 90 | 91 |
| 宁夏回族自治区 | 90 | 91 | 91 | 91 | 92 | 91 |
| 新疆维吾尔自治区 | 80 | 82 | 82 | 83 | 83 | 83 |

表6 30个省份垃圾处理率  单位:%

| 省份 | 2015年 | 2014年 | 2013年 | 2012年 | 2011年 | 2010年 |
| --- | --- | --- | --- | --- | --- | --- |
| 北京市 | 78.8 | 99.6 | 99.3 | 99.1 | 98.2 | 97 |
| 天津市 | 92.7 | 96.7 | 96.8 | 99.8 | 100 | 100 |
| 河北省 | 96 | 86.6 | 83.3 | 81.4 | 72.6 | 69.8 |
| 山西省 | 97.2 | 92.1 | 87.9 | 80.3 | 77.5 | 73.6 |
| 内蒙古自治区 | 97.7 | 96.1 | 93.6 | 91.2 | 83.5 | 82.8 |
| 辽宁省 | 95.2 | 91.6 | 87.6 | 87.2 | 80.5 | 70.9 |
| 吉林省 | 84.7 | 61.9 | 60.9 | 45.8 | 49.2 | 44.5 |
| 黑龙江省 | 78.2 | 58.9 | 54.4 | 47.6 | 43.7 | 40.4 |
| 上海市 | 100 | 100 | 90.6 | 83.6 | 61 | 81.9 |
| 江苏省 | 100 | 98.1 | 97.4 | 95.9 | 93.8 | 93.6 |
| 浙江省 | 99.2 | 100 | 99.4 | 99 | 96.4 | 98.3 |
| 安徽省 | 99.6 | 99.5 | 98.8 | 91.1 | 87 | 64.6 |
| 福建省 | 99.2 | 97.9 | 98.2 | 96.4 | 94.6 | 92 |
| 江西省 | 94.5 | 93.1 | 93.3 | 89.1 | 88.3 | 85.9 |
| 山东省 | 100 | 100 | 99.5 | 98.1 | 92.5 | 91.9 |
| 河南省 | 96 | 92.8 | 90 | 86.4 | 84.4 | 82.6 |
| 湖北省 | 91.5 | 90.2 | 85.4 | 71.5 | 61 | 61.4 |
| 湖南省 | 99.8 | 99.7 | 96 | 95 | 86.4 | 79 |
| 广东省 | 91.6 | 86.4 | 84.6 | 79.1 | 72.1 | 72.1 |
| 广西壮族自治区 | 98.7 | 95.4 | 96.4 | 98 | 95.5 | 91.1 |
| 海南省 | 99.8 | 99.8 | 99.9 | 99.9 | 91.4 | 68 |
| 重庆市 | 98.6 | 99.2 | 99.4 | 99.3 | 99.6 | 98.8 |
| 四川省 | 96.8 | 95.4 | 95 | 88.3 | 88.4 | 86.9 |
| 贵州省 | 93.8 | 93.3 | 92.4 | 91.9 | 88.6 | 90.6 |
| 云南省 | 90 | 92.5 | 87.6 | 82.7 | 74.1 | 88.3 |
| 陕西省 | 98 | 95.8 | 96.4 | 88.5 | 90.3 | 79.8 |
| 甘肃省 | 64.2 | 62.6 | 42.3 | 41.7 | 41.7 | 38 |
| 青海省 | 87.2 | 86.3 | 77.8 | 89.2 | 89.5 | 67.3 |
| 宁夏回族自治区 | 89.9 | 93.3 | 92.5 | 70.6 | 67 | 92.5 |
| 新疆维吾尔自治区 | 80.9 | 81.9 | 78.1 | 78.7 | 79.5 | 70.6 |

| 表 7 | | | 31 个省份每万人拥有医生数 | | | 单位：人 | |
|---|---|---|---|---|---|---|---|
| 省份 | 2015 年 | 2014 年 | 2013 年 | 2012 年 | 2011 年 | 2010 年 | |
| 北京市 | 104 | 99 | 155 | 95 | 142 | 136 | |
| 天津市 | 59 | 56 | 81 | 55 | 73 | 71 | |
| 河北省 | 50 | 48 | 44 | 43 | 41 | 40 | |
| 山西省 | 58 | 57 | 58 | 55 | 55 | 56 | |
| 内蒙古自治区 | 65 | 62 | 60 | 56 | 53 | 51 | |
| 辽宁省 | 60 | 58 | 60 | 56 | 55 | 55 | |
| 吉林省 | 58 | 55 | 54 | 52 | 51 | 51 | |
| 黑龙江省 | 56 | 55 | 55 | 52 | 51 | 50 | |
| 上海市 | 70 | 68 | 110 | 62 | 99 | 97 | |
| 江苏省 | 61 | 58 | 56 | 50 | 47 | 44 | |
| 浙江省 | 73 | 68 | 73 | 60 | 64 | 61 | |
| 安徽省 | 46 | 44 | 37 | 39 | 32 | 31 | |
| 福建省 | 55 | 54 | 54 | 47 | 45 | 41 | |
| 江西省 | 46 | 44 | 39 | 40 | 35 | 34 | |
| 山东省 | 63 | 62 | 62 | 55 | 50 | 47 | |
| 河南省 | 55 | 52 | 42 | 46 | 36 | 35 | |
| 湖北省 | 63 | 58 | 50 | 50 | 43 | 42 | |
| 湖南省 | 55 | 51 | 45 | 45 | 40 | 38 | |
| 广东省 | 57 | 54 | 63 | 49 | 56 | 53 | |
| 广西壮族自治区 | 57 | 54 | 44 | 47 | 38 | 36 | |
| 海南省 | 60 | 56 | 53 | 51 | 48 | 44 | |
| 重庆市 | 55 | 52 | 42 | 45 | 36 | 34 | |
| 四川省 | 58 | 56 | 47 | 48 | 39 | 36 | |
| 贵州省 | 53 | 48 | 36 | 37 | 27 | 25 | |
| 云南省 | 48 | 44 | 42 | 36 | 33 | 32 | |
| 西藏自治区 | 44 | 41 | 37 | 30 | 36 | 34 | |
| 陕西省 | 70 | 67 | 60 | 58 | 50 | 47 | |
| 甘肃省 | 50 | 49 | 43 | 43 | 39 | 37 | |
| 青海省 | 60 | 58 | 57 | 51 | 49 | 45 | |
| 宁夏回族自治区 | 62 | 60 | 56 | 53 | 49 | 47 | |
| 新疆维吾尔自治区 | 69 | 67 | 64 | 61 | 59 | 57 | |

表8 黑龙江省各地市县商业网点统计汇总表

| 类别 | 行业 | 地区 | | 数量 | 从业人数 | 面积 | 资产总额 | 营业收入 | 营业利润 | 纳税额 |
|---|---|---|---|---|---|---|---|---|---|---|
| 一、农产品市场 | 农副产品流通市场 | 黑龙江省 | 总合计 | 2501 | 100121 | 3598587.04 | 707012.5 | 3881164.34 | 198677.005 | 19969.865 |
| | | 哈尔滨市 | 合计 | 2062 | 26846 | 2246054 | 194598 | 2367299 | 26349 | 5086 |
| | | 齐齐哈尔市 | 合计 | 45 | 4733 | 135777 | 28700.5 | 28875.94 | 4348.3 | 883.36 |
| | | 鸡西市 | 合计 | 21 | 4445 | 70200 | 89795 | 92720 | 24106 | 310 |
| | | 鹤岗市 | 合计 | 13 | 3304 | 59035 | 16158 | 30486 | 7790 | 290 |
| | | 双鸭山市 | 合计 | 26 | 13673 | 50282 | 18912 | 4249 | 1170 | 295 |
| | | 大庆市 | 合计 | 55 | 7132 | 316900 | 51559 | 1020842.2 | 75507 | 8499.2 |
| | | 伊春市 | 合计 | 46 | 460 | 20800 | 2000 | 510 | 310 | 0 |
| | | 佳木斯市 | 合计 | 17 | 3685 | 83992 | 24030 | 26010.2 | 5380.04 | 635.37 |
| | | 七台河市 | 合计 | 2 | 1038 | 30200 | 20005 | 30003 | 10502 | 0 |
| | | 牡丹江市 | 合计 | 49 | 4957 | 117840 | 69287 | 71726 | 1198.055 | 1766.425 |
| | | 黑河市 | 合计 | 26 | 9420 | 74889 | 38112 | 69952 | 12487 | 484 |
| | | 绥化市 | 合计 | 38 | 16980 | 130950 | 89332 | 36136 | 17959.99 | 935.01 |
| | | 大兴安岭地区 | 合计 | 12 | 994 | 36300 | 17200 | 2100 | 1800 | 3 |
| | | 农垦总局 | 合计 | 70 | 936 | 140567 | 32369 | 83889 | 6060 | 407 |
| | | 森工总局 | 合计 | 19 | 1518 | 84801.04 | 14955 | 16366 | 3709.62 | 375.5 |
| | 农产品批发市场 | 黑龙江省 | 总合计 | 284 | 87419 | 2451242.43 | 1192563 | 4320089 | 123467.42 | 51054.088 |
| | | 哈尔滨市 | 合计 | 172 | 48227 | 1145659 | 185190 | 1745945 | 4623 | 4776 |
| | | 齐齐哈尔市 | 合计 | 7 | 3625 | 226890 | 158590 | 107710 | 29857 | 2508 |
| | | 鸡西市 | 合计 | 7 | 2537 | 37300 | 22145 | 127300 | 18984 | 397 |
| | | 鹤岗市 | 合计 | 5 | 3964 | 98047 | 4130 | 89943 | 3557 | 21 |
| | | 双鸭山市 | 合计 | 10 | 6250 | 115881 | 22560 | 12776 | 2210 | 380 |
| | | 大庆市 | 合计 | 4 | 4378 | 96698 | 50686 | 229270 | 13583.96 | 1677.588 |

续表

| 类别 | 行业 | 地区 | 数量 | 从业人数 | 面积 | 资产总额 | 营业收入 | 营业利润 | 纳税额 |
|---|---|---|---|---|---|---|---|---|---|
| | | 伊春市 合计 | 13 | 390 | 10400 | 1500 | 320 | 220 | 0 |
| | | 佳木斯市 合计 | 6 | 880 | 262000 | 136314 | 42294 | 12744 | 195 |
| | | 七台河市 合计 | 1 | 50 | 400 | 50 | 100 | 40 | 0 |
| | | 牡丹江市 合计 | 25 | 4400 | 198150 | 480958 | 1620348 | 24338.3 | 39975.5 |
| | | 黑河市 合计 | 5 | 2109 | 23700 | 11800 | 25900 | 3821 | 161 |
| | | 绥化市 合计 | 13 | 9686 | 214820 | 114700 | 292172 | 8629.8 | 881 |
| | | 大兴安岭地区 合计 | 4 | 320 | 2.43 | 0 | 21530 | 0 | 0 |
| | | 农垦总局 合计 | 1 | 156 | 5500 | 650 | 650 | 200 | 0 |
| | | 森工总局 合计 | 11 | 447 | 15795 | 3290 | 3831 | 659.36 | 8 |
| 三、工业品市场 | 工业品流通市场 | 黑龙江省 总合计 | 6283 | 77152 | 2316807 | 608547.3 | 760831.9 | 136517.415 | 28652.385 |
| | | 哈尔滨市 合计 | 1525 | 19358 | 626780 | 48713 | 55373 | 10470 | 570 |
| | | 齐齐哈尔市 合计 | 95 | 8468 | 428808 | 226939 | 197193 | 31250.5 | 12478.6 |
| | | 鸡西市 合计 | 824 | 1600 | 9600 | 1650 | 8400 | 2400 | 240 |
| | | 鹤岗市 合计 | 330 | 1408 | 71880 | 28553 | 56656 | 15550 | 976 |
| | | 双鸭山市 合计 | 2656 | 36014 | 308675 | 25513 | 117444 | 16138 | 4576 |
| | | 大庆市 合计 | 5 | 740 | 26000 | 17000 | 33500 | 2010 | 421 |
| | | 伊春市 合计 | 1 | 28 | 10000 | 2100 | 500 | 230 | 0 |
| | | 佳木斯市 合计 | 4 | 249 | 90500 | 3208 | 17654 | 7164 | 136 |
| | | 七台河市 合计 | 7 | 10 | 10000 | 700 | 600 | 60 | 0 |
| | | 牡丹江市 合计 | 28 | 2328 | 331632 | 128719.9 | 48605 | 12829.075 | 3017.125 |
| | | 黑河市 合计 | 259 | 3787 | 77897 | 21339 | 48458 | 10494 | 503 |
| | | 绥化市 合计 | 385 | 1924 | 135600 | 44476.4 | 110511.9 | 13712.84 | 4111.66 |
| | | 大兴安岭地区 合计 | 0 | 0 | 0 | 0 | 0 | 0 | 0 |
| | | 农垦总局 合计 | 163 | 1058 | 187635 | 59526 | 65817 | 14169 | 1620 |
| | | 森工总局 合计 | 1 | 180 | 1800 | 110 | 120 | 40 | 3 |

续表

| 类别 | 行业 | 地区 | 数量 | 从业人数 | 面积 | 资产总额 | 营业收入 | 营业利润 | 纳税额 |
|---|---|---|---|---|---|---|---|---|---|
| | 工业品批发市场 | 黑龙江省 总合计 | 3208 | 55446 | 1272467 | 512920.3 | 3884433.29 | 77507.27 | 7033.05 |
| | | 哈尔滨市 合计 | 88 | 6296 | 181200 | 763 | 3554610 | 0 | 0 |
| | | 齐齐哈尔市 合计 | 12 | 2187 | 29727 | 44299 | 63318 | 17112 | 1270 |
| | | 鸡西市 合计 | 1808 | 8267 | 12460 | 12450 | 54480 | 41140 | 839 |
| | | 鹤岗市 合计 | 0 | 0 | 0 | 0 | 0 | 0 | 0 |
| | | 双鸭山市 合计 | 1272 | 34534 | 166495 | 133750 | 19446 | 4315 | 3512 |
| | | 大庆市 合计 | 1 | 230 | 25000 | 6500 | 32000 | 2312 | 150 |
| | | 伊春市 合计 | 0 | 0 | 0 | 0 | 0 | 0 | 0 |
| | | 佳木斯市 合计 | 4 | 1220 | 425210 | 215886.3 | 36146.29 | 150 | 47.6 |
| | | 七台河市 合计 | 0 | 0 | 0 | 0 | 0 | 0 | 0 |
| | | 牡丹江市 合计 | 10 | 774 | 143691 | 20545 | 27618 | 414.27 | 690.45 |
| | | 黑河市 合计 | 0 | 0 | 0 | 0 | 0 | 0 | 0 |
| | | 绥化市 合计 | 6 | 1036 | 252280 | 65827 | 84535 | 8289 | 366 |
| | | 大兴安岭地区 合计 | 1 | 28 | 32000 | 12000 | 330 | 0 | 0 |
| | | 农垦总局 合计 | 5 | 14 | 1260 | 400 | 11950 | 1385 | 15 |
| | | 森工总局 合计 | 1 | 860 | 3144 | 500 | | 2390 | 143 |
| 三、住宿餐饮业 | 住宿业 | 黑龙江省 总合计 | 27082 | 156303 | 5706941.5 | 2655940.119 | 1100565.414 | 210329.0387 | 32675.9245 |
| | | 哈尔滨市 合计 | 5450 | 35625 | 635926 | 68459 | 274520.4 | 6442.7 | 375 |
| | | 齐齐哈尔市 合计 | 2356 | 13093 | 1143235 | 169191.2289 | 77186.6144 | 27322.3 | 4799.9 |
| | | 鸡西市 合计 | 979 | 13927 | 548960 | 81390 | 40926 | 18616 | 1296 |
| | | 鹤岗市 合计 | 438 | 3595 | 109994 | 151912 | 26518 | 12454 | 765 |
| | | 双鸭山市 合计 | 616 | 2805 | 374471 | 21611.5 | 14714 | 4785 | 3252 |
| | | 大庆市 合计 | 2981 | 15013 | 663011.6 | 275802 | 117939.8 | 27057.4 | 5794.06 |
| | | 伊春市 合计 | 1667 | 10021 | 17800 | 7010 | 4120 | 2001 | 0 |
| | | 佳木斯市 合计 | 1811 | 9163 | 486939.9 | 941201.89 | 162325.04 | 41969.15 | 6352.07 |

续表

| 类别 | 行业 | 地区 | | 数量 | 从业人数 | 面积 | 资产总额 | 营业收入 | 营业利润 | 纳税额 |
|---|---|---|---|---|---|---|---|---|---|---|
| | 餐饮业 | 七台河市 | 合计 | 695 | 1789 | 60194 | 17691 | 11281 | 2987.6 | 150.4 |
| | | 牡丹江市 | 合计 | 2849 | 21662 | 433463 | 432700.7 | 145207.58 | 2752.0187 | 3506.1645 |
| | | 黑河市 | 合计 | 1052 | 10987 | 135589 | 59642 | 29820 | 11124 | 575 |
| | | 绥化市 | 合计 | 2600 | 10588 | 376435 | 172704.8 | 102256.5 | 26889.54 | 3946.46 |
| | | 大兴安岭地区 | 合计 | 782 | 2501 | 303000 | 109585 | 25852 | 4900 | 1091 |
| | | 农垦总局 | 合计 | 1852 | 2575 | 226839 | 64202 | 15842 | 6081 | 435 |
| | | 森工总局 | 合计 | 954 | 2959 | 191084 | 82837 | 52056.48 | 14947.33 | 337.87 |
| | | 黑龙江省 | 总合计 | 92920 | 2074406 | 12887333 | 4364357 | 3551290 | 783652 | 99291 |
| | | 哈尔滨市 | 合计 | 19766 | 1471928 | 1488739 | 373185 | 496154.3 | 25769 | 800 |
| | | 齐齐哈尔市 | 合计 | 9647 | 151836 | 2598529.17 | 435027.7785 | 636344.6528 | 51449.03 | 21710.78 |
| | | 鸡西市 | 合计 | 9310 | 35669 | 886060 | 406508 | 180098 | 63004 | 3222.6 |
| | | 鹤岗市 | 合计 | 2377 | 12584 | 415638 | 170890 | 93210 | 25965 | 1449 |
| | | 双鸭山市 | 合计 | 4180 | 19242 | 498774 | 114685 | 75963 | 35012 | 14756 |
| | | 大庆市 | 合计 | 11778 | 166599 | 3487660 | 233127.3 | 348694 | 72427 | 7878.496 |
| | | 伊春市 | 合计 | 1925 | 8500 | 119500 | 48364 | 264293 | 125000 | 0 |
| | | 佳木斯市 | 合计 | 6727 | 36911 | 780328.63 | 1264683 | 283566.82 | 65866.94 | 10880.8 |
| | | 七台河市 | 合计 | 2914 | 14335 | 244675 | 40012.2 | 32575 | 17900.88 | 414 |
| | | 牡丹江市 | 合计 | 9670 | 75798 | 782538 | 373266 | 352173 | 6226 | 8452 |
| | | 黑河市 | 合计 | 2501 | 14431 | 228326 | 98218 | 87359 | 24135 | 720 |
| | | 绥化市 | 合计 | 8615 | 48025 | 950296 | 327344 | 471928 | 158956 | 8321 |
| | | 大兴安岭地区 | 合计 | 1222 | 5505 | 106100 | 17990 | 15480 | 3870 | 306 |
| | | 农垦总局 | 合计 | 0 | 3430 | 9735 | 379407 | 93437 | 69623 | 19873 |
| | | 森工总局 | 合计 | 2288 | 9613 | 290434 | 81649.7 | 120015.09 | 38448.068 | 506.65 |
| 四、仓储物流业 | 仓储物流业 | 黑龙江省 | 总合计 | 8373 | 58791 | 33094415 | 4380051 | 1729136 | 183610 | 50358 |
| | | 哈尔滨市 | 合计 | 1251 | 12327 | 12873670 | 1387534.4 | 408125 | 18766 | 483 |

续表

| 类别 | 行业 | 地区 | | 数量 | 从业人数 | 面积 | 资产总额 | 营业收入 | 营业利润 | 纳税额 |
|---|---|---|---|---|---|---|---|---|---|---|
| | | 齐齐哈尔市 | 合计 | 679 | 5721 | 8644889 | 735342 | 153629.8 | 26948 | 9636 |
| | | 鸡西市 | 合计 | 139 | 1649 | 318455 | 81288.2 | 9603 | 3346 | 383 |
| | | 鹤岗市 | 合计 | 38 | 1239 | 661517 | 264837 | 36006 | 4302 | 267 |
| | | 双鸭山市 | 合计 | 256 | 2139 | 311000 | 59908.5 | 41814 | 3967 | 971.8 |
| | | 大庆市 | 合计 | 1480 | 12135 | 2577145 | 392232 | 259324 | 55778 | 11694.43 |
| | | 伊春市 | 合计 | 380 | 2100 | 0 | 12600 | 59738 | 0 | 0 |
| | | 佳木斯市 | 合计 | 1604 | 5296 | 707185 | 117784 | 70498.93 | 11551.1 | 1849.06 |
| | | 七台河市 | 合计 | 32 | 304 | 137566 | 13321.2 | 14216.2 | 4625 | 72.1 |
| | | 牡丹江市 | 合计 | 1656 | 7806 | 1066348 | 112732 | 77445 | 1215 | 1932 |
| | | 黑河市 | 合计 | 103 | 1863 | 85502 | 42727 | 36081 | 3733 | 259.4 |
| | | 绥化市 | 合计 | 543 | 3508 | 2469938 | 528941 | 228693.1 | 38822.08 | 18740 |
| | | 大兴安岭地区 | 合计 | 66 | 149 | 83000 | 17500 | 2800 | 1662 | 250 |
| | | 农垦总局 | 合计 | 72 | 1265 | 1469198 | 500071 | 279069 | 6265 | 913 |
| | | 森工总局 | 合计 | 74 | 1290 | 1689002 | 113233.16 | 52093.18 | 2629.33 | 2907.75 |
| 五、零售业 | | 黑龙江省 | 总合计 | 409487 | 1308060 | 46218616.68 | 14489486.21 | 31662147.03 | 2397204.795 | 479575.1055 |
| | | 哈尔滨市 | 合计 | 90580 | 415002 | 7642965 | 595320.51 | 17186622 | 334741 | 16261 |
| | | 齐齐哈尔市 | 合计 | 50766 | 132561 | 4071598.68 | 1501363.375 | 1581089.335 | 196102.04 | 222903.58 |
| | | 鸡西市 | 合计 | 31937 | 58491 | 818457 | 377471 | 221824 | 46060 | 6657 |
| | | 鹤岗市 | 合计 | 6157 | 14647 | 279985 | 158793 | 157218 | 25101 | 1528 |
| | | 双鸭山市 | 合计 | 20587 | 59170 | 154890 | 66580 | 645402 | 75484 | 16935 |
| | | 大庆市 | 合计 | 61438 | 152232 | 20825884 | 1820318.8 | 2914639 | 582927.8 | 49178 |
| | | 伊春市 | 合计 | 654 | 3924 | 327000 | 261600 | 126200 | 460000 | 0 |
| | | 佳木斯市 | 合计 | 22974 | 74307 | 3112761 | 4763670 | 1762359.53 | 140676.46 | 20241.28 |
| | | 七台河市 | 合计 | 11397 | 28852 | 800832 | 269726.3 | 108501.3 | 54153.1 | 4787 |
| | | 牡丹江市 | 合计 | 35725 | 146449 | 1773428 | 2064363.43 | 4239179.02 | 75757.5853 | 112580.9755 |

续表

| 类别 | 行业 | 地区 | | 数量 | 从业人数 | 面积 | 资产总额 | 营业收入 | 营业利润 | 纳税额 |
|---|---|---|---|---|---|---|---|---|---|---|
| | | 黑河市 | 合计 | 13665 | 71498 | 431262 | 212492 | 266712 | 55813 | 1043 |
| | | 绥化市 | 合计 | 39899 | 103183 | 3938034 | 1799839 | 1970771.8 | 260362.14 | 20238.86 |
| | | 大兴安岭地区 | 合计 | 7269 | 17000 | 653600 | 174673 | 90500 | 24320 | 1402 |
| | | 农垦总局 | 合计 | 11249 | 18723 | 671276 | 328161 | 203008 | 53187 | 2579 |
| | | 森工总局 | 合计 | 5190 | 12021 | 716644 | 95114.8 | 188121.04 | 12519.67 | 3240.41 |
| 直销 | | 黑龙江省 | 总合计 | 2058 | 20561 | 298190 | 212437.1 | 189488 | 7479.65 | 16098.66 |
| | | 哈尔滨市 | 合计 | 395 | 11714 | 56849 | 160950 | 117000 | 1354.48 | 12537.4 |
| | | 齐齐哈尔市 | 合计 | 926 | 3057 | 90226 | 16736 | 32251 | 2052 | 657.75 |
| | | 鸡西市 | 合计 | 31 | 100 | 2465 | 340.5 | 229.8 | 26.25 | 1.01 |
| | | 鹤岗市 | 合计 | 56 | 572 | 94360 | 15273 | 4323 | 661 | 211 |
| | | 双鸭山市 | 合计 | 46 | 96 | 2300 | 123 | 327 | 86 | 23 |
| | | 大庆市 | 合计 | 389 | 1488 | 29390 | 2735 | 7381 | 1606 | 317 |
| | | 伊春市 | 合计 | 5 | 40 | 1200 | 20 | 10 | 0 | 0 |
| | | 佳木斯市 | 合计 | 5 | 263 | 2877 | 232 | 18340 | 745.3 | 2149.3 |
| | | 七台河市 | 合计 | 0 | 0 | 0 | 0 | 0 | 0 | 0 |
| | | 牡丹江市 | 合计 | 124 | 860 | 12810 | 13844 | 7338 | 126.12 | 180.2 |
| | | 黑河市 | 合计 | 18 | 2207 | 1536 | 830 | 1284 | 267 | 0 |
| | | 绥化市 | 合计 | 0 | 0 | 0 | 0 | 0 | 0 | 0 |
| | | 大兴安岭地区 | 合计 | 9 | 21 | 940 | 260 | 116 | 46 | 2 |
| | | 农垦总局 | 合计 | 3 | 5 | 187 | 78.6 | 138.2 | 49.5 | 20 |
| | | 森工总局 | 合计 | 51 | 138 | 3050 | 1015 | 750 | 460 | 0 |
| 六、药品流通行业 | 药品流通行业 | 黑龙江省 | 总合计 | 15651 | 201023 | 1633695.41 | 953113.1 | 4607960 | 184691.899 | 36484.93825 |
| | | 哈尔滨市 | 合计 | 4956 | 19710 | 310802 | 70905 | 3640881 | 5073 | 968.14 |
| | | 齐齐哈尔市 | 合计 | 1874 | 9621 | 189454 | 138383.4 | 196804.7 | 33128.6 | 12868.67 |
| | | 鸡西市 | 合计 | 576 | 3566 | 226850 | 221329.3 | 20498.3 | 5084.19 | 554.7 |

续表

| 类别 | 行业 | 地区 | 数量 | 从业人数 | 面积 | 资产总额 | 营业收入 | 营业利润 | 纳税额 |
|---|---|---|---|---|---|---|---|---|---|
| | | 鹤岗市 合计 | 238 | 1458 | 20082 | 60606 | 38663 | 10962 | 424 |
| | | 双鸭山市 合计 | 227 | 878 | 15119 | 10517 | 4682 | 1504 | 786.5 |
| | | 大庆市 合计 | 2050 | 134819 | 204015 | 132710.2 | 304289.6 | 73800.3 | 9124.49 |
| | | 伊春市 合计 | 319 | 1176 | 25520 | 15000 | 5000 | 3000 | 0 |
| | | 佳木斯市 合计 | 1287 | 5519 | 106740.74 | 82977.9 | 42784.3 | 7571.6 | 3297.87 |
| | | 七台河市 合计 | 391 | 1607 | 23675 | 11886 | 14381 | 2899.8 | 328 |
| | | 牡丹江市 合计 | 1023 | 5332 | 105197 | 61064.3 | 145271.93 | 2621.92895 | 3740.54825 |
| | | 黑河市 合计 | 704 | 3036 | 39658 | 11451 | 25393 | 5257 | 183 |
| | | 绥化市 合计 | 823 | 11269 | 255773.67 | 87300 | 136665.3 | 25317 | 3632 |
| | | 大兴安岭地区 合计 | 303 | 688 | 25605 | 1660 | 5240 | 1660 | 80 |
| | | 农垦总局 合计 | 639 | 1567 | 56224 | 26630 | 16595 | 4843 | 381 |
| | | 森工总局 合计 | 241 | 777 | 28980 | 20693 | 10810.87 | 1969.48 | 116.0 |
| 七、批发业 | 批发业 | 黑龙江省 总合计 | 54247 | 210120 | 288510912 | 7301116.4 | 18937619.57 | 864771.78 | 285851.16 |
| | | 哈尔滨市 合计 | 24028 | 46591 | 281872800 | 1659703.5 | 1231516 | 15287 | 7831 |
| | | 齐齐哈尔市 合计 | 1665 | 9727 | 380317 | 88065.2 | 311985 | 4568 | 11281.71 |
| | | 鸡西市 合计 | 2149 | 9148 | 356280 | 80500 | 67030 | 5941.75 | 435 |
| | | 鹤岗市 合计 | 286 | 984 | 8600 | 29475 | 14354 | 1906 | 152 |
| | | 双鸭山市 合计 | 1958 | 14423 | 302752 | 293866 | 31878 | 4280 | 4817 |
| | | 大庆市 合计 | 11058 | 46201 | 3116840 | 2870031 | 11070626 | 634258 | 102271 |
| | | 伊春市 合计 | 541 | 4890 | 35420 | 34600 | 65000 | 8500 | 0 |
| | | 佳木斯市 合计 | 2564 | 11856 | 927134 | 565961.5 | 384026.49 | 37574.9 | 8053.25 |
| | | 七台河市 合计 | 787 | 4328 | 10000 | 1200 | 5130 | 2049 | 0 |
| | | 牡丹江市 合计 | 4463 | 29758 | 664744 | 1271876.2 | 5277203 | 78232.46 | 127098.1 |
| | | 黑河市 合计 | 709 | 6397 | 81432 | 45689 | 48971 | 8702 | 432 |
| | | 绥化市 合计 | 3513 | 22909 | 634642 | 278542 | 349470 | 44434.98 | 18154.02 |

续表

| 类别 | 行业 | 地区 | | 数量 | 从业人数 | 面积 | 资产总额 | 营业收入 | 营业利润 | 纳税额 |
|---|---|---|---|---|---|---|---|---|---|---|
| | | 大兴安岭地区 | 合计 | 260 | 950 | 65000 | 52400 | 48023 | 14320 | 4988 |
| | | 农垦总局 | 合计 | 160 | 1465 | 32771 | 11991 | 18455 | 4356 | 201 |
| | | 森工总局 | 合计 | 106 | 493 | 22180 | 17216 | 13952.08 | 361.69 | 137.08 |
| 八、茧丝绸行业 | 茧丝绸行业 | 黑龙江省 | 总合计 | 62 | 658 | 27650 | 6348 | 9140 | 437.55 | 191.25 |
| | | 哈尔滨市 | 合计 | 0 | 0 | 0 | 0 | 0 | 0 | 0 |
| | | 齐齐哈尔市 | 合计 | 0 | 0 | 0 | 0 | 0 | 0 | 0 |
| | | 鸡西市 | 合计 | 1 | 10 | 50 | 3 | 50 | 9 | 0 |
| | | 鹤岗市 | 合计 | 0 | 0 | 0 | 0 | 0 | 0 | 0 |
| | | 双鸭山市 | 合计 | 0 | 0 | 0 | 0 | 0 | 0 | 0 |
| | | 大庆市 | 合计 | 0 | 0 | 0 | 0 | 0 | 0 | 0 |
| | | 伊春市 | 合计 | 0 | 0 | 0 | 0 | 0 | 0 | 0 |
| | | 佳木斯市 | 合计 | 8 | 83 | 18000 | 75 | 1070 | 171 | 12 |
| | | 七台河市 | 合计 | 0 | 0 | 0 | 0 | 0 | 0 | 0 |
| | | 牡丹江市 | 合计 | 8 | 292 | 3400 | 3200 | 7570 | 164.55 | 179.25 |
| | | 黑河市 | 合计 | 44 | 270 | 6100 | 3050 | 430 | 78 | 0 |
| | | 绥化市 | 合计 | 0 | 0 | 0 | 0 | 0 | 0 | 0 |
| | | 大兴安岭地区 | 合计 | 0 | 0 | 0 | 0 | 0 | 0 | 0 |
| | | 农垦总局 | 合计 | 1 | 3 | 100 | 20 | 20 | 15 | 0 |
| | | 森工总局 | 合计 | 0 | 0 | 0 | 0 | 0 | 0 | 0 |
| 九、会展业 | 会展业 | 黑龙江省 | 总合计 | 49 | 1552 | 78000 | 73076 | 4175 | 338.69 | 106.15 |
| | | 哈尔滨市 | 合计 | 41 | 1336 | 27400 | 4344 | 1665 | 0 | 0 |
| | | 齐齐哈尔市 | 合计 | 3 | 61 | 0 | 15 | 204 | 0 | 0 |
| | | 鸡西市 | 合计 | 0 | 0 | 0 | 0 | 0 | 0 | 0 |
| | | 鹤岗市 | 合计 | 0 | 0 | 0 | 0 | 0 | 0 | 0 |
| | | 双鸭山市 | 合计 | 0 | 0 | 0 | 0 | 0 | 0 | 0 |

续表

| 类别 | 行业 | 地区 | | 数量 | 从业人数 | 面积 | 资产总额 | 营业收入 | 营业利润 | 纳税额 |
|---|---|---|---|---|---|---|---|---|---|---|
| | | 大庆市 | 合计 | 1 | 10 | 3600 | 12000 | 620 | 300 | 65 |
| | | 伊春市 | 合计 | 2 | 30 | 3000 | 12000 | 40 | 14 | 0 |
| | | 佳木斯市 | 合计 | 0 | 0 | 0 | 0 | 0 | 0 | 0 |
| | | 七台河市 | 合计 | 0 | 0 | 0 | 0 | 0 | 0 | 0 |
| | | 牡丹江市 | 合计 | 2 | 115 | 44000 | 44717 | 1646 | 24.69 | 41.15 |
| | | 黑河市 | 合计 | 0 | 0 | 0 | 0 | 0 | 0 | 0 |
| | | 绥化市 | 合计 | 0 | 0 | 0 | 0 | 0 | 0 | 0 |
| | | 大兴安岭地区 | 合计 | 0 | 0 | 0 | 0 | 0 | 0 | 0 |
| | | 农垦总局 | 合计 | 0 | 0 | 0 | 0 | 0 | 0 | 0 |
| | | 森工总局 | 合计 | 0 | 0 | 0 | 0 | 0 | 0 | 0 |
| 十、家政服务业 | 家政服务业 | 黑龙江省 | 总合计 | 2252 | 35217 | 147091 | 42291.75 | 63858.29 | 18381.4935 | 1775.7955 |
| | | 哈尔滨市 | 合计 | 251 | 7487 | 35753 | 2509 | 3407 | 984 | 56 |
| | | 齐齐哈尔市 | 合计 | 262 | 1034 | 17693 | 8049 | 2915.4 | 1234 | 169.123 |
| | | 鸡西市 | 合计 | 249 | 1580 | 9920 | 1590 | 2193 | 474.3 | 24.3 |
| | | 鹤岗市 | 合计 | 55 | 264 | 1190 | 1136 | 1518 | 561 | 33 |
| | | 双鸭山市 | 合计 | 92 | 666 | 2897 | 1238 | 919 | 297 | 119.17 |
| | | 大庆市 | 合计 | 616 | 2285 | 19360 | 11560.5 | 16361 | 5230 | 551 |
| | | 伊春市 | 合计 | 92 | 6700 | 560 | 138 | 1002 | 450 | 0 |
| | | 佳木斯市 | 合计 | 135 | 1156 | 16440 | 712.85 | 2110.5 | 490.5 | 47 |
| | | 七台河市 | 合计 | 44 | 166 | 2890 | 1293 | 518 | 283 | 1 |
| | | 牡丹江市 | 合计 | 173 | 958 | 9672 | 7759.4 | 14312.9 | 231.1835 | 356.9725 |
| | | 黑河市 | 合计 | 39 | 7658 | 2120 | 947 | 1278 | 137.2 | 4 |
| | | 绥化市 | 合计 | 120 | 4232 | 8786 | 3114 | 7109.8 | 2675.49 | 371.35 |
| | | 大兴安岭地区 | 合计 | 89 | 524 | 10670 | 24 | 1004 | 3 | 0.1 |
| | | 农垦总局 | 合计 | 11 | 96 | 1390 | 227 | 84 | 30 | 0 |

续表

| 类别 | 行业 | 地区 | 数量 | 从业人数 | 面积 | 资产总额 | 营业收入 | 营业利润 | 纳税额 |
|---|---|---|---|---|---|---|---|---|---|
| 十一、特种行业 | 典当业 | 森工总局 合计 | 24 | 411 | 7750 | 1994 | 9125.69 | 5300.82 | 42.78 |
| | | 黑龙江省 总合计 | 238 | 1246 | 42248.29 | 268027.01 | 52288.8 | 38956125 | 1910.9575 |
| | | 哈尔滨市 合计 | 101 | 592 | 17031.29 | 91682.35 | 13639.99 | 2192.23 | 520.33 |
| | | 齐齐哈尔市 合计 | 12 | 86 | 1986 | 11245.8 | 3363 | 76.2 | 57.4 |
| | | 鸡西市 合计 | 9 | 51 | 1000 | 10173 | 264.4 | 45.3 | 19.7 |
| | | 鹤岗市 合计 | 10 | 42 | 1430 | 11591 | 180 | 8 | 12 |
| | | 双鸭山市 合计 | 4 | 24 | 410 | 3642 | 169 | 73.7 | 12 |
| | | 大庆市 合计 | 39 | 179 | 12460 | 63210.22 | 3216.68 | 651.41 | 457.14 |
| | | 伊春市 合计 | 4 | 10 | 920 | 4036 | 262.22 | 22.46 | 10.95 |
| | | 佳木斯市 合计 | 4 | 22 | 740 | 5079.16 | 119.41 | 43.23 | 11.04 |
| | | 七台河市 合计 | 0 | 0 | 0 | 0 | 0 | 0 | 0 |
| | | 牡丹江市 合计 | 31 | 131 | 2630 | 45709 | 29846.7 | 456.7225 | 751.0375 |
| | | 黑河市 合计 | 6 | 36 | 1620 | 8076 | 307 | 33 | 4.2 |
| | | 绥化市 合计 | 11 | 54 | 1300 | 8729.48 | 684.22 | 181.26 | 41.54 |
| | | 大兴安岭地区 合计 | 2 | 5 | 161 | 3000 | 12.18 | 1.1 | 1.62 |
| | | 农垦总局 合计 | 4 | 12 | 480 | 1763 | 174 | 71 | 12 |
| | | 森工总局 合计 | 1 | 2 | 80 | 90 | 50 | 40 | 0 |
| | 报废汽车回收拆解业 | 黑龙江省 总合计 | 85 | 1210 | 590893 | 28983.22 | 9043.79 | 2118.5045 | 191.0975 |
| | | 哈尔滨市 合计 | 20 | 248 | 33240 | 1660 | 778 | 231.3 | 1.8 |
| | | 齐齐哈尔市 合计 | 7 | 40 | 18700 | 644.3 | 658.3 | 84.4 | 19.6 |
| | | 鸡西市 合计 | 5 | 121 | 32690 | 2040 | 276.25 | 21.2 | 4.5 |
| | | 鹤岗市 合计 | 3 | 49 | 21600 | 1038 | 193 | 31 | 4 |
| | | 双鸭山市 合计 | 5 | 52 | 20000 | 540 | 1097 | 90 | 18 |
| | | 大庆市 合计 | 7 | 258 | 262000 | 6429.42 | 1354.8 | 1135.65 | 13.4 |

续表

| 类别 | 行业 | 地区 | | 数量 | 从业人数 | 面积 | 资产总额 | 营业收入 | 营业利润 | 纳税额 |
|---|---|---|---|---|---|---|---|---|---|---|
| | | 伊春市 | 合计 | 1 | 30 | 5000 | 126 | 317 | 35 | 31 |
| | | 佳木斯市 | 合计 | 1 | 33 | 12048 | 359 | 15.9 | -12.2 | 2.7 |
| | | 七台河市 | 合计 | 1 | 11 | 3000 | 50 | 62 | 12 | 2 |
| | | 牡丹江市 | 合计 | 8 | 107 | 34785 | 2187.5 | 966.3 | 23.2745 | 21.4575 |
| | | 黑河市 | 合计 | 6 | 70 | 44700 | 620 | 87 | 15.28 | 1.8 |
| | | 绥化市 | 合计 | 10 | 106 | 58130 | 12186 | 2865.24 | 257 | 70.84 |
| | | 大兴安岭地区 | 合计 | 4 | 22 | 16000 | 350 | 71 | 13.6 | 0 |
| | | 农垦总局 | 合计 | 6 | 53 | 24000 | 253 | 102 | 21 | 0 |
| | | 森工总局 | 合计 | 1 | 10 | 5000 | 500 | 200 | 160 | 0 |
| | 废旧物资回收市场 | 黑龙江省 | 总合计 | 3738 | 17377 | 1711824.1 | 195588.4315 | 230223.41 | 34806.175 | 8154.755 |
| | | 哈尔滨市 | 合计 | 746 | 6092 | 207480.1 | 7950.5 | 32965 | 3479 | 33 |
| | | 齐齐哈尔市 | 合计 | 301 | 992 | 389658 | 17909.3315 | 27398 | 2693 | 1569.26 |
| | | 鸡西市 | 合计 | 280 | 889 | 52100 | 5476 | 8500 | 1119 | 95.4 |
| | | 鹤岗市 | 合计 | 74 | 239 | 26741 | 10932 | 8307 | 4034 | 35 |
| | | 双鸭山市 | 合计 | 101 | 246 | 9700 | 380 | 311.08 | 78 | 68.4 |
| | | 大庆市 | 合计 | 101 | 1208 | 316642 | 43176 | 31318 | 5225 | 844 |
| | | 伊春市 | 合计 | 187 | 932 | 62100 | 14610 | 6140 | 0 | 0 |
| | | 佳木斯市 | 合计 | 206 | 685 | 87700 | 7974 | 1412 | 514 | 29 |
| | | 七台河市 | 合计 | 40 | 162 | 22383 | 683 | 33403 | 281.2 | 23.5 |
| | | 牡丹江市 | 合计 | 500 | 1522 | 60875 | 8745 | 31054 | 692.765 | 841.275 |
| | | 黑河市 | 合计 | 302 | 2271 | 55280 | 22308 | 43116 | 7042 | 281.6 |
| | | 绥化市 | 合计 | 705 | 1654 | 339841 | 41930 | 2940 | 8406 | 4056.6 |
| | | 大兴安岭地区 | 合计 | 0 | 0 | | | | 1170 | 0 |
| | | 农垦总局 | 合计 | 177 | 336 | 38384 | 4069 | 3359.33 | 1170 | 52 |
| | | 森工总局 | 合计 | 18 | 149 | 42940 | 9445.6 | | 72.21 | 225.72 |

续表

| 类别 | 行业 | 地区 | | 数量 | 从业人数 | 面积 | 资产总额 | 营业收入 | 营业利润 | 纳税额 |
|---|---|---|---|---|---|---|---|---|---|---|
| | 二手车交易市场 | 黑龙江省 | 总合计 | 264 | 2132 | 762622.5 | 93080.6 | 289567.84 | 7715.0085 | 2950.0575 |
| | | 哈尔滨市 | 合计 | 51 | 427 | 44290 | 1290 | 968 | 51.5 | 6 |
| | | 齐齐哈尔市 | 合计 | 10 | 28 | 4490 | 1820 | 930 | 138 | 12 |
| | | 鸡西市 | 合计 | 11 | 74 | 51350 | 1593 | 280.34 | 33.89 | 19.56 |
| | | 鹤岗市 | 合计 | 3 | 27 | 31708 | 65 | 106 | 2 | 2 |
| | | 双鸭山市 | 合计 | 64 | 306 | 19784 | 10503 | 1760 | 423 | 137 |
| | | 大庆市 | 合计 | 8 | 93 | 280000 | 22915 | 236800 | 946 | 995 |
| | | 伊春市 | 合计 | 1 | 5 | 15000 | 200 | 5 | 1.9 | 0.3 |
| | | 佳木斯市 | 合计 | 9 | 178 | 98090 | 11326 | 7507 | 353.2 | 55.1 |
| | | 七台河市 | 合计 | 12 | 34 | 1824 | 2495 | 330 | 125 | 5.5 |
| | | 牡丹江市 | 合计 | 29 | 359 | 71601 | 15924 | 15331.9 | 274.2185 | 373.6975 |
| | | 黑河市 | 合计 | 33 | 235 | 16536 | 4114 | 12115 | 1026 | 39.6 |
| | | 绥化市 | 合计 | 18 | 302 | 123419.5 | 20368.6 | 12596.6 | 3803.3 | 1291.3 |
| | | 大兴安岭地区 | 合计 | 0 | 0 | 0 | 0 | 0 | 0 | 0 |
| | | 农垦总局 | 合计 | 13 | 46 | 4130 | 427 | 238 | 37 | 13 |
| | | 森工总局 | 合计 | 2 | 18 | 400 | 40 | 600 | 500 | 0 |
| | 拍卖业 | 黑龙江省 | 总合计 | 208 | 1525 | 54840.72 | 33800.67 | 62303.04 | 1132285.845 | 466.021 |
| | | 哈尔滨市 | 合计 | 128 | 1122 | 28906.08 | 21500 | 40250.96 | 1132168 | 296.11 |
| | | 齐齐哈尔市 | 合计 | 14 | 90 | 0 | 2630.7 | 662.2 | 148 | 59.3 |
| | | 鸡西市 | 合计 | 6 | 42 | 550 | 521 | 99.4 | −18.8 | 2.6 |
| | | 鹤岗市 | 合计 | 3 | 17 | 530 | 277 | 26 | −34 | 2 |
| | | 双鸭山市 | 合计 | 2 | 15 | 423 | 150 | 81 | 20 | 6 |
| | | 大庆市 | 合计 | 18 | 108 | 3230 | 2002.28 | 20516.52 | 31.71 | 22.716 |
| | | 伊春市 | 合计 | 4 | 22 | 15000 | 2359 | 219.72 | 1.5 | 13.91 |
| | | 佳木斯市 | 合计 | 8 | 45 | 1411.64 | 2980.69 | 222.74 | −65.59 | 26.27 |

续表

| 类别 | 行业 | 地区 | 数量 | 从业人数 | 面积 | 资产总额 | 营业收入 | 营业利润 | 纳税额 |
|---|---|---|---|---|---|---|---|---|---|
| | | 七台河市 合计 | 14 | 11 | 3200 | 850 | 55 | 0.825 | 1.375 |
| | | 牡丹江市 合计 | 3 | 25 | 1030 | 350 | 64.5 | -21.8 | 3.24 |
| | | 黑河市 合计 | 6 | 18 | 360 | 180 | 25 | 6 | 30.5 |
| | | 绥化市 合计 | 2 | 10 | 200 | 0 | 80 | 50 | 2 |
| | | 大兴安岭地区 合计 | 0 | 0 | 0 | 0 | 0 | 0 | 0 |
| | | 农垦总局 合计 | 0 | 0 | 0 | 0 | 0 | 0 | 0 |
| | 沐浴业 | 黑龙江省 总合计 | 5440 | 45955 | 1651082.27 | 495293.05 | 175020.86 | 57283.3702 | 6374.497 |
| | | 哈尔滨市 合计 | 636 | 2079 | 84586 | 7761 | 4504 | 1125 | 20 |
| | | 齐齐哈尔市 合计 | 528 | 3126 | 187946.27 | 38842.4 | 15654.5 | 4138.65 | 788.69 |
| | | 鸡西市 合计 | 384 | 2746 | 56000 | 24935 | 9402 | 3734 | 166.1 |
| | | 鹤岗市 合计 | 112 | 695 | 39086 | 20804 | 9086 | 3387 | 215 |
| | | 双鸭山市 合计 | 338 | 2668 | 96200 | 14032 | 5202 | 1905 | 647 |
| | | 大庆市 合计 | 901 | 6022 | 314187 | 67582 | 20200 | 7288.9 | 541.75 |
| | | 伊春市 合计 | 350 | 9800 | 42000 | 28800 | 3250 | 2600 | 0 |
| | | 佳木斯市 合计 | 378 | 2945 | 92529 | 140911.55 | 12951.7 | 3807.4 | 1156.99 |
| | | 七台河市 合计 | 185 | 1314 | 64322 | 11143 | 4401 | 2620.4 | 90.3 |
| | | 牡丹江市 合计 | 492 | 2618 | 165407 | 27983.6 | 17940.68 | 655.2102 | 540.017 |
| | | 黑河市 合计 | 173 | 3772 | 67890 | 34360 | 16631 | 6658 | 166 |
| | | 绥化市 合计 | 562 | 3523 | 392959 | 55385 | 43840 | 15758 | 1881.45 |
| | | 大兴安岭地区 合计 | 178 | 289 | 14460 | 4200 | 1790 | 176 | 0 |
| | | 农垦总局 合计 | 109 | 3655 | 3138 | 8279 | 2527 | 972 | 94 |
| | | 森工总局 合计 | 114 | 703 | 30372 | 10274.5 | 7640.98 | 2457.81 | 67. |
| | 美容美发业 | 黑龙江省 总合计 | 23027 | 82508 | 1172368.41 | 286413.58 | 276907.6 | 109772.0047 | 7228.01775 |
| | | 哈尔滨市 合计 | 2558 | 11685 | 158971 | 15851 | 4161 | 2065 | 50 |

续表

| 类别 | 行业 | 地区 | 数量 | 从业人数 | 面积 | 资产总额 | 营业收入 | 营业利润 | 纳税额 |
|---|---|---|---|---|---|---|---|---|---|
|  |  | 齐齐哈尔市 | 合计 | 2347 | 6879 | 149488.4 | 40952.4 | 39983.84 | 15381.34 | 2851.84 |
|  |  | 鸡西市 | 合计 | 2632 | 13534 | 68350 | 15340 | 19154 | 10484 | 509.9 |
|  |  | 鹤岗市 | 合计 | 891 | 1722 | 30398 | 8244 | 10253 | 4648 | 113 |
|  |  | 双鸭山市 | 合计 | 1009 | 3048 | 37536 | 6320 | 6349 | 3169 | 642 |
|  |  | 大庆市 | 合计 | 3078 | 12169 | 129233.3 | 53776.5 | 66194.3 | 23783.1 | 1239.65 |
|  |  | 伊春市 | 合计 | 573 | 4856 | 4358 | 15460 | 0 | 2880 | 0 |
|  |  | 佳木斯市 | 合计 | 1543 | 4855 | 187832.71 | 26597.7 | 25552.68 | 12396.76 | 261 |
|  |  | 七台河市 | 合计 | 711 | 2050 | 42862 | 4466.5 | 4804.3 | 2158.8 | 14 |
|  |  | 牡丹江市 | 合计 | 2016 | 5281 | 86986 | 19334.48 | 24189.31 | 1186.66465 | 725.10775 |
|  |  | 黑河市 | 合计 | 756 | 3889 | 41961 | 16802 | 13455 | 5202 | 111 |
|  |  | 绥化市 | 合计 | 3020 | 8965 | 127794 | 43894 | 41166 | 17504.43 | 460.93 |
|  |  | 大兴安岭地区 | 合计 | 554 | 1145 | 32010 | 0 | 6550 | 2500 | 0 |
|  |  | 农垦总局 | 合计 | 819 | 1508 | 47571 | 14398 | 8302 | 3567 | 199 |
|  |  | 森工总局 | 合计 | 520 | 922 | 27017 | 4977 | 6793.17 | 2845.91 | 50.59 |
| 家电维修业 |  | 黑龙江省 | 总合计 | 5020 | 12897 | 621618.09 | 63600.01 | 54453.54 | 18150.141 | 1900.9 |
|  |  | 哈尔滨市 | 合计 | 923 | 2952 | 102058 | 4163.3 | 7571 | 2226.9 | 15 |
|  |  | 齐齐哈尔市 | 合计 | 399 | 701 | 15585.09 | 5018.11 | 3493.49 | 1343.4 | 215.56 |
|  |  | 鸡西市 | 合计 | 185 | 473 | 6785 | 2212.8 | 1093 | 415 | 34.16 |
|  |  | 鹤岗市 | 合计 | 79 | 238 | 3780 | 3757 | 2970 | 1471 | 90 |
|  |  | 双鸭山市 | 合计 | 238 | 479 | 11485 | 728 | 1136 | 936 | 206 |
|  |  | 大庆市 | 合计 | 952 | 2118 | 35874 | 13125 | 9223.5 | 1405 | 213.6 |
|  |  | 伊春市 | 合计 | 243 | 475 | 19440 | 2536 | 2100 | 1260 | 0 |
|  |  | 佳木斯市 | 合计 | 238 | 644 | 8682 | 3667.8 | 2428.15 | 942 | 59.2 |
|  |  | 七台河市 | 合计 | 140 | 259 | 11681 | 2312 | 887.2 | 308.7 | 3.1 |
|  |  | 牡丹江市 | 合计 | 425 | 699 | 12074 | 2197 | 5340.4 | 224.681 | 161.135 |

续表

| 类别 | 行业 | 地区 | | 数量 | 从业人数 | 面积 | 资产总额 | 营业收入 | 营业利润 | 纳税额 |
|---|---|---|---|---|---|---|---|---|---|---|
| | 融资租赁业 | 黑河市 | 合计 | 76 | 176 | 3126 | 1235 | 1101 | 520 | 11 |
| | | 绥化市 | 合计 | 619 | 1413 | 352771 | 15304 | 9578 | 4051.78 | 802.72 |
| | | 大兴安岭地区 | 合计 | 137 | 316 | 10600 | 80 | 800 | 420 | 32 |
| | | 农垦总局 | 合计 | 230 | 1738 | 18419 | 5134 | 2571 | 938 | 40 |
| | | 森工总局 | 合计 | 136 | 216 | 9258 | 2130 | 4160.8 | 1687.68 | 17.425 |
| | | 黑龙江省 | 总合计 | 5080 | 3999 | 96976 | 145751.15 | 154796.9 | 16585.695 | 1872.825 |
| | | 哈尔滨市 | 合计 | 4740 | 2283 | 9086 | 41777 | 96232 | 9800 | 10 |
| | | 齐齐哈尔市 | 合计 | 29 | 82 | 2706 | 5517 | 4282 | 988 | 158 |
| | | 鸡西市 | 合计 | 0 | 0 | 0 | 0 | 0 | 0 | 0 |
| | | 鹤岗市 | 合计 | 6 | 33 | 1720 | 2790 | 1561 | 339 | 29 |
| | | 双鸭山市 | 合计 | 21 | 93 | 7280 | 11610 | 1800 | 450 | 89 |
| | | 大庆市 | 合计 | 63 | 236 | 8300 | 12787 | 2251 | 349 | 97 |
| | | 伊春市 | 合计 | 0 | 0 | 0 | 0 | 0 | 0 | 0 |
| | | 佳木斯市 | 合计 | 142 | 738 | 21437 | 41170 | 12461.9 | 3640 | 564 |
| | | 七台河市 | 合计 | 2 | 17 | 12600 | 1680 | 150 | 45 | 23 |
| | | 牡丹江市 | 合计 | 59 | 452 | 32070 | 27022.15 | 35113 | 526.695 | 877.825 |
| | | 黑河市 | 合计 | 0 | 0 | 0 | 0 | 0 | 0 | 0 |
| | | 绥化市 | 合计 | 0 | 0 | 0 | 0 | 0 | 0 | 0 |
| | | 大兴安岭地区 | 合计 | 5 | 18 | 600 | 900 | 400 | 260 | 5 |
| | | 农垦总局 | 合计 | 12 | 39 | 1077 | 438 | 456 | 143 | 20 |
| | | 森工总局 | 合计 | 1 | 8 | 100 | 60 | 90 | 45 | 0 |
| | 人像摄影业 | 黑龙江省 | 总合计 | 3698 | 11757 | 313619.71 | 105058.4 | 85798.49 | 26692.215 | 3227.885 |
| | | 哈尔滨市 | 合计 | 333 | 916 | 9535 | 3537 | 1420 | 311 | 80 |
| | | 齐齐哈尔市 | 合计 | 320 | 920 | 27703.71 | 10688.6 | 7245.25 | 1946.18 | 249.41 |
| | | 鸡西市 | 合计 | 137 | 795 | 15850 | 4760 | 3580 | 1315 | 97.8 |

续表

| 类别 | 行业 | 地区 | 数量 | 从业人数 | 面积 | 资产总额 | 营业收入 | 营业利润 | 纳税额 |
|---|---|---|---|---|---|---|---|---|---|
| | | 鹤岗市 合计 | 71 | 275 | 15231 | 6754 | 4734 | 2140 | 60 |
| | | 双鸭山市 合计 | 166 | 622 | 19440 | 4301 | 2879 | 1193 | 272 |
| | | 大庆市 合计 | 991 | 2246 | 34121 | 15564 | 17933.4 | 4867 | 412.4 |
| | | 伊春市 合计 | 57 | 293 | 5328 | 800 | 2850 | 0 | 0 |
| | | 佳木斯市 合计 | 173 | 882 | 39203 | 9306.2 | 13485.8 | 2841.6 | 216 |
| | | 七台河市 合计 | 67 | 218 | 13735 | 3739 | 1019.5 | 450 | 1.65 |
| | | 牡丹江市 合计 | 336 | 1046 | 31609 | 5356 | 8725 | 323.525 | 225.875 |
| | | 黑河市 合计 | 175 | 865 | 22837 | 10268 | 3582 | 1551 | 69 |
| | | 绥化市 合计 | 419 | 1647 | 33410 | 16264.1 | 9974 | 5752.4 | 1285.7 |
| | | 大兴安岭地区 合计 | 60 | 159 | 8060 | 2085 | 917 | 470 | 95.7 |
| | | 农垦总局 合计 | 317 | 655 | 25014 | 8029 | 4323 | 2034 | 120 |
| | | 森工总局 合计 | 76 | 218 | 12543 | 3606.5 | 3130.54 | 1497.51 | 42.35 |
| | 洗染业 | 黑龙江省 总合计 | 7354 | 17734 | 363267 | 118498.38 | 87576.05 | 37168.6 | 5419 |
| | | 哈尔滨市 合计 | 2142 | 3791 | 59679 | 7853 | 20912.9 | 919 | 54 |
| | | 齐齐哈尔市 合计 | 0 | 660 | 1380 | 38673.28 | 8981 | 15100 | 1793.8 |
| | | 鸡西市 合计 | 367 | 1012 | 19750 | 6085 | 6466 | 1700 | 78 |
| | | 鹤岗市 合计 | 0 | 128 | 217 | 7386 | 2971 | 3503 | 1748 |
| | | 双鸭山市 合计 | 321 | 1042 | 30579 | 3947 | 2958 | 1257 | 285.7 |
| | | 大庆市 合计 | 1147 | 4924 | 51782 | 15101.3 | 12906 | 4001 | 399 |
| | | 伊春市 合计 | 73 | 228 | 6240 | 1095 | 1245 | 0 | 0 |
| | | 佳木斯市 合计 | 350 | 884 | 27337 | 6343 | 3498 | 1229 | 64 |
| | | 七台河市 合计 | 138 | 313 | 21413 | 1773 | 701.8 | 236.2 | 8.3 |
| | | 牡丹江市 合计 | 899 | 1427 | 25697 | 7340.8 | 8231 | 543.92 | 407.2 |
| | | 黑河市 合计 | 219 | 708 | 7075 | 3955 | 3719 | 1491 | 51 |
| | | 绥化市 合计 | 1396 | 2099 | 88029 | 14847 | 8408 | 4881.7 | 393.5 |

续表

| 类别 | 行业 | 地区 | | 数量 | 从业人数 | 面积 | 资产总额 | 营业收入 | 营业利润 | 纳税额 |
|---|---|---|---|---|---|---|---|---|---|---|
| | 成品油 | 大兴安岭地区 | 合计 | 109 | 181 | 8740 | 240 | 2530 | 550 | 86 |
| | | 农垦总局 | 合计 | 120 | 179 | 10503 | 2272 | 1123 | 445 | 34 |
| | | 森工总局 | 合计 | 73 | 158 | 4846 | 1587 | 2925.35 | 1311.78 | 16.5 |
| | | 黑龙江省 | 总合计 | 2530 | 15417 | 3010043 | 1136475.198 | 3178386.247 | 134079.5075 | 51974.9525 |
| | | 哈尔滨市 | 合计 | 644 | 1884 | 1044900 | 24860 | 488380 | 3517 | 440 |
| | | 齐齐哈尔市 | 合计 | 328 | 2060 | 235959 | 141849.1979 | 487025.6573 | 21315.3 | 11765.7 |
| | | 鸡西市 | 合计 | 113 | 579 | 49700 | 8336 | 55515.4 | 15909.9 | 885.3 |
| | | 鹤岗市 | 合计 | 55 | 858 | 62255 | 48242 | 209016 | 12193 | 3342 |
| | | 双鸭山市 | 合计 | 68 | 530 | 2335 | 10767 | 110992 | 5882 | 7385 |
| | | 大庆市 | 合计 | 259 | 1618 | 526600 | 92500 | 56948.7 | 581 | 3176.6 |
| | | 伊春市 | 合计 | 93 | 661 | 34500 | 37128 | 121591 | 3982 | 1263 |
| | | 佳木斯市 | 合计 | 164 | 1597 | 53144 | 94329 | 326538 | 5708 | 3891.18 |
| | | 七台河市 | 合计 | 38 | 184 | 6700 | 6273 | 23634 | 1554 | 326 |
| | | 牡丹江市 | 合计 | 166 | 1307 | 50425 | 252010 | 491190.5 | 7683.2875 | 11549.8125 |
| | | 黑河市 | 合计 | 70 | 586 | 80685 | 27190 | 120596 | 9453 | 427 |
| | | 绥化市 | 合计 | 353 | 1943 | 539721 | 336625 | 274659.9 | 9820.5 | 2562 |
| | | 大兴安岭地区 | 合计 | 34 | 258 | 31480 | 5500 | 79664 | 0 | 0 |
| | | 农垦总局 | 合计 | 114 | 1038 | 263119 | 38571 | 314316 | 35229 | 4619 |
| | | 森工总局 | 合计 | 31 | 314 | 28520 | 12295 | 18319.09 | 1251.52 | 342.36 |
| 十二、大型商业网点 | 大型商业网点 | 黑龙江省 | 总合计 | 824 | 390775 | 16974316.22 | 57914798.5 | 6910954.89 | 1430608.44 | 214339.74 |
| | | 哈尔滨市 | 合计 | 304 | 246870 | 7658000 | 1000 | 5500 | 0 | 0 |
| | | 齐齐哈尔市 | 合计 | 0 | 79 | 23726 | 53302301 | 372108.2 | 871425.54 | 36423.3 |
| | | 鸡西市 | 合计 | 32 | 10674 | 514281 | 355888 | 355571 | 66686.6 | 7480 |
| | | 鹤岗市 | 合计 | 28 | 0 | 456000 | 307649 | 0 | 90146 | 1799 |
| | | 双鸭山市 | 合计 | 22 | 13303 | 727800 | 134358 | 9274 | 1360 | 296 |

续表

| 类别 | 行业 | 地区 | 数量 | 从业人数 | 面积 | 资产总额 | 营业收入 | 营业利润 | 纳税额 |
|---|---|---|---|---|---|---|---|---|---|
|  |  | 大庆市 | 合计 | 83 | 0 | 1789100 | 1214993 | 1636136.54 | 209506.27 | 20626.97 |
|  |  | 伊春市 | 合计 | 17 | 450 | 189700 | 105000 | 120110 | 9750 | 0 |
|  |  | 佳木斯市 | 合计 | 69 | 27520 | 1822597 | 695980.5 | 820645.25 | 66217.48 | 12749.02 |
|  |  | 七台河市 | 合计 | 15 | 0 | 254550 | 0 | 0 | 2303 | 207 |
|  |  | 牡丹江市 | 合计 | 99 | 23705 | 1924071 | 859025 | 2991770 | 35563.05 | 118543.5 |
|  |  | 黑河市 | 合计 | 25 | 12350 | 468070 | 266668 | 144842 | 7439 | 437 |
|  |  | 绥化市 | 合计 | 114 | 55674 | 891921.22 | 622544 | 400917.9 | 70222.5 | 12310.95 |
|  |  | 大兴安岭地区 | 合计 | 16 | 150 | 254500 | 49392 | 54080 | -11 | 801 |
|  |  | 农垦总局 | 合计 | 0 | 0 | 0 | 0 | 0 | 0 | 0 |
|  |  | 森工总局 | 合计 | 0 | 0 | 0 | 0 | 0 | 0 | 0 |

# 参考文献

[1] P. D. Convers, New Laws of Retail Gravitation. Journal of Marketing, No. 10, 1949: 379 – 384.

[2] David. L. Huff, A Probability Analysis of Shopping Center Trade Areas. Land Economics, No. 2, 1963: 81 – 90.

[3] W. J. Reilly, Methods of the Study of Retail Relationships. University of Texas Bulletin, No. 2944, 1929, David. L, Huff. Defining and Estimating a Trade Area. Journal o f Marketing, No. 7, 1964: 34 – 38.

[4] Friedman J R. Regional development policy: a case study of Venezuela [M]. Cambridge: MIT Press. 1966.

[5] Vance, James E, Jr. , The Merchant's World: The Geography of Wholesaling, Prentice Hall, Englewood Cliffs, N. S. , 1970 (10): 186 – 189.

[6] Hagerst rand T. What about people in regional science. Papers and proceedings of the regional science association, 1970 (24): 7 – 21.

[7] Holmes J, Willianms F B, Brown l L A. Facility location under maximum travel restriction: an example using daycare facilities. Geographical Analysis, 1972 (4).

[8] R. L. Davies: Marketing Geography: with special reference to retailing London Methuen, 1976, 12.

[9] J. L. Bolton. The Medieval English Economy [M]. London, 1980: 15.

[10] Pottrt R. B. Correlates of the functional structure of urban retail areas: An approach employing multivariate ordination Professional Geography, 1981, 33 (2): 208 – 215.

[11] J. A. Dawson and J. Dennislord: Shopping Center Development: Policies and Prospect London & Sudney Croom ciates, 1982: 54 – 72.

[12] Lucas. R. E. Jr. on the Mechanics of Economic Development [J]. Journal of Monetary Economics 1988 (22): 3 – 42.

[13] Richard Register. Ecocity Berkeleyf—BuildingCities for a Healthy Future [M]. CA: North Atlantic Books, 1984: 13 – 43.

[14] Eaton D, Daskin M S, Simmons D, et al. Determining emergency medical service vehicle deployment in Austin, Texas. Interfaces, 1985 (15): 96.

[15] Daly Heetal. Valuingtheearth: economic, ecology, ethics [M]. Massachusetts: The MIT Press, 1993.

[16] Maclaren V. W. Urbansustainability reporting [J]. Journal of the American Planning Association, 1996, 62 (2).

[17] Christaller W. Die Zentralen Orte in Suddcutchland 1993 Central Places in South Germany Translated by C. W. Baskin Englewood Cliffs. NJ 1996.

[18] Tim Marshall. Regional Planning in Western Europe: The Contemporary Context [J]. International Planning Studies, 1996 (5): 13.

[19] Paul Krugman, Increasing Retums and Economic Geography [J]. Joumal or Political Economy, 1997, 99 (3): 56.

[20] Pizzolato Nelio D, Fraga da Silva, Hamilton B, The location of public schools: Evaluation of practical experiences. International Transactions in Operational Research, 1997, 4 (1): 13 - 22.

[21] Richard E. Klosterman, Yichun Xie. Retail Impact Analysis with Loosely Coupled GIS and a Spread Sheet [J]. International Planning Studies, 1997, 15 (6): 22.

[22] Frank Plastria. Static Sompetitive Facility Location: An Overview of Optimization Approaches [J]. European Journal of Operational Research, 2001, 49 (7): 1293.

[23] Hosun Rhim. Competitive Location, Production, and Market Selection [J]. European Journal of Operational Research, 2002, 35 (5): 1491.

[24] Cengiz Kahraman, Da Ruan, Ibrahim Doan. Fuzzy Group Decision - making for Facility Location Selection [J]. Information Sciences, 2003, 47 (7): 157.

[25] Masahisa Fujita, Paul Krugman. The New Economic Geography: Past, Present and the Future [J]. Papers in Regional Science, 2004, 43 (2): 209 - 251.

[26] E B R, Martin P. Agglomeration and Regional Growth: The Handbook of Regional and Urban Economics: Cities and Geography, 2004 [C]. Elsebier Press. 563 - 589.

[27] HUFF D L. Parameter Estimation in the Huff Mode [J]. Arc User, 2004 (10 - 11): 34 - 36.

[28] Eddie W. L. Cheng, Heng Li, Ling Yu. The Analytic Network Process (ANP) Approach to Location Selection: a Shopping Mall Illustration [J]. Construc-

tion Innovation: Information, Process, Management, 2005, 38 (21): 52.

[29] Baris K. Yoruk, Osman Zaim. Productivity trowth in OECD countries: Acomparison with Malmquist Indices. Journal of Comparative Economics, 2005, 33 (2): 64.

[30] Fujita, Mori. Transport Development and the Evolution of Econimic Geography [J]. Portuguese Economic Journal, 2006 (4): 129 – 156.

[31] Yu Chou, Lun Hsu, Chyi Chen. A fuzzy multi – criteria Decision Model for International Tourist Hotels Location Selection [J]. International Journal of Hospitality Management, 2008, 41 (27): 293 – 301.

[32] Gabriel A. Picone, David B. Ridley, Paul A. Zandbergen. Distance Decrease Swith Differentiation: Strategic Agglomeration by Retailers [J]. International Journal of Industrial Organization, 2008, 24 (3): 273.

[33] Reginald A. Does Small Store Location Matter? A Test of Three Classic Theories of Retail Location [J]. Journal of Small Business & Entrepreneurship, 2008, 17 (8): 214.

[34] Hsing. The Great Urban Transformation: Politics and Property in China [M]. 2009. forty – one.

[35] Vladimir Novotny, Jack Ahern, Paul Brown. Planning and Design for Sustainable and Resilient Cities: Theories, Strategies, and Best Practices for Green Infrastructure [J]. Water Centric Sustainable Communities, 2010 (6): 360 – 376.

[36] Caneghem J, Block C, Van Hooste H, et al. Eoo – efficiency Trends of the Flemish Impact from Economic Growth [J]. Journal of Cleaner Production, 2010, 18 (14).

[37] Sirima Tongsupa Nasongkhla, Sidh Sintusingha. Conflicting Green Landscape Ideologies in a Tai Rural Town in Thailand [J]. International Journal of Urban and Regional Research, 2012, 36 (6): 1146 – 1165.

[38] Andrew Harris. Planning Histories and Practices of Circulating Urban Knowledge [J]. International Journal of Urban and Regional Research, 2013, 37 (5): 1499 – 1509.

[39] Trevor J. Barnes, Claudio Minca. Nazi Spatial Theory: The Dark Geographies of Carl Schmitt and Walter Christaller [J]. Annals of the Association of American Geographers, 2013 (21): 1033.

[40] Matthew Carmona. The Place – shaping Continuum: A Theory of Urban Design Process [J]. Journal of Urban Design, 2014 (2): 191.

[41] Guerra E. Mexico City's suburban land use and transit connection: The

effects of the Line B Metro expansion. Transport Policy, 2014 (32): 105 – 114.

[42] Christoph Teller, Jonathan R. Elms, Jennifer A. Thomson and Andrew R. Paddison. Place marketing and urban retail agglomerations: An examination of shoppers' place attractiveness perceptions [J]. Place Branding and Public Diplomacy, 2010, 6 (2): 124 – 133.

[43] William A. Schwab. The slcillogy of Cities [M]. University of Arkansa, 1992.

[44] 赫希曼. 经济发展战略 [M]. 北京: 经济科学出版社, 1958.

[45] 《马克思和恩格斯全集》第 23 卷, 人民出版社, 1972: 243.

[46] 《马克思和恩格斯全集》第 3 卷, 人民出版社, 1972: 646 – 647.

[47] 吴友仁. 关于我国社会主义城市化问题 [J]. 城市规划. 1979, 3 (10): 170 – 183.

[48] 于洪俊. 试论城市地域结构的均质性 [J]. 地理学报, 1983 (6): 241 – 251.

[49] 宁越敏. 上海市区商业中心区位探讨 [J]. 地理学报, 1984 (2).

[50] 杨重光, 刘维新. 社会主义城市经济学 [M]. 北京: 中国财政经济出版社, 1986: 65.

[51] 弗朗索瓦·佩鲁. 二十世纪文库——新发展观 [M]. 张宁, 丰子义, 译. 北京: 华夏出版社, 1987: 9.

[52] 阎小培, 许学强等, 广州市中心商业区土地利用特征、成因及发展 [J]. 城市问题, 1993, 12 (8): 14 – 20.

[53] 杨吾扬. 北京市零售商业与服务业中心和网点的过去、现在和未来 [J]. 地理学报, 1994, 49 (1): 9 – 17.

[54] 王宝铭. 对城市人口分布与商业网点布局相关性的探讨 [J]. 人文地理, 1995 (10): 36 – 39.

[55] 张伟, 顾朝林. 城市经济区划分方法的初步研究 [J]. 人文地理, 1996, 11 (增刊): 38 – 40.

[56] 许学强, 周一星, 宁越敏. 城市地理学 [M]. 北京: 高等教育出版社, 1997: 1.

[57] 康慕谊. 城市生态学与城市环境 [M]. 北京: 中国计量出版社, 1997: 65.

[58] 郭震伟. 区域研究与区域规划 [M]. 上海: 同济大学出版社, 1998: 18 – 25.

[59] 沃尔特·克里斯塔勒. 德国南部的中心地原理 [M]. 常正文, 译. 北京: 商务印书馆, 1998.

[60] 王伟中. 中国可持续发展态势分析 [M]. 北京: 商务印书馆, 1999: 334－346.

[61] 曹连群. 商业零售业态分类规范与商业网点布局规划 [J]. 商业与规划, 1999 (5): 58－59.

[62] 陈忠暖, 程一钧, 何劲耘. 城市零售商业服务业区位类型划分的探讨 [J]. 经济地理, 1999, 21 (2): 27－30.

[63] 邓世文. 中国城市商业网点布局研究 [J]. 人文地理, 1999 (14): 36－39.

[64] 刘健译. 新城市化现象: 温哥华太平洋协和区的建设成就 [J]. 国外城市规划, 1999, 24 (2): 26－30.

[65] 王放. 中国城市化与可持续发展 [M]. 北京: 科学出版社, 2000: 311.

[66] 刘慧宇. 对福建城市化几个问题的思考 [J]. 城市问题, 2001, 20 (7): 38－39.

[67] 叶裕民. 中国城市化之路——经济支持与制度创新 [M]. 北京: 商务印书馆, 2001: 12－13.

[68] 叶裕民. 中国城市化质量研究 [J]. 中国软科学, 2001 (7).

[69] 陈鸿彬. 提高城市化质量的思路与对策 [J]. 经济经讳, 2001 (6).

[70] 李德华. 城市规划原理 (第三版) [M]. 北京: 中国建筑工业出版社, 2001: 142.

[71] 李树琼. 中国城市化与小城镇发展 [M]. 北京: 中国财政经济出版社, 2002.

[72] 许学强等. 广州市大型零售商店布局分析 [J]. 城市规划, 2002 (7): 27－30.

[73] 王新文. 城市化发展的代表性理论综述 [J]. 中共济南市委党校济南市行政学院济南市社会主义学院学报, 2002, 19 (1).

[74] 姜太碧. 经济增长极理论与农村城镇化研究 [J]. 农业技术经济, 2002 (4): 51－55.

[75] 仵宗卿. 中外城市商业活动空间结构研究 [J]. 商业时代, 2002 (3): 42－44.

[76] 牛文元. 走中国特色的城市化道路牛文元. 走中国特色的城市化道路 [R]. 中国科学院高技术局、政策局、科技政策研究所, 2003.

[77] 曹嵘, 白光润. 交通影响下的城市零售商业微区位探析 [J]. 经济地理, 2003 (2): 247－250.

[78] 林耿, 阎小培. 广州市商业功能区空间结构研究 [J]. 人文地理,

2003（18）：52.

[79] 朱枫，宋小冬. 基于 GIS 的大型百货零售商业设施布局分析 [J]. 武汉大学学报，2003（3）：45.

[80] 吴良镛，吴唯佳. 武廷海论世界与中国城市化的大趋势和江苏省城市化道路 [J]. 科技导报，2003，24（9）：3-6.

[81] 谢扬. 中国城镇化战略发展研究总报告摘要 [J]. 城市规划，2003，27（2）.

[82] 辜胜阻，郑凌云. 农村城镇化的发展素质与制度创新 [J]. 武汉大学学报（社会科学版），2003，74（10）：541-547.

[83] 商务部市场体系建设司. 城市商业网点规划资料汇编 [Z]，2004.

[84] 刘传江，郑凌云. 城镇化与城乡可持续发展 [M]. 北京：科学出版社，2004：23.

[85] 萧桂森. 连锁经营理论与实践 [M]. 海口：南海出版社，2004.

[86] 李爱军，谈志浩，陆春锋等. 城市化水平综合指数测度方法探讨——以江苏无锡市、泰州市为例 [J]. 经济地理，2004（1）：43-47.

[87] 赵雪雁. 西北地区城市人质量评价 [J]. 干旱区资源与环境，2004（5）.

[88] 曾赛丰. 中国城市化理论专题研究 [M]. 长沙：湖南社会出版社，2004：181-197.

[89] 牛强，彭狖. 基于现实路网的公共及市政公用设施优化布局 [J]. 交通与计算机，2004，22（5）：49-53.

[90] 徐建华. 现代地理学中的数学方法 [M]. 石家庄：河北人民出版社，2005.

[91] 王正新. 城市居民生活质量差异研究 [J]. 沿海企业与科技，2005，10（4）：177-178.

[92] 王景新. 明日中国：走向城乡一体化 [M]. 北京：中国经济出版社，2005：3.

[93] 孔凡文，许世卫. 论城镇化速度与质量协调发展 [J]. 城市问题，2005，24（9）：58-61.

[94] 白先春，凌亢，郭存芝. 城市发展质量的综合评价——以江苏省13个省辖市为例 [J]. 中国人口资源与环境，2005，14（6）.

[95] 翟森竞，华奇. 基于零售业态集聚的 Shopping Mall 发展影响因素分析 [J]. 商业研究，2005（22）：79-82.

[96] 刘艳军，李诚固. 城市化综合水平测度初探——以我国15个副省级城市为例 [J]. 世界地理研究，2005（2）：38-43.

[97] 薛领,杨开忠. 基于空间相互作用模型的商业布局——以北京市海淀区为例 [J]. 地理研究, 2005 (2).

[98] 易开刚. 我国城市商业网点空间布局及其优化 [J]. 科技进步与对策. 2005 (8): 106-108.

[99] 郑亚平,聂锐. 从城市化质量认识省域经济发展差距 [J]. 重庆大学学报 (社会科学版), 2007, 13 (5).

[100] 朱洪样. 山东省城镇化发展质量测度研究 [J]. 城市发展研究, 2007 (5).

[101] 吴玉鸣. 县域经济增长集聚与差异: 空间计量经济实证分析 [J]. 世界经济文汇, 2007 (2): 37-57.

[102] 刘星原, 城市商业网点规划布局的若干问题探讨 [J]. 北京工商大学学报 (社会科学版), 2007, 22 (7): 6-9.

[103] 李建建. 统筹城乡发展: 历史考察与现实选择——以福建省为例 [M]. 北京: 经济科学出版社, 2008: 102.

[104] 王宁,王录仓,李纯斌等. 西安与兰州空间相互作用初步研究 [J]. 国土与自然资源研究, 2008 (3): 16-17.

[105] 钱振明. 中国特色城镇化道路研究: 现状及发展方向 [J]. 苏州大学学报 (哲学社会科学版), 2008, 103 (3): 1-5.

[106] 袁晓玲,王霄. 对城市化质量的综合评价分析——以陕西省为例 [J]. 城市发展问题, 2008, 15 (3): 38-41+45.

[107] 保罗·诺克斯等. 城市化 [M]. 顾朝林, 等译. 北京: 科学出版社, 2009: 9.

[108] 王家庭,唐袁. 我国城市化质量测度的实证研究 [J]. 财经问题研究, 2009 (1).

[109] 刘霖. 县域经济发展效率的地区比较——基于DEA方法的研究 [J]. 社会科学研究, 2009 (11): 23-27.

[110] 韩增林,刘天宝, 中国地级以上城市城市化质量特征及空间差异 [J]. 地理研究, 2009, 28 (6).

[111] 卢江,李昌峰. 中小城市商业网点现状及规划研究 [J]. 工业技术经济, 2009 (7): 111-113.

[112] 叶昌友,张量. 论马克思、恩格斯的城乡融合思想 [J]. 求索, 2009, 29 (12).

[113] 姜煜华,甄峰,魏宗财. 国外宜居城市建设实践及其启示 [J]. 国际城市规划, 2009, 24 (4): 3-13.

[114] 米歇尔·萨维. 法国区域规划50年 [J]. 罗震东,周扬,甄峰译.

国际城市规划, 2009.

[115] 陈明星, 陆大道, 张华. 中国城市化水平的综合测度及其动力因子分析 [J]. 地理学报, 2009 (4): 387-398.

[116] 张晓娜, 施明华. 我国城市社区商业的空间布局模式探讨 [J]. 北京工商大学学报 (社会科学版), 2009, 24 (6): 28-33.

[117] 光霁. 闭锁与破解——中国城镇化进程中的城乡协调研究 [M]. 北京: 科学出版社, 2010: 16.

[118] 赵春霞, 侯金柱, 田辉等. 河北省县域商业网点规划现状与指标体系构建 [J]. 河北科技师范学院学报 (社会科学版), 2010, 9 (3): 103-108.

[119] 刘自然. 中国城镇化对社区购物中心发展的影响 [J]. 新闻世界, 2010, 22 (10): 117-118.

[120] 袁立科. 县域经济发展效率及其影响因素研究——以江苏省为例 [J]. 审计与经济研究, 2010 (9): 84-89.

[121] 李明秋, 郎学彬. 城市化质量的内涵及其评价指标体系的构建 [J]. 中国软科学, 2010, 25 (12): 182-186.

[122] 薛俊菲, 陈雯, 张蕾. 中国市域综合城市化水平测度与空间格局研究 [J]. 经济地理, 2010 (12): 2005-2011.

[123] 方创琳, 王德利. 中国城市化发展质量的综合测度与提升路径 [J]. 地理研究, 2011, 30 (11).

[124] 项继权. 城镇化的"中国问题"及其解决之道 [J]. 华中师范大学学报 (人文社会科学版), 2011, 57 (1): 1-8.

[125] 张国富. 城乡一体化新趋势及协调机制构建 [M]. 北京: 中国农业出版社, 2011: 13.

[126] 柴文佳, 王立会. 城市化质量文献综述 [J]. 现代交际, 2011, 25 (3): 48.

[127] 王永超, 王士君, 李强. 基于GIS空间统计的县级商业布局模式及形成机理研究——以吉林省乾安县城为例 [J]. 经济地理, 2011, 31 (9): 1504-1510.

[128] 戴宾. 新型城乡形态的内涵及其建构 [J]. 财经科学, 2011, 55 (12): 108-113.

[129] 卢睿, 孙永波. 县域经济增长 β 趋同的空间计量分析——以黑龙江省为例 [J]. 经济师, 2011 (2): 234-236.

[130] 陈芳, 龙志和, 林光平. 中国县域经济差距及其收敛巧的实证研究 [J]. 云南财经大学学报, 2011 (6): 49-55.

[131] 崔长彬, 姜石良, 张正河. 河北县域经济影响因素的空间差异分

析——基于贝叶斯地理加权回归方法 [J]. 经济地理, 2012 (2): 39-45.

[132] 毛蒋兴, 郑雄彬. 新时期中国城市化质与量协调发展研究 [J]. 规划师, 2012, 28 (7): 16-21.

[133] 王水平. 基于城镇化视角的中国流通产业发展空间研究 [J]. 财贸研究, 2012, 33 (12): 29-34.

[134] 李琪, 安树伟. 中国地级及以上城市不同城市化质量类型划分及比较研究 [J]. 经济问题探索, 2012, 33 (12): 54-61.

[135] 张晓瑞. 基于DEA模型的地区城市化发展评价 [J]. 中国人口资源与环境, 2012 (10): 3-7.

[136] 陈明. 中国城镇化发展质量研究评述机 [J]. 规划师, 2012 (7).

[137] 郭叶波. 城镇化质量的本质内涵与评价指标体系 [J]. 学习与实践, 2013, 35 (3): 13-20.

[138] 魏后凯. 中国城镇化质量综合评价报告 [J]. 经济研究参考, 2013, 31 (6): 3-32.

[139] 张询, 钟耳顺, 张小虎等. 2004—2008年北京城区商业网点空间分布与集聚特征 [J]. 地理科学进展, 2013, 32 (8): 1207-1215.

[140] 单卓然, 黄亚平. "新型城镇化" 概念内涵、目标、规划策略及认知误区解析 [J]. 城市规划学刊, 2013 (2): 16-22.

[141] 倪鹏飞. 新型城镇化的基本模式、具体路径与推进对策 [J]. 江海学刊, 2013 (1): 87-94.

[142] 童长江. 城乡经济协调发展评价及其模式选择 [M]. 北京: 科学出版社, 2013: 22.

[143] 张占斌. 新型城镇化的战略意义和改革难题 [J]. 国家行政学院学报, 2013 (1): 48-54.

[144] 王素斋. 新型城镇化科学发展的内涵、目标与路径 [J]. 理论月刊, 2013 (4): 165-168.

[145] 吴晓旭. 河南省新型城市化效率演变趋势研究 [J]. 商业研究, 2013 (3): 9-11.

[146] 赵永平, 徐盈之. 新型城镇化发展水平综合测度与驱动机制研究基于我国省际2000—2011年的经验分析 [J]. 中国地质大学学报 (社会科学版), 2014, 14 (1): 116-124.

[147] 黄飞鹏, 刘富刚. 县域中心城区商业网点布局优化研究——以山东省临邑县为例 [J]. 广西城镇建设, 2014, 41 (10): 127-131.

[148] 黄振芳等. 新型城镇化背景下乡村旅游发展——理论反思与困境突破 [J]. 地理研究, 2015, 34 (8): 1409-1421.

[149] 王振华,李旭. 技术进步、产业结构升级与县域经济增长——以辽宁省为例 [J]. 农业技术经济,2015 (2):68-75.

[150] 杜霞,钱宏胜,吴殿廷. 山东省县域经济的空间分异及其成因 [J]. 城市问题,2015 (8):97-103.

[151] 何秀芝,刘现,李朝旗. 基于探索性空间数据的县域经济空间差异研究 [J]. 统计与决策,2015 (16):96-99.

[152] 刘晓婷,陈闻君. 新疆县域经济发展影响因素的空间差异分析——基于地理加权回归 (GWR) 模型 [J]. 新疆农垦经济,2015 (9):59-65.

[153] 王士君,浩飞龙,姜丽丽等. 长春市大型商业网点的区位特征及其影响因素 [J]. 地理学报,2015,84 (6):893-905.

[154] 陈子真,欧国立,雷振丹. 城市梯度发展对我国新型城镇化的影响 [J]. 云南财经大学学报,2015,31 (2):12-19.

[155] 林辉煌,郑永年. 新型城镇化与农村土地制度变革 [J]. 江西财经大学学报,2016,18 (4):74-84.

[156] 魏后凯. 新常态下中国城乡一体化格局及推进战略 [J]. 中国农村经济,2017,33 (1):2-16.

[157] 管卫华. 1978~2014年中国城市化与经济增长关系研究——基于省域面板数据 [J]. 地理科学,2016,36 (6):813-819.

[158] 张弘,邓阳. 以新型城镇化促进流通产业发展 [J]. 中国商论,2016,24 (12):185-187.

[159] 徐印州,林梨奎. 论社区商业的新发展 [J]. 商业经济研究,2016,35 (9):5-7.

[160] 张士杰,李勇刚,城镇化质量、动力因子与新型城镇化的路径选择——基于中部六省的实证研究 [J]. 华东经济管理,2016,41 (12):86-91.

[161] 张雷. 城镇化质量与流通产业发展水平关系研究 [J]. 商业经济研究,2016,35 (11):7-9.

[162] 马德功,王建英. 我国西部地区新型城镇化质量测算与评价——基于12个省份的面板数据分析 [J]. 经济体制改革,2016 (2):54-60.

[163] 蓝庆新,刘昭洁,彭一然. 中国新型城镇化质量评价指标体系构建及评价方法基于2003—2014年31个省市的空间差异研究 [J]. 南方经济,2017 (1):111-126.

[164] 李勤玲. 新常态背景下我国城镇化质量与流通产业发展关系刍议 [J]. 商业经济研究,2017,36 (2):180-182.

[165] 耿冰,付梅臣. 基于开放数据的社区商业布局研究 [J]. 商业经济研究,2017,36 (5):8-10.

［166］傅晨，陈漆日．农业转移人口市民化背景下农村土地制度创新思考：一个退出权操作方案［J］．广东社会科学，2017，34（2）：13－18．

［167］曹飞．中国省域新型城镇化质量动态测度［J］．北京理工大学学报（社会科学版），2017，19（3）：108－115．

［168］车冰清，简晓彬，陆玉麒．江苏省商业网点的空间分布特征及其区域差异因素［J］．地球信息科学学报，2017，8（19）：1061－1068．

［169］http：//www.gov.cn/zhengce/2014－03/16/content_ 2640075.htm 国家新型城镇化规划（2014—2020）．

# 后　记

经过近两年的时间准备,《城镇化进程中县域商业网点布局优化研究》一书终付梓与读者见面。

出版这本书的初衷是作者在县域商业网点理论研究和实践中,总结了诸多城镇化进程中县域商业网点布局优化的规律性经验,也发现了目前中国县域商业网点布局优化方面普遍存在的一些问题,从而想将多年的所思、所见、所想呈现出来,与读者共飨。

在本书撰写过程中,张俊娥副教授负责全书统筹、设计内容结构、章节安排。其中,张俊娥副教授负责撰写本书前言、第一章、第二章、第六章、第七章、第八章,大约12万字;魏宇老师负责撰写本书第三章、第四章,大约5万字,王纳威老师负责撰写第五章、结论,大约5万字。附录为各位老师在本书撰写过程中用到的数据。

此外,还要感谢我的导师赵德海教授,感谢杨守德博士、董晓红博士等。

最后还要感谢出版社同志的辛苦工作,正是由于有了出版社同志的认真、细致工作才有了本书的出版。

当然,本书谬误由作者负责。希望通过本书的发行和推广,不断修正和完善本书,不辜负广大读者的厚爱。

作　者
2020年2月